马克思主义研究文库

革命与治理

中国共产党领导下的婚姻解放（1921—1956）

蔚建鹏｜著

光明日报出版社

图书在版编目（CIP）数据

革命与治理：中国共产党领导下的婚姻解放：1921－
1956 / 蔚建鹏著 . －－北京：光明日报出版社，2024.9

ISBN 978－7－5194－7772－1

Ⅰ. ①革… Ⅱ. ①蔚… Ⅲ. ①婚姻制度—历史—中国
—1921－1956 Ⅳ. ①K892.22

中国国家版本馆 CIP 数据核字（2024）第 040456 号

革命与治理：中国共产党领导下的婚姻解放（1921—1956）

GEMING YU ZHILI：ZHONGGUOGONGCHANDANG LINGDAOXIA DE HUNYIN JIEFANG（1921—1956）

著　　者：蔚建鹏

责任编辑：李　晶　　　　　　　责任校对：郭玫君　贾　丹
封面设计：中联华文　　　　　　责任印制：曹　净

出版发行：光明日报出版社
地　　址：北京市西城区永安路 106 号，100050
电　　话：010-63169890（咨询），010-63131930（邮购）
传　　真：010-63131930
网　　址：http://book.gmw.cn
E － mail：gmrbcbs@ gmw.cn
法律顾问：北京市兰台律师事务所龚柳方律师

印　　刷：三河市华东印刷有限公司
装　　订：三河市华东印刷有限公司

本书如有破损、缺页、装订错误，请与本社联系调换，电话：010-63131930

开　　本：170mm×240mm
字　　数：296 千字　　　　　　印　　张：16.5
版　　次：2024 年 9 月第 1 版　　印　　次：2024 年 9 月第 1 次印刷
书　　号：ISBN 978－7－5194－7772－1
定　　价：95.00 元

序

古时婚姻被认为是"人伦之始，王化之源"。婚姻是两性的结合，也是男女双方经济的结合。家庭是国家和社会的细胞，而婚姻是家庭的前提。古今中外，无论国家、政府还是家庭、个人都很重视婚姻，因为婚姻不仅与个人幸福关联还影响社会秩序，与婚姻相关的风俗也很隆重和神圣，这些风俗常常反映出一个国家或民族的传统文化。进入现代社会以后，契约和爱情成为婚姻的基础，一夫一妻制的婚姻家庭普及开来。婚姻也是人类完成自身再生产的前提，它不只关乎个人、家庭，更关乎民族、国家和人类，因此，公权力对婚姻的介入是很自然的事。因为现代社会的政治是以政党为中心开展的，所以政党与政府、政府与婚姻就有了紧密的联系。中国进入近代社会以来的历史表明，革命是中国摆脱半殖民地半封建社会的良方。历史选择了中国共产党，在党的领导下，中国革命取得了最终胜利，实现了民族独立和人民解放。在这个历史进程中，中国共产党领导的妇女运动是浓墨重彩的一笔，而婚姻问题关乎妇女的解放和权益，更关乎革命的成败。因此，在中国共产党的领导下开启了婚姻革命和治理的历程，百余年来，党始终关注妇女婚姻问题，一直在努力解决婚姻问题，且取得了很大的成就。本书选取了中国共产党在新民主主义革命和社会主义革命时期推动婚姻解放的历程为研究主题，试图厘清政党与婚姻、革命与婚姻、妇女与婚姻的内在关系、基本规律和发展逻辑。

中国共产党对婚姻的革命性改造和治理体系在多个方面，如对封建婚姻制度、婚姻法律的废除；对婚姻陋俗、落后伦理的治理；用马克思主义先进文化对封建半封建的婚姻文化的改造摒弃了传统糟粕文化，深刻涤荡了传统宗族文化对婚姻的影响；实践上解放了妇女、促进了人的现代化，构建起现代政党治理婚姻的新模式。中国共产党自成立以来就非常重视妇女问题和婚姻问题，无论是在苏区、根据地的局部执政，还是新中国成立后在全国执政，都把制定和推行婚姻法律法规置于优先的位置。在党领导人民革命、建设、改革的过程中，废除封建婚姻制度，治理落后婚姻陋俗，人们的婚姻因此发生了革命性变化。

中国共产党领导人民进行婚姻革命和治理的过程遵循社会发展规律，尊重人民主体地位，建立制度改善妇女经济地位，推行新婚姻法律，构建新婚姻文化，倡导民主、平等、自由的婚姻观念，综合运用多种手段推动婚姻革命和治理事业向着文明、和谐、自主、幸福的方向发展，取得了历史性成就。党领导婚姻革命和治理是进行政权建设和基层社会治理的重要内容，在实践探索中政策法令与传统婚俗碰撞、妥协、融合。面对革命和建设任务、民主平等的价值观与传统社会的冲突与张力，党和政府一方面通过颁布和推行婚姻法令对婚姻制度进行顶层设计，另一方面通过司法审判和舆论宣传等灵活的手段对传统婚俗进行有节、有度的改造。党和政府对婚姻和婚俗的经济治理、法律规范、思想引导的过程，体现了服务革命和建设的中心任务，权衡政府、家庭、个人利益和因地制宜、循序渐进的鲜明特征。今天我们重新审视中国共产党在革命时期推动婚姻革命以及治理的那段历史时会发现，传统与现代、法律与民俗、顶层设计与基层执行、理与情、惯性与激进、系统综合与单向冒进、文化与思想、政党与社会之间的交锋、交流及调适依然是婚姻家庭制度改革乃至社会治理中不得不面对的重大课题。因此，本研究具有一定的现实价值。新民主主义革命和社会主义革命时期党领导人民进行婚姻革命以及治理的实践探索和基本经验为当下婚姻家庭制度改革和基层社会治理提供了有益的参考和借鉴。

那为何选取1921—1956年作为研究的时间范围呢？中国共产党领导妇女婚姻解放事业的历程覆盖了党的百年历史。1921年中国共产党的成立是影响中国历史的大事变，更是关乎妇女婚姻权益的大事件，党的二大就通过了关于妇女运动的专门决议，开始关注妇女权益。党百年来不断推动婚姻事业向平等、自主、文明的方向发展，尤其注重提升妇女职业地位和保护妇女合法权益。但百年来中国社会的发展太快、历史线索过多，影响婚姻和婚俗的因素极其复杂，为了聚焦研究主题和厘清历史逻辑，故选择了约占百年党史三分之一时间的新民主主义革命和社会主义革命时期作为研究的时间范围。这段历史主要是党成立以后领导人民实现民族独立和人民解放和巩固政权、恢复经济进而完成社会主义改造的历程，其间妇女的婚姻解放事业发展是围绕党的中心任务展开的，婚姻变革经历了苏区时期、抗日民主根据地时期、解放区时期和党全国执政时期。在这期间中国社会发生了天翻地覆的变化，由半殖民地半封建社会、新民主主义社会进入了社会主义社会。经济、政治、文化、社会等各方面都发生了巨变，从历史大变革中窥探推动妇女婚姻解放的多方因素是党史、中国近代史及社会学领域研究者的学术责任。在这三十多年的社会巨变中，中国共产党是最重要的历史主体之一，没有共产党就没有新中国、没有社会主义中国，更没有中国妇女的婚姻解放，这是被历史证明了的朴素真理。总之，1921年中国共产党的成立是影响近代妇女婚姻解放的最大变量，传统与现代之间有时并不是一条"鸿沟"，1949年新中国的成立并不意味着旧中国的思想文化的消失，它们还在延续并影响人们的婚姻婚俗，新中国成立初期开展的婚姻法运动对婚姻制度、婚姻观念都产生了深刻影响。1950年4月，中国政府通过了《中华人民共和国婚姻法》，1952年和1953年中央政府两次发布指示，要求各地贯彻婚姻法，各地开展了贯彻婚姻法运动。1955年底，各地符合登记条件的婚姻登记率已超95%。1956年完成的社会主义改造是中国有史以来最深刻、影响最大的社会改革，对婚姻的影响同样广泛而深刻，中国由此进入了社会主义社会，完成了社会形态的跨越式发展。到1956年底，基本构建了现代婚姻法律体系，形成了以《中华人民共和国婚姻法》为核心，以国务院（政务院）、法院等部门通知、解释为补充的婚姻法律的基本框架体系。

为何要用革命与治理作为关键词呢？研究中国共产党领导妇女实现婚姻解放的历程发现，革命性变化和综合治理是其显著特征。三十多年来，婚姻制度和婚姻习俗发生根本改变，无论是从本质属性上还是现代化程度上均如此，因为妇女婚姻解放事业的发展是随着国家和民族命运的变化而变化的。婚姻和婚俗受政治、经济、文化的综合影响，受中国传统文化影响尤其深，因此，推动婚姻变革必然依靠多措并举才能实现，除了政权的力量外，还需要考虑民众和基层社会的实际状况，更需要遵循民俗变革规律，提升妇女经济地位、推行婚姻法律法规、发挥民间组织和家族力量、运用宣传舆论等手段，婚姻变革只有综合治理、久久为功才能有所成就。

本书的行文逻辑是以近代以来中国社会变迁为大背景，首先阐明清末以来婚姻和婚俗的嬗变历程，遵循历史和价值原则进行阐述。其次以中国共产党成立至社会主义改造完成为研究的时间范围，厘清中国共产党领导婚姻革命与治理的理论逻辑、制度逻辑、实践逻辑、文化逻辑，夹叙夹议，史论结合，运用多种史料进行论述，勾勒出党领导人民推动婚姻解放的清晰脉络。最后总结党在1921—1956年领导婚姻革命和治理的基本经验和历史规律，提高学理性，凝练新认识，为新时期中国共产党推进婚姻家庭事业发展、提升社会综合治理水平提供启示、借鉴及建议。

本书的开始部分交代了研究的现状和意义，厘清了研究中的几个基本概念。主体部分共有六章。第一章，研究中国共产党领导婚姻革命及治理的历史背景和现实渊源，梳理了中国近代社会发展与婚姻改革的历程。这一章构成了本书总论题的立论基础和历史背景。首先，介绍了清末社会的婚姻婚俗概况。其次，以民国历届政府的婚姻婚俗改革措施为重要内容，探析婚姻变迁的推动力量和变迁历程。再次，以近代社会传入中国的西方精神解放思潮为切入点，对封建半封建的婚姻陋俗进行批判，论述婚姻革命发生的思想文化背景。最后，概述了中国共产党成立后，在当时的社会条件下推动妇女婚姻解放的各种努力。

第二章，研究中国共产党领导婚姻革命及治理的理论依据和指导思想。这一章分析了论题展开的理论渊源和依据。首先，介绍了马克思和恩格斯的婚姻思想与理论，这是论题展开的理论源头，以"批判父权"和妇女"走出家庭"思想为重点论述了马克思主义婚姻思想在俄国和德国的发展和传播。中国共产党以马克思列宁主义为指导，早期马克思主义者结合中国国情对马克思主义婚姻思想进行译介和传播，以毛泽东为代表的中国共产党人形成了以妇女解放和推翻"四权"为核心的婚姻思想，这种思想指导了党领导的婚姻解放事业。马克思的女性主义思想是西方马克思主义的一部分，传入我国后对青年婚姻思想产生了一定的影响，但也面临"水土不服"的问题，新时期多元婚姻思潮在中国发展，但适合中国国情的只能是中国特色的妇女发展思想和文明婚姻思想。

第三章，研究了中国共产党领导人民进行婚姻革命及治理的政策体系和制度逻辑。这一章是总论题的关键组成。主要论述党在领导婚姻革命及治理过程中形成的党的决议、政府条令、法律法规等一整套政策体系，其中蕴含着党领导革命的制度逻辑，那就是以革命和解放为根本目的，把解放妇女和保障其婚姻权益作为根本出发点，倡导自由、平等、民主观念。在制度体系执行的过程中始终围绕党的中心任务，注重基层民众的利益和接受度，根据现实反馈及时调整政策内容，以保证民众的长远利益。

第四章，转入对新民主主义革命和社会主义革命时期中国共产党领导婚姻革命与治理的实践探索历程的研究，这一章在全书中分量最重。重点阐释了领导妇女当家作主是党推动婚姻解放事业的实践逻辑。重点考察了党在苏区、抗日根据地、解放区、全国执政等各历史时期的婚姻革命及治理实践，从制度的实践和推行的措施进行了史实梳理，并对实践取得的成就和不足进行了评价和反思，得出了一些规律性的认识。最后，对党在各地婚姻陋俗治理中的差异性和工作方式方法进行了总结。党在这一时期推动了婚姻革命和治理的实践历程，依靠和为了群众，创新创造工作方法和措施，总结历史经验和不足，认识和运用历史规律，充分展示出"中国共产党为什么能"。

第五章，阐述了中国共产党在推动婚姻革命及治理中构建了先进的婚姻文化。因为中国共产党是先进文化的代表，构建先进婚姻文化是一种历史自觉，也是一种文化自觉，更是党引领先进文化的必然要求。先是介绍了近代以来用先进婚姻文化改造婚姻陋俗的历程，重点阐释了五四新文化和无产阶级新文化对封建婚姻陋俗的超越。本章还用大量篇幅论述了新中国成立初期社会主义新型婚姻伦理的构建，以四川地区为例，梳理了其历史背景和促进新婚姻伦理形成的原因、措施、意义等。

第六章，总结中国共产党领导婚姻革命与治理的历史意义和局限性，论述了革命时期党推进婚姻解放事业对于当代的启示，并提出了新时代党推动文明和谐婚姻和家庭建设的可行路径。最后分析了现代社会我国婚姻家庭出现的新问题、新情况，并提出了建设的方向和改进的措施，在马克思主义婚姻思想的指导下，以中国实际为出发点，走一条符合国情、人民受益、综合平衡的新婚姻家庭建设道路，在新时代构建起文明和谐民主的新型社会主义婚姻。

本书的研究内容涉及中国近现代史、中共党史党建、马克思主义理论、社会学、法学、女性学、政治学等学科领域，研究的方法综合运用了跨学科研究法、田野调查和史料分析法、个案研究法等。内容写作中既有宏观阐释也有微观分析。如在第四章论述党领导婚姻革命与治理的实践探索时，除了阐述党和政府推动婚姻改革和治理的实践措施、手段、意义及逻辑外，还以新中国成立初期四川省成都市为例，论述在具体历史条件下新婚姻法在基层的实践历程、意义及困境，史论结合，交代了当时当地的实况。把理论与实践、抽象描述和具体实践结合起来，希望给读者呈现清晰直观的印象，而非历史的抽象。又如在第五章论述党构建新型婚姻文化时，选取解放较晚的四川地区，以新型婚姻伦理的构建为重点，揭示新的婚姻观念和伦理随着新政权建立和新法律施行发生的巨大历史性变化，总结其中的历史规律和基本经验，呈现了政府和民众、法律和婚俗之间的互动关系，发人深省。中国共产党成立以后三十多年来推动婚姻改革的历程是妇女自主自强的过程，这个过程与党领导群众实现国家独立、人民解放的过程是同步的，妇女的婚姻自主自立和国家的自立自强形成了一种同构关系，带动了妇女、家庭、政党、国家的联动性变革。

要做好本选题的研究必须充分运用好多学科的知识体系和研究方法，而笔者学术功底尚浅，在论证过程中经常感到知识储备不足，以致行文束手束脚。面对如此宏大选题只能算作一次新的尝试和挑战，书中错漏难免，还请学界同人多多批评指正，也欢迎师友同辈们就此话题常交流、多指教。

谨以此为序。

蔚建鹏

2023 年 5 月于成都

目　录
CONTENTS

引　言

　　家庭是构成社会的最基本单位，男女通过婚姻组成家庭，可以满足彼此情感上的需求，可以在经济上、生活上互相照料。从人口发展史的角度来看，男女通过婚姻实现人类自身的繁衍，实现人口的再生产。婚姻是社会生活的一项重要内容，妇女是婚姻的当事方，婚姻问题关系到每一位妇女的切身利益和人生幸福。但在漫长的中国历史上，妇女在婚姻中一直处于弱势地位，中国妇女未实现真正意义上的婚姻自由，一代代妇女只能被束缚在家庭中，充当传宗接代的生育工具。广大妇女在婚姻家庭中地位很低。

　　在上古时期，生产力极为落后，每一个人都必须依靠自己的体力进行艰苦的生存斗争。而男性的体力往往强于女性，因此，男性作为强者在生存斗争中胜出，成为生存斗争中的赢家。男性不仅可以进行生产，还可以进行战争，夺取并占有生产资料以满足自己的占有欲，支配大量财富以满足自己的消费欲，占有女性以满足自己的性欲。西周时期，宗法制发展完备。宗法制进一步巩固了男性父权统治，宗法制明确规定：男性虽然处在不同等级，包括天子、王、臣、公、大夫、士等，但各个等级的男性均可以拥有不同数量的妻妾。从此，女性成为男性的附属品，成为男性的私有财产。在春秋战国时期，地主阶级发展起来，推翻了奴隶主的统治，并逐步建立了封建社会。但封建社会统治者的阶级身份仍然属于压迫者，他们全盘继承了奴隶社会的一夫多妻制，并不断将其完善。在宋代，出现了程朱理学，主张"三从四德"，进一步贬低了妇女的地位。进入近代后，中国妇女在婚姻家庭中的地位并未改善。1840年腐朽没落的清王朝在鸦片战争中一败涂地，从此，中国在屈辱中进入近代。1840年后，中国社会内部的阶级矛盾不断激化，走投无路的农民发动太平天国大起义，但遭到残酷镇压，数千万人死于战乱。中华民族与帝国主义的民族矛盾也不断升级，日本、法国、沙俄、德国等帝国主义国家相继入侵中国，清王朝每战必败，不得不割地赔款，清王朝在财政危机、政治危机的连番打击下最终灭亡。军阀势力登上历史舞台，导致近代中国陷入更大的社会动荡。在剧烈的社会动荡中，生产秩序受到严重破坏，人民群众挣扎在生死线上。封建半封建的婚姻制度和落后的社会生产导致妇女在婚姻家庭中的处境更加艰难。秋瑾曾写道："到了择亲的时光，只凭着两个不要脸媒人的话，只要男家有钱有势，不问身家清白，男人的性情好坏，学问高低，就不知不觉应了。"[①] "打骂凌辱常有事，宠妾凌妻多见之。"[②] "男子死了，女子就要戴孝三年，不许二嫁。女子死了，男子只戴几根蓝丝线，有嫌难看的，连戴也不戴；人死还没三天，就出去偷鸡摸狗，七还未尽，新娘子早已经进门了。"[③]

中国共产党从历史中走来，从人民中走来。中国共产党之所以存续并壮大，究其根本是中国人民顽强、团结、奋斗之精神的显现与升华。正是基于此种显现，中国人民才从一盘散沙而塑造成形，并将其团结奋斗的能力提高到前所未有的水平。此其为中国近代以来，从衰败转向兴起的枢机所在。[④] 中国共产党这样的政治组织、制度安排及治理方式是人类历史上从来没有过的，这一点是分析中国政治、经济、社会制度及治理体制的核心。中国共产党自诞生以来，一直关注广大妇女的命运。早在 1919 年，毛泽东就发文猛烈地抨击封建婚姻制度。1922 年后，中国共产党开展妇女运动，并致力于妇女的婚姻解放。此后，在土地革命战争、抗日战争、解放战争等各个历史阶段，中国共产党一直在推动妇女婚姻解放，彻底改变了中国妇女的地位。读史寻正路，明史通大道，我们要用历史的大视野才能更好地读懂历史的大逻辑，只有从中国近代史、中共党史中汲取智慧，在深刻把握历史规律的基础上，才能不断找到前进的正确方向和正确道路。中国共产党通过推动婚姻革命实现了妇女的解放，顺应了社会民主、自由、进步的发展趋势，践行了全心全意为人民服务的宗旨，可以说党的百年奋斗史就是一部为民造福史。中国近代以来的社会发展历程表明，不推翻对妇女的封建半封建的政权压迫、族权压迫、男权压迫、神权压迫，妇女就不可能实现婚姻解放。新民主主义时期，中国共产党推动婚姻解放主要是在妇女运动中进行的。封建半封建的压迫集中表现在婚姻陋俗中，这种陋俗深深影响了妇女的命运和社会的发展，因此，革除婚姻陋俗成为党领导人民进行婚姻治理和实现妇女婚姻解放的底线要求。从一定角度看，推动妇女婚姻解放的历程是构建先进婚姻文化的过程，也是革除婚姻陋俗的过程。推进构建先进婚姻

---

① 秋瑾. 秋瑾集［M］. 上海：上海古籍出版社，1960：5.
② 秋瑾. 秋瑾集［M］. 上海：上海古籍出版社，1960：129.
③ 秋瑾. 秋瑾集［M］. 上海：上海古籍出版社，1960：124.
④ 鄢一龙，白钢，章永乐. 大道之行：中国共产党与中国社会主义［M］. 北京：中国人民大学出版社，2015：1.

文化包括婚姻伦理的革命化、制度化和婚姻习俗的文明化。中国共产党领导婚姻革命和治理以马克思主义先进婚姻理论为指导，以实现婚姻民主及自由、一夫一妻、男女平等、保护妇幼为目标。本书着眼于以中国共产党领导妇女解放的历史进程来梳理婚姻革命和治理的历史逻辑。

第一节　概念阐释

基本概念的阐释是科学研究的前提，婚姻、婚姻陋俗、婚姻解放及婚姻治理是本书研究的基础概念，厘清其内涵和外延有助于理解全书论述的逻辑。本书从中西方文化的角度界定了婚姻的内涵，婚姻陋俗是相对于近代以来社会发展进步而言的，历届政府的婚姻治理往往体现在革除陋俗和树立新风上。婚姻解放是进入新民主主义革命阶段以后，我党在妇女运动的风潮下把女性从封建婚姻束缚和家庭压迫中解放出来。

一、婚姻

《礼记·婚义》："婚礼者，将合二姓之好，上以事宗庙，而下以继后世也。"我国传统婚姻的核心内涵是通过联姻联合双方家族优势，扩大亲属联盟，继承家族血统，完成传宗接代，延续祖宗基业，更强调延续家族的社会含义。如何定义婚姻？学界对婚姻有不同解释，人类学家对婚姻的定义似乎更广泛些，如韦斯特马克认为："婚姻是得到习俗或法律承认的一男或数男与一女或数女相结合的关系，包括他们在婚配期间相互所负有的及他们对所生子女所负有的一定的权利和义务。"[1] 我国人类学家童恩正认为："婚姻是两个或两个以上的男女之间所建立的为社会公认的性和经济的联合，使其产生的后代合法化，同时在丈夫和妻子之间肯定互相的权利和义务。"[2] 历史学者梁景和教授认为："婚姻是人类两性之间通过被社会认同的方式而结成的一种配偶关系。婚姻除了具有本能的自然生活因素外，还有经济生活因素和精神生活因素。"[3] 婚姻是规范化和制度化条件下的男女两性为满足生理、物质和精神多元需求而结成的配偶

---

① ［芬兰］E.A. 韦斯特马克. 人类婚姻史：第 1 卷［M］. 李彬，等译. 北京：商务印书馆，2015：1.

② 童恩正. 文化人类学［M］. 上海：上海人民出版社，1999：135.

③ 梁景和. 近代中国陋俗文化嬗变研究［M］. 北京：首都师范大学出版社，2009：29.

关系，是达到一定年龄的男女满足自身需求的一种规范化模式。婚姻的本质是一种特定的社会结合。婚姻反映了政治、经济、文化和习俗，涉及伦理道德、社会意识等许多领域。现代婚姻中除了自然属性外，社会属性和情感属性体现得更为明显。[①] 我国现行婚姻法律认为，婚姻是男女建立起来的以终生共同生活为目标的合法的两性关系的结合。陶毅等所著《中国婚姻家庭制度史》中写道："婚姻是历史范畴上的现象，非自始就有也非永恒不变。另外，婚姻不同于其他人际关系，它是一种特殊的规范化人际关系，以两性差别和人类所固有的性本能为生理学基础，规范化是指它必须遵循某种或某些已被人们公认为必要的准绳。"[②] 社会学认为，男女的社会分工造成了抚育的双系性，这种关系必须通过婚姻制度才能维系，因此，"婚姻是人为的仪式，用以结合男女为夫妇，在社会公认的形式下，约定以永久共处的方式来共同承担抚育子女的责任"[③]。总结而言，婚姻的本质至少有以下几层含义：第一，婚姻的制度发展和形式演变体现了自然选择、社会生产力发展水平、政治制度、文化发展、生活水平与婚姻形态、关系之间的必然联系；第二，婚姻是男女双方的生理结合，是基于两性生理和心理发展需要的人的一种自然本能行为；第三，只有在特定法律、伦理、风俗、民众习惯等规定下建立起来的两性关系才是婚姻关系。婚姻是男女两性结合且被社会制度认可和确认夫妻关系的社会形式。

二、婚姻陋俗

何为婚姻陋俗，如何界定其内涵，仍需讨论。古代娶妻之礼多在黄昏时分，曰婚；女子因男方为家，谓之姻。《说文解字》曰："姻，婿家也。女之所因，故曰姻。"何为陋俗？陋俗指野鄙的风俗。婚姻陋俗需从多维度来界定，坚持生产力标准与人的自由、全面发展标准相统一，坚持经济、道德标准与历史标准相统一，坚持人类文明发展标准与文化进步标准相统一。具体来看，第一，有无促进生产力发展，缔结婚姻关系中的风俗习惯阻碍妇女或男子劳动力解放、不利于经济发展的即为陋俗；第二，是否促进人的自由、平等与全面发展，婚俗中不利于男女双方的人身自由、权利平等和全面发展的均属陋俗；第三，是否有利于社会文明的发展和文化的进步，阻碍社会精神文明进步和优秀文化的

---

① 李慧波. 新中国十七年（1949—1966）北京市婚姻文化嬗变研究［D］. 北京：首都师范大学，2012.

② 陶毅，明欣. 中国婚姻家庭制度史［M］. 北京：东方出版社，1994：14.

③ 费孝通. 生育制度［M］. 北京：北京大学出版社，1998：124.

传承和创新的婚俗即是陋俗；第四，是否有利于广大人民群众的根本利益。因此，就婚制上讲，中国共产党领导人民革除婚姻陋俗主要表现在反对一夫多妻制、一妻多夫制、一夫一妻多妾制，如反对男子纳妾。就婚俗程序而言，反对包办婚、掠夺婚、冥婚，反对婚俗繁杂程序、铺张浪费、封建迷信。就保障婚姻自由和平等方面，反对童养婚、小女婿婚、典妻婚、买卖婚、指腹婚、交换婚等，支持离婚自由、夫亡改嫁、妇死续娶。如何综合利用多维标准来开展对婚姻陋俗的实证研究是学界未来的一个研究方向。如何界定不同历史条件下"婚姻陋俗""文化糟粕"的内涵、时代动态发展中陋俗的演变规律，是目前研究的薄弱点。

研究新民主主义革命和社会主义革命时期中国共产党革除婚姻陋俗的措施，首先要弄清楚婚姻陋俗的概念界定和表现形式，以及产生婚姻陋俗的原因。另外需要注意的是，婚姻陋俗是思想和行为的统一体，受传统封建思想观念和一定经济历史环境的影响，并反作用于人们的生活、行为。梁景和界定了陋俗文化的定义："陋俗文化是特定时期内体现于生活惯制上的、并为传统人伦文化所认同的文化糟粕，是由陋俗所映衬的传统人伦文化中的负面价值和传统人伦文化所铸成的陋俗这不可分割的本质与现象所构成的统一体。"① 借鉴陋俗文化的定义，婚姻陋俗就是落后于时代而阻碍社会生产发展和危害人类身心健康的婚姻习俗，其体现于人们的婚姻生活惯制上，并深受人们传统婚姻观念的影响。

在中华民族几千年来所形成的具有民族特色的婚姻习俗文化中，不可否认地存在着一些糟粕文化。这些婚姻陋俗文化不仅体现在人们的婚姻生活惯制上，而且体现于婚姻观念中，是思想和行为的综合体。

在思想层面，如束缚女性的贞洁观、"父母之命，媒妁之言"的包办婚姻观、继后嗣的观念等。这些婚姻陋俗观念因其所具有的顽固性而往往难以在短时间内被革除，对社会所产生的危害也是不可小觑的。

首先，束缚女性的贞洁观即传统社会的婚姻强制女性单方面遵守贞洁，主要表现为贞女守节、烈女殉节、烈妇殉夫、寡妇守节。其根源于私有制产生后女性社会经济地位的降低，同时也受封建纲常礼教、男性本位主义的家族制的综合因素影响，以此从思想上禁锢女性，使女性成为男性的附属物。这种束缚女性的贞洁观实际上是一种男女道德评判上的不平等的体现，其扼杀人性、违背人权。其次，"父母之命，媒妁之言"的婚姻观。一方面，"父母之命"指子

---

① 梁景和. 近代中国陋俗文化嬗变论纲 [J]. 首都师范大学学报（社会科学版），2000
（6）：95.

女的婚姻由父母或是家族中的长辈决定；另一方面，"媒妁之言"指男女之间的婚姻必须通过"媒"这个中介进行，并且"媒"受到社会道德和国家法律的双重保障。"父母之命，媒妁之言"的婚姻观体现了传统婚姻的不自主性，这种婚姻观实际上损害了男女自由追求爱情的权利，并且大多数无爱情基础的婚姻不仅影响家庭和谐，而且影响社会秩序的稳定。再次，继后嗣的观念，也可理解为多子多福的意思。传统封建社会中，劳动力作为财富的重要源泉，受到国家和家庭的极度重视，故而广继嗣的观念也就深入人心。但如果只是将继后嗣作为婚姻的唯一目的，婚姻便也失去了爱情的美好和自由，女性也就成为传宗接代的工具，被束缚在宅院之内。此外，继后嗣中的"嗣"更多地指生儿子，这种重男轻女的观念实际上也是传统封建社会夫权、父权制的一种可悲的产物。

　　婚姻陋俗观念在一定情境下会通过行为而表现出来，久而久之，便成为一种生活惯制。婚姻陋俗在行为层面的表现有纳妾制、早婚、童养媳、恶俗的闹洞房、婚姻论财等。妾是男权社会下一种婚姻陋俗的产物，从本质上来说是女性通过服务男子来换取钱财的一种手段，故纳妾者多为富商大贾和官僚军阀。封建统治者多把人口增长作为社会繁荣的标志，在广继嗣的观念下，妾制孕育而生。此外，在传统封建社会的包办婚姻下，男女婚姻无爱情的基础，男方为满足情感和性欲的需求，也会选择纳妾，且被视为合法。妾相比于正妻地位更低下，大多也受正妻压迫，实际是一种人格上的不平等。同时，妾的存在不仅破坏家庭，影响家庭安定，而且危害社会风俗和社会道德。早婚问题涉及婚姻年龄问题，早婚的年龄多在十三四岁，富贵人家的婚龄更加早于贫困人家。并且富贵人家的男子早婚，娶年龄大于男子的女子，以便照顾丈夫，女子也充当家庭劳动力。早婚大多是由于传统的子孙满堂、多子多福思想。同时，早婚也与当地各家的经济能力有一定关联。有些贫困人家的男子因为无钱财作为聘礼而娶不到媳妇，三十岁未结婚的现象也较为常见，甚至有的一生未娶。有时贫困人家也会因为生计所迫，而选择把年幼的女儿送出去做童养媳。早婚问题不仅危害男女身体健康，而且影响种族的后代繁衍，危害家庭、社会、国家。童养媳指生有男孩的人家，抱养其他人家的幼女甚至是女婴，作为未来的媳妇。其实，也存在"卖妻、卖子"现象，当家庭迫于生计，已没有女儿可出卖或无法卖钱的情况下，会选择卖妻子或儿子换取钱财。童养媳现象的出现，是由于重男轻女的传统观念造成的，而抱养的人家则指望童养媳日后传宗接代、延续香火，并且还可早日添个帮手，从事大量的劳动事务。或许少数的童养媳生活幸福，但大多数童养媳是作为劳动和生育的工具而存在的，显然生活也是处于水深火热的状态，受到身体和精神上的双重摧残。闹新房这一婚俗是由于旧式婚姻全凭"父母之命，媒妁之言"，夫妇在结婚前不会见面，为了增进新婚夫妇感情，由宾客和新人一起进行的嬉闹游戏，增添婚礼的喜庆氛围，逐渐成为结婚时必不可少的仪式，且各个地区的闹新房婚俗各具特色。但随着闹新房活动的恶俗化，闹新房成为宾客带着私欲进行的损人不利己的活动。其实闹新房这一婚俗无须抵制，适度即可，但对于恶俗化的闹新房，则需要极力批判。不同于早婚和纳妾，闹新房是一种自觉性和自发性行为，并不能在法律制度层面进行定义并加以控制，为了保证这一婚俗不变初衷，则需要从个人层面去遵循道德的底线。婚姻论财问题即封建社会里沉重的娶妻聘财和侈送妆奁，也是婚姻陋俗之一，其中婚姻财礼包括聘财和妆奁。聘礼可以追溯到六礼中的"纳征"，就是男方给女方家送聘礼，亦是婚姻程序中主要涉及财物的行为。周朝聘礼"凡嫁女娶妻，入币纯帛，无过五两，士大夫以玄纁束帛，天子加以穀圭，诸侯加以大璋"之中的"币"，指彩色的丝，也就是当今所说的"彩礼"。但周朝聘礼取其象征意义，而不像之后那样看重经济价值。随着时代发展，聘礼的内涵在不断丰富并变得更加烦琐。但是，聘礼的负面价值也日益显露，有些父母借儿女婚姻索要财物，形成中国婚俗中"婚姻论财"的不正之风。与婚姻论财问题紧密相连的，还有买卖婚姻的问题，即把女性当成货物进行买卖，价高者与之结成婚姻。此外，还伴随着婚嫁奢豪之风、婚礼铺张浪费的现象。这些婚姻陋俗将婚姻物质化，婚姻与钱财密不可分，富室多不愿以女嫁贫人，而常人亦不屑娶贫家女，扩大贫富差距，影响婚姻幸福美满，这也是换婚等不良风俗出现的原因之一。此外，还有缠足、收继婚、冥婚、冲喜等危害社会的婚姻陋俗，这里就不再过多阐述了。值得注意的是，婚姻陋俗体现于思想和行为两个层面，这两个层面并不是割裂的状态，而是相互影响、相互作用的。婚姻陋俗在观念的影响下，会体现于行为层面，当时间一长行为具有普遍性时，又会反过来使得这种观念更加深入人心。

三、婚姻解放

传统社会的婚姻制度和婚俗是封建宗法的，"在中国的婚姻制度中，男女本人之个性的情爱的要素被极端地忽视，尤其是女性在这方面一直处于被压迫的地位"①。解放，顾名思义是解除束缚和压迫之义，得到自主或自由的发展，婚姻解放在本书中是指在近代中国剧烈的社会转型大背景下，妇女的婚姻摆脱封

---

① [日]滋贺秀三. 中国家族法原理 [M]. 张建国，李力，译. 北京：商务印书馆，2013：493.

建家长制或封建半封建伦理的束缚，从而获得自主权，提高人身和家庭地位。在近代百年的社会发展中，中国共产党领导下的妇女运动和婚姻解放力度最大、范围最广、效果最好。中国共产党领导人民革除婚姻陋俗、促进妇女解放的历史过程可以看出，革除婚姻陋俗是贯穿其中的红线。中国共产党在领导中国革命的过程中通过妇女运动来发展妇女组织、维护妇女权益、推动婚姻解放，把广大妇女从封建半封建的婚姻制度中解放出来，把影响妇女权益的婚姻陋俗一步步革除，促进妇女走出家庭、走向生产、参加革命。中国共产党促进妇女婚姻解放的理论逻辑是马克思主义妇女解放理论的中国化表达，党引领先进婚姻文化的内在建构是其文化逻辑，制度上也形成了促进妇女婚姻解放、保障妇女婚姻权益的政策体系，党领导人民当家作主是贯穿婚姻解放过程中的实践逻辑。没有妇女婚姻的解放就没有妇女的解放，没有妇女的解放，中国革命的成功也是不可想象的，这是中国共产党领导人民进行新民主主义革命和社会主义革命的内在必然。

四、婚姻治理

"治理"一词源于西方，其基本含义是在一个既定的范围内运用权威维持秩序，满足公众的需要。治理的目的是在各种不同的制度关系中运用权力去引导、控制和规范公民的各种活动，以最大限度地增进公共利益。从政治学的角度看，治理是指政治管理的过程，它包括政治权威的规范基础、处理政治事务的方式和对公共资源的管理。它特别关注在一个限定的领域内维持社会秩序所需要的政治权威的作用和对行政权力的运用。[①] 社会治理是较早运用于中国社会的概念。婚姻治理是社会治理的微观层面，具体指中国共产党和国家在遵循社会发展和民俗演变规律的基础上有步骤地推动家庭和婚姻朝着文明、民主的方向发展，与经济、政治、文化发展同向而行，综合运用行政、法律、宣传等手段引导和推动其发展。本书在关于婚姻治理的研究中注重采取定量和定性的方法，把搜集到的史料做了数据统计，分析了各种力量和主体对婚姻治理的实践影响程度，对政府、妇女组织、民间组织、家族力量、社会先进人士、宣传舆论、群团自治组织、从众心理等因素分别加以分析，界定各自的作用，提出推动婚姻治理长效化的措施。构建了婚姻治理的理论指导、实践主体、工作队伍、实践展开、载体运用、治理环境、治理反馈及因素防控等治理指标，并且对婚姻治理结果和治理质量的评价体系的构建做了一定的尝试。

---

① 俞可平．治理与善治［M］．北京：社会科学文献出版社，2000：5.

第二节　既有研究

研究妇女问题和妇女婚姻问题需要多学科研究范式的介入，在中国近现代历史上对妇女群体的研究与研究其他群体相比更为复杂，它兼具自然性与社会性、历史性与现实性、政治性与法律性、文化性与民族性等多重维度。妇女问题一直与人类解放、人权斗争、人类命运交织在一起，并具有自身独特的色彩和价值。中国共产党发展的历史与中国妇女解放、发展、奋斗的历史是紧密联系在一起的，研究党史和妇女婚姻史是一个学术难点，因为除了捋顺党史的脉络外，还要厘清婚姻制度、婚姻习俗、婚姻与物质、婚姻建立与解除、离婚与再婚、婚姻观念、婚姻伦理道德等之间的内在联系。在党领导下构建起新民主主义婚姻制度、婚姻道德、婚姻文化（包括新型婚姻价值理念）是一个复杂的历史过程，需要抽丝剥茧地研究，认真研究史料，扎根历史实践，置于历史情境，否则研究无法深入。

一、研究简评

本书对 1921—1956 年中国共产党领导婚姻革命及治理进行研究，突出中国共产党改造婚姻陋俗、解放妇女和推动社会文化建设的伟大成就。对婚姻治理的研究缘起于 21 世纪初西方治理理念的传入和我国社会的现代化转型。国外相关研究包含在中共革命史或女性史研究中，如（日）小野和子《中国女性史1851—1958》、（美）黄宗智《中国共产党和农村社会：1927—1934》、（美）艾芙瑞《高地革命：共产主义运动在江西的兴起》、（美）阎云翔的 *Private Life under Socialism：Love，Intimacy，and Family Change in a Chinese Village*，1949—1999 及（美）Stranahan Yan 的 *An Women and the Communist Party* 等。国内学界有关婚姻革命的研究较早，伴随着中共的革命和执政历程一直有论著面世，国内外学界关于陋俗改造和婚姻解放的研究著述颇丰，但出版的代表性专著不足十部，发表的学术论文也不多，截至 2023 年 3 月底，中国知网等数据库中涉及"中国共产党领导婚姻革命及治理"主题的文章不足二十篇。已有相关研究涉及革命与婚姻、革除婚姻陋俗及妇女解放等各个方面，初步形成了党领导婚姻革命及治理的理论框架。①

　　第一，关于新民主主义革命时期的婚姻陋俗治理与妇女解放运动研究。中共在领导人民革命时在建立的苏区（根据地）内改革婚姻陋俗，提高妇女地位。有论者在总结学者们的观点后认为，当时的苏维埃政府从实际出发，对妇女所遭受的苦难进行分析，从解放的理论、法律、组织保障、婚姻自由和政治参与等方面大大提高了妇女地位，维护了妇女权益，推动了苏区不断壮大（唐莲英、胡军华，2011）。苏区时期通过改造婚姻陋俗，妇女的地位发生了翻天覆地的变化，政治上变为主人，经济上从依附到独立，文化上从文盲到文化人，婚姻上从由父母包办到自己做主。妇女地位的变化得益于中国共产党对妇女问题的高度重视及正确领导，得益于苏区各项法律法规及政策的保障以及苏区妇女自身的觉醒（张美琴，2009）。中共领导的陕甘宁边区政府对当地妇女放足，组织她们走出家庭参加文化教育、参政议政等活动（黄正林，2004）。抗战时期晋察冀边区颁布了很多保障妇女权益的政策法规，在妇女解放运动史和抗战史上占有重要地位（曲晓鹏，2015）。陕甘宁边区实行了一系列促进社会和谐的政策和措施，其中一项重要内容就是提高妇女社会地位、实现男女两性和谐发展（李金龙，2008）。中共在根据地对家庭暴力的综合治理不仅是人类社会反家庭暴力的有效形式，而且强化了反家庭暴力与人类社会改造和进化实践之间的互动与和谐，党的领导是对家庭暴力实行综合治理的决定性因素（崔兰萍，2004）。20世纪三四十年代晋察冀、晋冀鲁豫边区乡村妇女通过不同场域的社会实践活动来对她们的性别身份进行话语表演，其实践活动是中共妇女解放话语重塑下的

---

① 代表性的专著有丛小平的《自主：中国革命中的婚姻、法律与女性身份（1940—1960）》（2022）、黄建国的《中央苏区反陋俗文化研究》（2018）、尚会鹏的《中国人的婚姻、婚俗与性爱》（2018）、敖天颖的《新中国成立初期中国共产党婚姻理论及其实践研究》（2017）、梁景和的《婚姻·家庭·性别研究》（2016）、A. Henderson Smith 的《中国人的文明与陋习》（2014）、王歌雅的《中国近代的婚姻立法与婚俗改革》（2011）、陈益民的《陋俗与恶习》（2011）、梁景和的《近代中国陋俗文化嬗变研究》（2009）、程郁的《纳妾：死而不僵的陋习》（2007）、张志永的《建国初期河北省婚姻制度改革研究（1950—1956）》（2004）、徐凤文和王昆江的《中国陋俗》（2001）、曹定军的《中国婚姻陋俗源流》（1994）及旅大妇联总会编的《新社会的新婚姻》（1949）等。代表论文有：李守良的《理想与现实：新民主主义革命时期根据地的婚姻自由立法》（2022）、张玮和崔珊珊的《中共华北抗日根据地新婚姻政策实践中的基层干部》（2022）、陈秋的《社会风习与移风易俗：以移风易俗"温州样本"为个案》（2020）、侯庆斌的《晚清上海陋俗治理中的司法困境与中西矛盾：以法租界内的台基案为例》（2020）、刘治呈和刘健的《近代奉天婚姻改良运动中的官方运作观察》（2020）、吴云峰的《论华中根据地对传统婚姻习俗的改造》（2019）、杨松菊和刘图其的《建国初期中国共产党改造陋俗文化的路径探析》（2013）等。

新的社会活动，推动了乡村女性在政治、经济、婚姻等层面的转型（刘荣臻，2011）。中共通过推动女性身体解放积极在陕甘宁边区倡导放足与婚姻自主运动，赢得了广大农村女性的支持，同时通过组织化的路径成功整合了边区农村女性社会力量（周锦涛，2011）。这些研究成果表明，中共通过各种形式的妇女解放运动使女性逐渐从传统婚姻的束缚中挣脱出来，开始了从家庭走向社会的转变。

第二，关于从婚姻法律角度对婚姻陋俗治理和家庭变革的研究。有学者探讨我国婚姻家庭立法的历史沿革及发展规律，以现代婚姻家庭立法的发展演变作为重点，对革命根据地时期婚姻立法制度进行详尽阐述，又将我国社会主义婚姻家庭立法史分为新民主主义革命时期和社会主义革命与现代化建设时期两大历史阶段，认为前者是后者的雏形或必要准备，后者是对前者的继承和不断完善（张希坡）。将中国革命时期离婚法实践与中国的革命话语有机结合起来，通过革命语境中离婚法律的建构和变迁，揭示了当代中国法庭调解制度的起源，认为离婚法实践构成了可称之为"毛主义法律制度"的核心，是当代中国整个民事法律制度最具特色的部分，并可以从中看到有关当代中国法庭调解的起源、虚构和现实（黄宗智，2006）。抗战时期陕甘宁边区高等法院灵活处理婚姻案件、践行婚姻自由基本原则，通过对婚约的适度保护、对离婚自由的适当限制使婚姻自由原则与陕甘宁边区的社会实际相契合（汪世荣，2007）。中共晋西北抗日民主政权建立后颁布的婚姻法对女性离婚权予以法律上的肯定，根据地婚姻观念或离婚现象呈现出与以往不同的状况，不同时期性质相同或相近的离婚案件之审理结果迥然相异，这亦说明婚姻变革须立足于现实的客观实际（岳谦厚，2010）。以江西革命根据地 1927—1945 年婚姻法变革为切入点阐释了革命与法律的互动、冲突和现实选择，说明革命时期革命者对婚姻制度的变革既是对封建制度的消解又是现实革命动员的需要（周祖成，2011）。还有论者从女性主义角度切入，从西方婚姻家庭法律制度变革入手，对我国婚姻家庭法的发展历史、发展现状等问题进行考察和分析，其中主要是对 1911—1949 年间中国婚姻家庭问题的考察及对中国婚姻家庭法百年变革的梳理（黄宇，2007）。

第三，近代陋俗文化演变和婚姻陋俗改造研究。从文化观念、伦理观念和人的精神进化角度对近代陋俗文化进行了研究。学者们认为，陋俗文化作为被传统人伦文化认同的文化糟粕，是特定时期内社会生活传统的体现，是传统人伦文化中的陋俗和负面价值的不可分割的统一体，陋俗文化的现象和本质紧密相连（梁景和，2009）。近代陋俗文化嬗变并非特定时期内孤立的文化现象，它与人类精神进化的目标紧密相连，人的精神进化与近代中国陋俗文化更迭有互动关系（梁景和，1999）。有学者从不同方面对陋习和陋俗文化进行了相关研究，主要涉及封建陋俗婚姻、禁锢妇女的陋习、重男轻女等，民国时期的婚姻转型在农村中有所体现，但农村婚姻行为中的早婚、重财、再嫁难、买卖婚姻等一系列陋俗，成为婚姻转型的重要障碍，是华北农村婚姻陋俗的组成部分，而剔除这些陋俗就成了民国农村婚姻转型的重点问题（张在兴、李健美，2007）。近代以来，豫西南地区溺婴陋俗盛行。溺婴陋俗是当地社会衰败和畸形的厚嫁之风造成的社会恶果。溺婴之风的盛行又带来了严重的社会问题，造成当地男女比例严重失调，无力娶妻男子数量极大，致使社会结构日趋畸形，加剧了当地社会的衰败（刘振华，2013）。新思想和新观念及新风尚进入陕甘宁边区使得当地人民生活和精神面貌发生很大变化，自由、文明、平等的婚姻观念逐步被接受，人们开始摒弃旧式的封建婚姻习俗，建立男女平等的新式婚姻关系（岳珑，2004）。"贞操"观念在抗日战争和解放战争中不但没有消失，还得以继承、改造与创新，根据地革命贞节话语的形成并非缘于根据地政府本身，而是性别、战争、知识与权力等诸多因素与各个主体之间的交互作用（王向贤，2004）。有学者以小说《小二黑结婚》中小二黑和小芹自由婚恋的曲折经历为主要线索，说明了移风易俗在太行边区农村所引起的新气象，同时认为小说所反映出来的法律与习俗、两性关系、新旧婚姻观念之间的冲突折射出中共在根据地进行婚姻制度改革的复杂性和长期性（王荣花，2011）。晋察冀边区政府成立后中共为发动妇女参加边区建设并将妇女从传统封建伦理束缚中解放出来，通过实施《晋察冀边区婚姻条例》等新的婚姻政策，彻底改变了旧的婚姻制度下无婚姻自由、男女不平等、包办买卖婚姻等封建陋习，女性自由婚姻观念得以确立，妇女在婚姻和家庭中的地位得到改善（田苏苏，2012）。

此外，新中国成立后制定的《中华人民共和国婚姻法》（后简称《婚姻法》）用国家意志对婚姻陋俗进行彻底清理，从制度上推动陋俗改造和社会风气的好转。有学者以河北省为例论述了婚姻法的推行，当时婚姻制度改革是与当时国家各项建设事业结合起来进行的。中共中央在各个时期向全国人民提出的中心任务都是对旧社会各方面进行改革的任务和新民主主义的国家建设的任务，因而也就是从根本上消除束缚妇女的封建制度的政治经济基础，从根本上创造彻底解放妇女的社会条件。以发动和组织妇女参加生产的工作方针，把妇女参加生产作为实现男女平等、彻底解放妇女的关键环节。随着妇女社会参与的普及，她们的政治、经济、社会地位普遍得到提高，促进了妇女家庭地位的改善，从而为新婚姻制度的建立创造了条件。河北省婚姻制度改革取得了很大的成效，实现了婚姻制度的破旧立新，即废除了强迫包办、男尊女卑和漠视子女利益的传统婚姻制度，基本上建立起婚姻自由、男女权利平等、一夫一妻和保护妇女与子女合法利益的新婚姻制度，完成了从传统婚姻制度向现代婚姻制度的变革，动摇和废除了封建家长制等传统婚姻家庭观念，把旧式家庭改造成新式家庭（张志永，2006）。新中国第一部婚姻法推动了社会历史性进步，婚姻治理模式由"礼治"向"礼法同治"优化，实现了婚姻资源均衡流动，加速女性由家庭人格向社会人格转型，但也存在如阶级意识泛起对婚姻自由的破坏、"破"旧和"立"新的不平衡的历史局限性（敖天颖，2016；韩军强，2009）。

第四，关于社会风尚治理和新婚姻家庭建设研究。有学者认为1950年的《婚姻法》所要建立的新民主主义家庭具有新文明创制性特征，体现在其创造的家庭目标"团结生产""民主和睦"上，这一目标既包含共产主义运动传统中家庭建设的"阶级""生产"等要素，又包含五四运动以来追寻的现代民主、平等要素，通过和睦、团结等概念曲折地继承了古代中国家庭制度中的成分。这一新家庭创制具有复杂的内在张力，如"民主和睦"一词，既包含现代权利平等的启蒙诉求，又包含古代中国家庭建设的经验。两种异质要素能够融合，夫妻感情以及由此延伸出的凝聚家庭内部关系的感情发挥了中介作用。正是感情弥补了《婚姻法》民主精神进入家庭后造成的裂缝，促使"民主"较为顺利地通向"和睦"。为实现这一新家庭创制，中国共产党制定了一系列策略，让充满内在紧张关系的不同理念在家庭建设中并存（张华，2018）。关于婚姻陋俗文化形成的原因、表现、影响及中共用马克思主义先进文化引领陋俗治理，有学者认为，陋俗文化与马列主义相背离，如不能消除陋俗文化势必影响社会发展进步，甚至使马克思主义阵地遭到进攻，必须以马克思主义大众化，不断改造陋俗文化。同时，当前各种陋俗死灰复燃，以及理想信仰的缺失，对马克思主义大众化提出新要求，必须加强用马列主义和马克思主义中国化最新理论成果武装人们的头脑，以树立正确的世界观、价值观和人生观；必须大力加强社会主义先进文化阵地建设；必须完善治理陋俗文化的相关法律法规（杨松菊，2011）。新中国成立初期为适应中国社会转型的现实需要，中国共产党领导全国各族人民采取了一系列引领社会风尚的重大举措，即以加强理想信念教育为途径，树立社会主义核心价值观；以推进社会领域的改革为重点，倡导新的社会生活方式；以整顿党的作风为关键，用良好党风带动民风。从而开创了淳朴、务实、奋进的社会风尚。开展思想文化批判运动，清除了封建主义和资本主义等陈腐思想的影响。改革婚姻制度，实行婚姻自主，废除了包办强迫、男尊女卑、漠视子女利益的封建婚姻制度，实行了婚姻自主、一夫一妻、男女平等，中国共产党倡导的节俭、朴素的新式简朴婚姻礼俗逐步得到推广（郑博，2014）。

目前，学界对中国共产党与妇女解放运动、婚姻制度、家庭变革、女性婚姻观念及婚俗演变关系的研究取得了很大成果，但成果偏重对婚姻程序、婚姻制度、婚俗演变、家庭关系的考证和分析，较少提及革除婚姻陋俗与社会治理、文化建设的互动关系。因此，对百年来中国共产党革除婚姻陋俗进行研究，突出中国共产党改造婚姻陋俗、解放女性和推动社会建设的伟大成就很有必要。对于革除婚姻陋俗问题的研究可尝试新视角。第一，既观照党带领人民革命的历史进程，又考虑融入社会治理的时代话语体系，梳理党领导革除婚姻陋俗、实现妇女解放的历史线索，阐明党在推动民族解放和国家发展中的"领头羊"作用，深入总结社会治理的历史规律和经验逻辑，系统构建具有中国话语风格的社会文化治理理论体系。这样既避免了过往研究偏重革命史和理论思辨的单一性，又有助于增强实践性和价值性，实现学术研究问题导向与价值导向的统一。第二，强调中国共产党社会文化治理历史逻辑的同时，突出其中国语境和实践效果。这种聚焦中国国情、具有强烈操作性的研究，于国内而言，必将指导当下社会文化治理实践的转型，提高中国共产党科学执政、民主执政和依法执政的水平；于国际而言，必将彰显我国社会治理的中国特色、中国气派和中国智慧，为其他国家尤其是广大发展中国家的社会文化治理提供有价值的中国方案。第三，以中国共产党带领人民进行革命和建设的奋斗历程为时间轴，以各个历史时期革除婚姻陋俗为主线，梳理历史事实，从社会变迁角度加以研究，从中国千年历史演变的规律上审视社会文化治理规律，将妇女婚姻形态转变视为社会的动态发展，探索近代社会发展的文化脉络，更深刻地说明妇女处境嬗变的社会和文化原因。

二、研究意义

理论意义方面，本书的研究目的是在既有研究基础上对中国共产党领导婚姻革命及治理的实践进行历史考察，以期为妇女解放理论的创新研究提供一个新视角。本选题有重要的研究价值，因为婚姻治理具有特殊意义，于国而言，是国家和社会治理的重要内容，于个人而言，是人生大事，直接关乎万千家庭幸福。要实现国家治理体系和治理能力现代化，不仅要把握宏观层面，社会微观层面的治理也不容忽视，建设社会主义精神文明，实现人的自由发展，都需要婚姻治理的现代化。近年来，社会上对婚姻领域的问题格外关注，天价彩礼和婚姻陋俗的回潮，对党领导婚姻革命及治理问题的研究可提供新的视角。第一，以比较的视野，既观照历史，又考虑当下，既兼顾党带领人民革命的历程，又融入社会文化治理的时代话语体系，以中国共产党领导婚姻革命与治理为线索，深入总结社会文化治理的历史规律和经验逻辑，系统构建具有中国话语风格的社会文化治理理论体系。这样既避免了以往研究偏重革命史和理论思辨的单一性，又有助于增强实践性和价值性，学术研究实现问题导向与价值导向的统一。第二，本课题强调中国共产党社会文化治理的历史逻辑，是突出其中国语境和实践效果，聚焦中国国情和区域特点，有强烈操作性的研究。于国内而言，必将指导我国社会文化治理实践的转型，提高党科学执政、民主执政和依法执政的水平；于国际而言，必将彰显我国社会治理的中国特色、中国气派和中国智慧，为其他国家尤其是广大发展中国家的社会文化治理提供有价值的中国方案。第三，以中国共产党革命时期和全国执政初期的奋斗历程为时间轴，以领导婚姻革命及治理的实践探索为主线，梳理其中的历史规律，审视中国社会的沧桑巨变和社会进步，从社会变迁角度加以研究，从千年历史演变的规律中把握社会发展规律，将妇女婚姻形态视为一种社会文化现象的动态发展过程。在近代社会发展过程中探索社会关系中的文化脉络与变化原因，以求更深刻地说明妇女处境的社会和文化根源。第四，以"女性、婚姻与国家"为理论建构，以大量原始婚姻档案为基本分析依据，通过对女性婚姻生活与两性关系的多学科综合研究来克服先前成果中的片面化缺陷，进一步深化婚姻史和女性史的研究。女性在历史的书写中常常被忽略，缘于她们在社会生活中长期处于失语的位置。这样的位置，作为已经过去的历史本身，无法改变，但并不意味着历史研究者就可以无所作为。在新民主主义革命和社会主义革命中，女性的参与不可或缺，事实上其参与也是空前的，尤其是在中国共产党领导的根据地，女性已经获得了和之前大有区别的社会政治地位和发声渠道，越来越显现自己的存在。追踪这样的存在，是女性史书写可以继续努力的方向。中国共产党以武装斗争赢得政权，女性在战争中有一个特殊的作用，那就是当战争导致巨大的变故和伤害时，女性常常以其特殊的顽强和坚韧的力量支撑起一个家庭乃至社会。无论是家庭主妇还是军队中的看护及无数普通的职业女性，她们都以女性特有的温柔和韧性，顽强扛起属于自己的那一份责任。①

实践意义方面，目前我国已是世界第二大经济体，但社会治理相对滞后，陋俗泛起严重腐蚀社会风气。本书以婚姻革命及治理为主线，梳理新民主主义革命时期和新中国成立后党领导人民进行社会治理和促进婚姻文明的历程，总结经验，以史资政。当下，我国一些地区的天价彩礼、无礼婚闹、铺张浪费、迷信等婚俗陋习严重影响人民生产生活，不仅有碍于乡村文明建设，还是群众

---

① 黄道炫. 倾听静默的声音［J］. 中共党史研究，2021（5）：30.

新型贫困的诱因。移风易俗不仅关系到家庭幸福，更与社会和谐稳定紧密相连。研究中国共产党领导人民治理婚俗陋习的史实，并总结其有益做法和历史规律，对目前推进移风易俗、助推乡村文明具有重要现实意义和价值。

第一章

中国近代社会发展与婚姻改革历程

《左传》有云:"国之大事,在祀与戎",祭祀和战争是针对历代朝廷而言的"大事";而针对民间社会而言,"大事"莫过于婚丧嫁娶,并且,人也是国家、社会组成的基本细胞,历代朝廷也无不重视民间婚丧嫁娶。作为维系人类自身繁衍、社会延续的最基本的制度和活动,婚丧嫁娶也是传统文化的重要组成部分与最鲜活的部分之一。在婚丧嫁娶之中,婚姻习俗就是重要的组成部分,它描绘了一地的风俗人情,反映了时代婚姻文化的主要内容,体现了当时历史条件下丰富的社会生活,如在当代中国社会,中国传统嫁娶的"六礼"简化为议婚、订婚、迎娶三段式的结婚仪式。

随着社会的发展,经济和政治发生了重大变化,婚姻、婚俗及相关的思潮也发生相应嬗变,清末中国社会遭遇"三千年未有之大变局",民国时期是中国社会大变动、大转型的重要时期,这一时期政府对婚姻、婚俗采取了一系列改革措施。随着思想解放的潮流,婚姻观念也发生了改变。中国共产党自成立以来就投身妇女运动,推动婚姻解放事业,促进了婚姻陋俗的革除,为保障妇女正当婚姻权益奔走呼告。

第一节 清末民国时期的婚姻及婚俗

中国传统婚姻中新人要经过"六礼"程序才能正式结为夫妻,婚礼前一段时间,两个家庭也要履行一些复杂的传统程序,这种婚姻具有维系家族、稳定社会的作用,也体现了人们追求幸福和家庭和睦的积极愿望,同时也是传统中国社会人际交往的必要内容,尤其对凝聚家族力量发挥着不可替代的作用。同时,传统的旧式婚姻也有着很多落后因素。首先,传统婚姻绝大多数是"父母之命,媒妁之言",结婚的两位当事人完全被剥夺了自主选择的权利,思想观念上认为"婚姻天定",婚姻当事人无力抗争,顺从安排,反映了封建思想在婚姻关系中对人们的禁锢，主婚权完全在父母，当事人无婚姻自主权；其次是结婚的选择条件，选择姻亲对象首先考虑的是家族或家庭的整体利益，老一辈看重财产并以出身和门第评价对方的优劣，忽视年轻人的感情因素，而这样往往会造成婚姻的失败。还有，婚姻中女方要求的彩礼钱是一笔很大的数目，这使得很多底层家庭的男青年因无条件而不能组成新的家庭，这也很大程度上影响了社会的稳定，其他弊端如整个婚礼仪式烦琐、浪费金钱及充满迷信等。结婚通常是聘娶婚，其婚礼仪式比较烦琐复杂，一般需要经过纳采、问名、纳吉、纳征、请期等程序。《礼记·昏义》载："昏礼者，将合二姓之好，上以事宗庙，而下以继后世也，故君子重之。是以昏礼纳采、问名、纳吉、纳征、请期，皆主人筵几于庙，而拜迎于门外。入，揖让而升，听命于庙，所以敬慎重正昏礼也。"① 传统社会也是宗法社会，男系夫权为上，女子地位极低，一族的本宗女子出嫁后便与本宗无关，所以出嫁的女子为其夫的附属物，尊卑长幼的次序皆以夫的次序为准。在婚姻上，宗法性体现得尤其明显，女子对于自己的婚事没有决定权和发言权，婚姻本不是男女二人之事，而是男女两宗之事。②

一、晚清社会的婚姻改良

清末社会延续了历史上的传统婚制，普遍存在一夫一妻多妾制，存在大量童养婚、赘婿婚、转房婚、招夫婚、指腹婚、冥婚、典妻婚等特殊婚姻形态，以及离婚、男子再娶、妇女再嫁等社会现象。在婚姻礼仪简化的趋势方面，各地的变化也不尽相同。清末经历"三千年未有之大变局"，政治、经济、社会等步入特殊的半殖民地半封建状态。传统中国是"乡土社会"，传统的婚姻以家族或家庭利益为主导，忽视个人的利益和意愿，正如费孝通先生所言："'男女有别'是认定男女间不必求同，在生活上加以隔离。这隔离非但有形的，所谓男女授受不亲，而且是在心理上的，男女只在行为上按着一定的规则经营分工合作的经济和生育的事业，他们不向对方希望心理上的契洽。"③ 清朝初期延续下来的传统婚俗，择偶注重门第，重富贵、官（军）阶、贞操，到了清末仪式有所简化，观念也逐步开化。婚礼仪式有"合婚""下帖""卜期""接人""回门"等。④ 民间社会的婚俗文化气息浓郁，以周礼为蓝本，以典雅、尊贵、庄

---

① ［汉］郑玄. 礼记注［M］. 北京：中华书局，2021：799.
② 陶希圣. 中国社会之史的分析［M］. 长沙：岳麓书社，2010：126.
③ 费孝通. 乡土中国［M］. 北京：人民出版社，2008：56.
④ 傅崇矩. 成都通览［M］. 成都：成都时代出版社，2006：100.

敬为气韵，既体现人伦关系和社会秩序，又体现人与自然的和谐。传统婚俗把婚礼看作"礼义之本""人伦之始"，认为只有正婚姻夫妇秩序，才能正其他社会秩序，才会有社会的礼治。男女结合必须依礼而行，才能达到"序人伦""别夫妇"的目的。婚姻也只有合乎礼仪、明媒正娶才是合法的，才能得到社会的承认。① 根据政府组织的调查记录，"订婚期间，订定迎亲年岁到临，由男家请星相家择定吉期，通知女家，各自筹备，至期男家先一日设席宴媒，亲朋皆发请柬邀宴，亦备花轿彩竹锣鼓乐器前往亲迎，新娘入门后，由牵新娘人引导与新郎拜天地、祖宗父母、戚族长辈，领拜人须各予贽礼，多寡不定，聘金之多寡及嫁奁之豪啬则随男女家长之殷实与否为转移。"② 《南部档案》中记载了当地的婚俗事象："县属婚俗，当媒合之时，先将男女年庚合算，合算无克，书有'合婚'字样。两造允悦，始换庚帖，由媒转交，备办礼物，会诸亲友，先行下拜，然后卜期接人。未成，即将合婚庚帖各退。"③ 清末社会是以家为本位的，如农村中需要媳妇帮助耕种，父母让儿子早婚，选媳妇时要求身体健壮、能耕作，所以，婚姻是为家而存在的，而不是两性的相爱，婚姻关系的存在要服务于家庭和家族的需要和利益。

清末，政府采取修改法案和行政命令等方式对婚俗进行改革。20 世纪初，在内忧外患的背景下，清政府进行了修法，在《大清民律草案》中涉及婚姻的立法和相关规定，是后来北洋政府改良和修订婚姻法规的基础，成为我国近代婚姻法的雏形，一定意义上对婚姻变革起到了推动作用。清末，在风气渐开、保国强种的背景下，全国各地方政府和民间力量也在推动解放妇女身体的反缠足运动，并与改革婚姻相联系。如巴县地方议事会提出了放足的《议决案》，认为：缠足盛行主要在于"风气未开，有女子者，非不欲其不缠，特虑难于结婚。""结成团体，使放足之妇女，有所依据，至婚姻一事，如有因不缠足而致有碍者，拟订规约，会中人与会中人结婚，则不缠足之女，自然勿虑。会外之人于结婚帖中，亦必注明不缠足，以为左券。凡结婚之家，男家须于庚帖上注明不缠足字样，以昭信守。已订婚约未完婚者由男女双方会同媒证于庚帖上追加不缠足字样。如有违反时，经一方或双方提起及有利害关系人与第三者之举发，各分会得立时诰诫，使更正之。"④

---

① 刘昭霞，杨竺. 民俗档案—巴蜀文化的历史见证 [J]. 四川档案，2018（4）：56.

② 四川各地迷信调查及改革意见 [J]. 新运导报，1937（4）：78-80.

③ 吴佩林. 清末新政时期官制婚书之推行：以四川为例 [J]. 历史研究，2011（5）：78-95，191.

④ 杨兴梅. 从劝导到禁罚：清季四川反缠足努力述略 [J]. 历史研究，2000（6）：88.

　　近代以来，随着西方列强入侵中国，中国社会经历"千年未有之大变局"，封建意识形态和儒家伦理逐渐失去正统地位，随着反对禁欲主义，宣扬个性自由、天赋人权等的西方思想文化传入中国，西方女权思想和婚姻伦理使得先进知识分子对国内女性长期以来受到的压迫和歧视给予了同情，提出了一些革除缠足、解放妇女、反对"婚姻命定论"的主张和思想，逐步将妇女解放和婚姻解放结合起来，西方婚俗的传入也使得沿海开埠的城市出现了"文明结婚"的思潮和形式。维新派人士注意到了妇女解放的重要性，同时对婚姻制度和婚俗提出了一系列变革主张，以康有为、梁启超、谭嗣同为主要代表的维新人士积极宣传西学，传播平等观念，主张缔结婚姻必须自主和自由。如康有为看到了妇女在社会中的受压迫之苦，"社会对妇女忍心害理，抑之、制之、愚之、闭之、囚之、系之，使不得自主，不得任公事，不得为仕馆，不得为国民，不得预议会，甚且不得事学问，不得发言论，不得达名字，不得通交接，不得予享宴，不得出观游，不得出室门，甚且斫束其腰，蒙盖其面，刖削其足，雕刻其身，遍屈无辜，遍刑无罪，斯尤无道之至甚者矣"①。他感叹妇女地位低下，声称要为妇女鸣冤、拯救妇女于水火，使她们能享"大同自立之乐"。康有为也有关于婚姻缔结中应当自主、自由的理念："与凡男女如系两相爱悦者，则听其自便，此乃几何公理所出之法，天既生一男一女，则人道便当有男女之事，既两相爱悦，理宜任其有自主之权。"② 康有为还主张"人者，天所生也，有是身体，即有其权利，侵权者谓之侵天权，让权者谓之让天职。男与女虽异形，其为天民而共授天权一也。人之男身，既知天与人权所在，而求与闻国政，亦何抑女子攘其权哉？女子亦何得听男子擅其权而不任其天职？……以公共平等，况男子之与女子乎？"③ 梁启超分析了妇女地位低下是因为"不能自养而待养于他人"④，他还主张妇女要接受教育，了解社会，开阔眼界。谭嗣同主张"夫妇择偶判妻，皆由两情自愿。同会虽可互通婚姻，然必须年辈相当，两家情愿方可。不得由任指一家，以同会之故，强人为婚。"⑤ 维新派人士还提倡兴女学、废除女子缠足等封建陋习，其主张形成一股社会思潮在当时社会起到开风气的作用，但由于资产阶级力量的弱小，这些主张没有转化为社会制度，限于历史

①　康有为. 大同书［M］. 北京：古籍出版社，1956：126-127.
②　康有为. 实理公法全书［M］//中国文化研究集刊：第1辑. 上海：复旦大学出版社，1984：330.
③　康有为. 大同书［M］. 北京：古籍出版社，1956：144.
④　梁启超. 饮冰室合集：第1册［M］. 上海：中华书局，1936：38.
⑤　蔡尚思，方行. 谭嗣同全集［M］. 北京：中华书局，1981：351，396.

条件也没有落实。20 世纪初，一些社会贤达和女权运动家开始以实际行动提高女性地位，如 1902 年蔡元培创办上海女子学校，开中国人办女校新学之先风。新兴的资产阶级革命派受到西方女权思想的影响，在国内积极传播和推动女性解放，孙中山把"男女平权"加入同盟会的纲领中，作为"三民主义"民权思想的组成部分大力宣传。金天翮的《女界钟》明确提出要从教育和家庭入手解放妇女，把女子教育塑造成新女性，教成高尚纯洁、思想发达、体质强壮之人，促成女性独立、夫妻平等。1904 年，秋瑾在《敬告中国二万万女同胞》中呼吁妇女积极行动起来，放弃对男人的依赖，救亡国家，自立自强。① 秋瑾批判当时妇女处境低下的现实，"二万万同胞，还仍然沉沦在十八层地狱，过着一世的囚徒，半生的牛马，男的占了主人的位子，女的处于奴隶的地位"②。从 1902 年资产阶级革命派主办的第一份女子刊物《女学报》发行，到辛亥革命爆发，全国各类妇女报刊达到 30 多种，在革命的洪流中，资产阶级革命派领导觉醒了的妇女组成团体开始争取解放的斗争，开辟了近代中国妇女运动的先河。中华民国建立后，妇女参政运动火热一时，但随着革命成果被袁世凯窃取，这场由资产阶级革命派推动，上层知识女性参与的妇女解放运动很快就偃旗息鼓。实践证明，在半殖民地半封建的旧中国，妇女解放运动只有唤起广大妇女群众，投入民族和民主革命的浪潮中，才有可能成功。

二、中华民国政府的婚姻改革

中华民国政府采取措施改革旧式婚俗，革弊更新，倡导平等、民主的理念，婚姻礼俗方面自主、自由、平等的思想观念在城市的各个阶层中不断传播，"文明结婚"兴起。有人编写"五更调"来赞美这种新式的文明婚礼："戒指为定，大婚作见证人，最要紧，结婚书呀，双方盖定，郎才女貌两情愿。"③ "文明结婚"不仅仅在沿海的城市中流行，而且在内地的很多城市乃至县城都出现了，实行人员也越来越多。譬如，江苏镇江不少年轻人结婚采用的是新婚俗。"旧礼已不适用，敢用新礼，所谓文明婚礼是也。"④ 当时呈现出一派新的社会气象，

---

① 闫玉. 当代中国婚姻伦理的演变与合理导向研究［M］. 长春：吉林文史出版社，2009：76.
② 张枏，王忍之. 辛亥革命前十年间时论选集：第 2 卷（下）［M］. 上海：三联书店，1963：845.
③ 文明结婚五更调［N］. 申报，1912-06-24.
④ 潘家德. 试论辛亥革命时期中国社会民俗的嬗变［J］. 西华师范大学学报（哲学社会科学版），2011（4）：18.

很多社会人士称赞这种新礼俗。《万全县志》中记载，该县"入民国后，政体改革，社会进步，烦琐礼节已不适用，多趋简约。在闭塞之区，礼虽仍旧，亦渐知改革。至城镇比较开通之地，则完全改为新礼。其仪式与礼制馆所拟之婚礼草案略有出入，所谓文明结婚者，是也。亦有新旧仪式参（掺）用者。总之，比较旧礼已进步多矣"①。这表明新式婚俗的影响已在内地部分地区生根发芽。

　　辛亥革命后社会各方面开始发生重大的变化，关于风俗和礼仪方面的改革也引人注目。《中华民国临时约法》中就有禁止蓄奴、蓄辫、缠足等恶习，废除"老爷"等称呼、下跪等礼仪的内容，民主的观念深入人心。这些都对人们的婚姻观念产生了重大的影响。北洋政府时期，部分大城市兴起了多种新式婚礼。政府在其《大总统教令》中就统一婚礼仪式进行倡导："民国以来……虽经礼制馆规拟草案，亦多议而不行。思婚姻为人伦之始，若不理析礼则，靡所适从……臆为规行，益乖礼意。将何以范围群伦，纳于轨物。"② 1921 年 3 月，民国政府以总统令形式颁布《结婚服务法》，借鉴文明结婚的观念，对婚姻的文明发展和人们婚姻观念的发展起了一定的促进作用。南京国民政府也对婚俗进行了引导，最鲜明的措施就是 1928 年南京国民政府颁布了《婚礼草案》，其中对婚礼程序做了较为详细的规定，对一些陋习一概禁止，体现了文明、简约的特点。其中提出，禁止早婚和童养媳，婚礼程序分为订婚、通告、请期、结婚典礼、谒见等，是整合传统婚俗礼仪结合新式婚礼的仪式而成，是新旧婚俗调和整合的产物。除此之外，南京国民政府还进行了立法，成果即当时的婚姻法——《民法亲属编》，其中分为通则、婚姻、父母子女、监护、抚养、家以及亲属会议。第二章"婚姻篇"主要是关于婚姻的规定，分为婚约、结婚、法律效力以及夫妻财产等部分。这些规定从法律上对传统的婚俗和婚姻家庭进行改造和革新。该法规关于解除婚约的规定较为宽容，相比清朝时期的婚约进步很大。这一法规颁布后，全国各城乡才逐步有人采用西式的新式婚礼。《婚礼草案》中规定了新式结婚程序分四个步骤：一、订婚；二、通告；三、结婚；四、谒见。结婚环节与过去区别很大，有介绍人、主婚人、司仪等。还有规定，免除各种各样的聘礼，订婚时当事人双方交换订婚帖即可。婚礼一般在公共礼堂或者在家中举办。新的婚礼法规的出台和实施在一定程度上推动了人们对新式婚姻的认识，新的婚姻观念、婚礼形式也逐渐在全省普及开来。如万源县（今四川省万源市）的婚俗相比以前变化很大，有

① 潘家德 . 试论辛亥革命时期中国社会民俗的嬗变 [J]. 西华师范大学学报（哲学社会科学版），2011（4）：18-19.

② 六月十八日大总统令 [N]. 时事新报（上海），1919-06-20（2）.

很多青年男女结婚采用新式婚礼。"县城风俗，有随时局为转移者。女子剪发、读书，选择婚姻，亦有溺于自由之说，不尽父母之命者。"① 另外，不少年轻人采取了协商式结婚，即到谈婚论嫁时征得双方父母的同意，与长辈们协商然后再订婚，而后举行结婚礼仪步入婚姻殿堂。

但是，传统婚俗在全国大部分地区仍然占据主体地位，尤其是在广大农村。婚俗改革必须以经济发展和彻底的政治改革、社会进步为前提，在半殖民地半封建社会形态下，广大人民群众生活困苦、备受压迫，婚俗改革和婚姻自主还有很长的路要走。同时，中国社会处于大动荡、大转型、大变革时期，各方面发展均带有鲜明的新旧并行、中西混合的特征。婚俗作为一种非主导性、民众化及多样化的文化现象和生活模式，具有顽强的传承性和守成性。中华民国时期的中国社会也开始了近代化进程，当时军阀专制、经济凋敝，经历着新旧事物并存和中外势力混杂的社会发展状态。在这样的大背景下，婚俗在保持传统习俗的基础上，也发生了一些新的变化，新式婚俗也逐渐出现并且由中心城市向周边地区传播，特别是由较早开埠的城市向内地传播。中华民国初年和抗战时期是新式婚俗传播较快的时期，出现了文明结婚、集体结婚、登报结婚、旅行结婚、公证结婚、宗教结婚、跨国婚姻等。沿海开放城市和中共领导的根据地是新式婚俗改革较快的地区，呈现出民主和平等的进步倾向。传统的聘请婚也出现了结婚程序删繁就简的发展趋势，离婚和妇女再嫁逐渐成为平常事。需要指出，新婚俗是在当时中西交流密切、经济社会急剧转型发展的状况之下发展起来的，因此其具有符合时代发展的生存土壤，也由此在中华民国时期的大城市较为盛行。中华民国时期社会生活的变迁不仅体现在婚俗上，还体现在民众的婚姻观念以及社会风气的变化，人们的思想意识形态的变化，当时自由、民主、平等观念的产生，知识青年性观念的变化，生育观念的转变，财礼婚的产生以及厚嫁之风的盛行，离婚以及再嫁观念的变迁。

中华民国政府通过推进婚姻法的近代化来对婚姻进行改革，但带有明显保守性。一方面，北洋政府时期订婚是婚姻有效的必定程序，订婚的形式要件是婚书和聘礼，实质要件是主婚权人（父母或祖父母）主婚、男女双方合意，但对结婚年龄无明确规定。同时，设立了一些禁婚情形：近亲不婚、同宗禁婚、相奸者禁婚。另一方面，北洋政府维护传统婚姻制度，如对妻妾制的保护。在

---

① 毛文君，赵可. 近代四川婚姻礼俗变动趋势及特征述略 [J]. 成都大学学报（社会科学版），2003（1）：61.

离婚方面，维护夫权。① 南京国民政府制定的婚姻法对纳妾采取暧昧态度，丈夫纳妾须得到妻子准许或默认，妻子不能提出离婚，丈夫对妾有扶养义务，同时规定重婚时可以撤销婚姻。对婚姻财产有维护夫权的法律趋向。

三、近代社会婚姻陋俗批判

封建礼教剥离了女性的独立性，女子奉行"三从四德"，"夫为妻纲"普遍存在，"夫有再娶之义，妇无二适之文。故曰夫者天也，天固不可逃，夫固不可离也。行违神祇，天则罚之，礼义有愆，夫则薄之。故事夫如事天，与孝子事父，忠臣事君同也"②。清末民国时期，这种思想在社会上仍根深蒂固，严重阻碍，社会进步和妇女解放。这种封建婚姻意识形态在基层社会的家庭中通过性别社会化的过程形成并进行代际传播，人们从小接受了性别认同的内化和性别意识的固化，把女性置于男性之下，把怀孕生子、家务劳动视为女性的天职，"夫为妻纲"，把婚姻中男女的性别责任和分工一步步固化并流传下来。民国初年就有人撰文批判婚姻陋俗：

---

① 王新宇. 民国时期婚姻法近代化研究 [M]. 北京：中国法制出版社，2006：105-153.

② [明] 李贽. 藏书 [M]. 北京：中华书局，1959：1061.

不產子則此等望兒媳卽居於無可奈何之地位矣。以上二類。均稱小媳婦。凡小媳婦自幼至長。無一刻不在愁苦磨厄之中。或飲食不足。或衣服不煖。或睡臥不安。一切苦工。皆役使之。稍不如意。卽加鞭撻。以及種種虐待之情形。殊難盡述。此抱媳之陋習。急宜改良者三。(四)納妾　男女居室。人之大倫。一夫一婦。天之定理。何禮記云。天子有后有夫人有世婦有嬪有妻有妾。又曰公侯有夫人。有世婦。有妻。有妾。又曰天子一后。三夫人。九嬪。二十七世婦。八十一御妻。又白虎通云。卿大夫一妻二妾。士一妻一妾。此種禮制。相習成風。幾爲男子應享之權利。若夫唐宋之季。後宮數千人。以爲常事。而百姓之家。則以其財力之多寡爲衡。亦漫無限制。是視婦女爲用物。爲玩具。而婦女亦遂以用物玩具自居。粉白黛綠。爭妍取憐。亦若其應盡之義務。嗚呼。婦女者。種類之原也。教化之基也。風俗之本也。以此惡劣之性質。傳及子孫。四千年來。腐敗之結果。安得不如是耶。今者民國憲法成立。不准納妾。然社會中猶有行之者。吾願尊重人權之君子。急起矯正焉。況納妾之弊甚多。僅舉一二以告。竊原始造人。一男一女。二體胖合。乃成夫婦。故夫婦爲一體。非能二之也。納妾者。是無異於身體之中而加一刺也。此納妾之弊一。國爲家之積。家者一夫一婦所組合也。若以數女人覆翼於一男子之下。家之不平等。卽國之不平等也。是納妾實爲家庭之害。此納妾之弊二。古之婦女。不知自立。一一仰求於男子。不得不含羞忍辱。屈服順從也。彼奪婦女權利之聖人。偏定規條。妄爲褒貶。約束其身體。錮蔽其聰明。野蠻其識見。專制其靈魂。且復誘之逼之。而後宛轉以隨我意所欲。爲違天理。背人倫。莫大如是矣。至於天子後宮。畜有多女。惴惴焉惟恐防閑之不密。則更毀傷人之肢體。以爲宦寺。此種暴政。眞爲文明國所驚嚇而怪笑者。至於今日。其弊雖除。然穢惡之行。仍留史冊。一姓之敗亡。往往由此。其流毒亞洲之大陸。非古聖人之罪而誰罪歟。(見女俗通考)此納妾之陋俗。急宜改良者四。(五)買婚　文中子曰。婚姻而論財。夷虜之道也。近世有於議婚之時。由男女之父母論定價値。男家之父母。將價値交給女家之父母。若受之。卽作爲定親之憑證。故曰買婚。凡以價銀買婚者。視妻與購買之奴僕同等。儀禮義疏。王吉先生曰。夫婦爲人倫大綱。一切善政。均於婚姻肇其基。固宜愼重。惜世有以女子爲買品者。而男子亦忍心害義。出錢以買之。有謀買者。必先賄通女家之戚族。有明買者。憑中說合。議定價錢若干。有賣活婚者。是將本妻出賣與人。若本夫不善書法。卽請人代書賣約。己

則以指紋塗墨蓋印於其上。以示無悔意。現今婦女之價値。約分上中下三等。年輕貌美脚小者爲上等。價甚昂。年長貌平脚微大者爲中等。價則次之。年衰貌陋脚大者爲下等。價更次之。平均計算。自數十串至數百串不等。若大人先生之買愛者。價値不在此例。或一千元。兩千元。以及八萬十萬。均爲能有之事。凡婦々一經主婚人發買。雖知羞辱。不願適人。然敢怒而不敢言矣。嗚呼慘哉。以堂堂大中華民國。應當尊重人權。男女平等。而猶有以婦女爲買品者。豈非國之恥乎。此買婚之陋俗。急宜改良者五。(六)逼嫁　女子自許字以後。出嫁與否。其權操之自己。他人絕不能干涉。必先查看其夫。另有房屋可以容身。有器具可以適用。月進工資可以度日。然後委身而從之。如資財未畜。妻子未能養育。遽然婚嫁者。在文明國莫不視爲犯法之人。蓋人不明自立自主。衛生保命之道。卽爲天下之愚人。以愚人而婚嫁。安望其所生子女不爲愚人哉。故女子出嫁。務當審愼。胡世有逼嫁之舉。其言曰。男大須婚。女大須嫁。且有嫁猪隨猪。嫁狗隨狗之謬說。年輕女子。毫無知識。一聞此言。鮮有不爲之動搖。而貽害終身者。考其原因。厥有數端。或由男子不顧後來之利害。祇戀眼前之肉慾。賄出女子之戚族爲之者有之。或女子之父母以爲使女子出嫁。可了人生之大事。而出此者有之。或女子之兄嫂忌嫌。轉托他人逼迫者有之。總之原因複雜。殊難枚舉。徒令有心人爲之扼腕也。此不過僅就處女一方面言之。至於寡婦。亦多有受同等之毒害。本守身貞節。不願再配。孰意翁姑貪財。伯叔厭惡。多方逼迫。慘不忍聞。有不達其目的不止之勢。其情更可憫矣。剝奪人權。如斯已極。大不合於共和政體。此等陋俗。急宜改良者六。　吾國婚姻之陋俗。原不止此六端。但有一於此。卽足以墮落女子之人格。消磨女子之慧性。摧敲挫折。終必流爲愚蠢卑賤之婦女也。以愚蠢卑賤之婦女主家政。相夫子。教子女。烏能勝任。以上二者姑置不論。其流毒於子者。關係不綦重歟。蓋子女幼時。腦筋柔嫩。習聞母訓。大書深刻。終身不忘。彼之所以導其子女者。必爲虛僞邪僻猥談瑣語耳。夫如是。子女將來雖有最美之學堂。至善之教法。亦無能洗滌而盡除之。蓋少成若天性。習慣成自然。乃繼繼繩繩。代復一代。至於今世。譬如腐敗之種。徧布全國。安能從中求佳果耶。是以中國之現狀。一曰貧。一曰弱。貧與弱。不在於國而在於人。人人惟其貧。人人不求自立。則奴隸牛馬於他族。而不以爲恥也。惟其弱。人人不求自由。則雖有重疊之壓力。而不覺其重也。惟其又貧又弱。人人不求自治。則奸險詐僞。陰

圍列已甚是非之天良不能泯也抵法律思想無道德思想無合羣思想無進步思想蓋由古昔所稱於女子者而女子以漸遷之男子也國中父老兄弟婚姻惡劣有如此之不良之結果尚其猛省而勿忽諸

●群翁宣言

中國之不能統一中國人皆以為憂但以為憂而不求統一之原因雖勉強奉合敷衍暫時不能久仍見中國不能統一之事言之不盡其為人所共知其為各處之丈尺長短不一各處之權衡輕重不均仍此為人民所最不便其關係尤鉅者國文言語古今異用其國文言語殊科殊之升斗大小不齊各處之丈尺長短不一仍往往學生之口述無論有益無益講解不能講解塾師督令高聲朗誦之行事只知守舊不知圜素稱文明而因文字之難多度生口授學生口議識字者古人一必發成若用以教人恐多反對熱見尚有一法不知功效何如其法奈何中國新人生自幼孩時入塾學讀書先不讀書者由此以觀文字非改良不可至於語言亦極複雜方言歧異各省各縣各不相同從前印度如斯他圜求有此弊習書不讀書者由此以觀文字非改良不可至於語言亦極複雜大凡識字之人不便即未發行今之一各省之人不致教育部之命意以切音字母编成語一譬如来教育部欲號此定切音字母以謀圜語統尚易識字之人不辨平上去入敎之切音甚難二十餘年前羣著鄂語摒弃己經刊因與不識字之人不便卽未發行今之切音字者議論用作語言或一人必發成若用以敎人恐多反對熱見尚有一法不知功效何如其法奈何中國已有之不同音字數人逐一讀誦至於書報凡不同音之字卽以同音之字毋注在邊勞似為簡直容易望高明有以敎之

●救國論

鳴呼此之局勢誠危矣當之士莫不奔走呼籲擘謀保國庶是以圖强而免鄰國之侵陵然當此民生凋敝之秋現有之軍隊其餉糈占國費度支之半已非吾民所能負擔嫣將悍卒肆授闕閱已為吾民所怨苦欲求裁兵尚不可得其策安有餘力以振軍備且現今歐美各國己深知戰爭之慘聯合以謀永久之

英才

廣益雜誌　論壇　第八期

一九

资料来源：英才. 婚姻之陋俗［J］. 广益杂志，1911（8）：33-36.
注：民国初年白话文表述跟现代汉语的断句及文字表达有所差异，原文如此。

民国时期的婚俗以传统的聘娶婚为主，但是我国幅员辽阔，各地婚俗差异极大。由于受政治、经济、风俗习惯、文化等方面因素影响，一些非正常礼制的婚姻陋俗也被保留下来，譬如童养婚、纳妾、小女婿婚、入赘婚、转房婚、招夫养夫、指腹婚、冥婚、典妻婚等。这些婚俗和非正常礼制的婚姻大多数经几百年甚至上千年历史延续下来，到了近代，社会动荡，经济秩序混乱，人民困苦，这些特殊婚俗不可能完全消失，在民国时期不少地区仍延续着。这也反映出在那个时代背景下国家由于改革风俗的复杂性和艰巨性，难以实现对社会的有效整合。

从根本上来说，婚俗变迁受到不同时代下物质资料生产方式的制约，人们的婚姻行为随着物质资料生产方式的变化而变化，生产、交换和消费发展到哪个阶段，与之对应就会有哪种社会制度、家庭组织、等级组织。人们婚姻行为的本质属性是具有历史变化特性的社会属性。婚俗是人们世代相传下来的一种文化现象，在历史的发展过程中已经和人们的生活融为一体，其传承具有一定的稳定性和反复性，其中一些合理和优秀的成分会被人们继承下来并得到广泛传播和认可。与之相反，某些陋俗也会因保守势力的保护而延续下来，它们在短期内不可能发生根本性的变化。传统的婚姻观念根深蒂固，婚俗仪式的改变也非易事。因此，民国时期新型婚俗传入后没有在短时间内落地生根是因为一些新的婚姻仪式、观念及制度出现后受到传统势力的批判和旧习俗的阻滞。婚俗的变迁历程也是新旧势力、新旧观念、新旧制度之间的斗争、碰撞、妥协的过程。总体上看，民国时期仍以传统婚俗为主，究其原因是生产力发展落后，致使政治发展不民主，无法为现代婚姻观念和制度提供支撑，但从长远看，旧势力和旧制度最终会被先进的力量和潮流所替代，使社会逐步走上民主、文明、进步的道路。

新文化运动对封建婚姻伦理开展了猛烈的批判。第一，批判封建伦理道德。新文化人士指出，以"三纲"为核心的封建道德伦理，其根本目的是维护封建等级制和少数尊贵者的利益，根本特征是不平等和奴隶道德，"三纲"使人丧失独立人格。他们积极主张冲破旧礼教的束缚，使妇女获得解放。陈独秀刊文道，"儒者三纲之说，为一切道德政治之大原：君为臣纲，则民于君为附属品而无独立自主之人格矣；父为子纲，则子为附属品，而无独立自主之人格矣；夫为妻纲，则妻于夫为附属品，而无独立自主之人格矣。率天下之男女，为臣、为子、为妻，而不见有一独立自主之人者，三纲之说为之也"。"尊重个人独立自主之人格，勿为他人之附属品。"① 胡适和鲁迅猛烈批判了封建道德对女子婚姻性道德贞操的要求，批判封建节烈观女子为男子守寡。胡适认为，贞操是男女相待的态度，而中国男子要求女子守贞洁，自己却公然纳妾、嫖妓，这是男子的专制贞操论，贞操"乃是人对人的事，不是一方面的事，乃是双方面的事。女子尊重男子的爱情，心思专一，不肯爱别人，这就是贞操，男子对女子也该有同等的态度，若男子不能照样还敬，他就不配受这种贞操的待遇"②。1918 年 8 月，鲁迅针对北洋政府褒扬节烈的政令，怒斥："女子多当作男人的物品，或杀或吃，都无不可。节烈这事不利自他，无益社会国家，于人生将来又毫无意义，已经失了存在的生命和价值。"③ 李大钊就指出，女子守贞操，男子多妻多妾，女子从一而终，男子细故出妻，女子为夫守节，男子可以再娶，这是非常不道德和野蛮的。倡导女性解放，妇女独立人格。一个公正平等的两性关系应该是男女之间平等、辅助、互相依靠。他呼吁必须剔除男尊女卑的旧伦理，女性要

---

① 陈独秀. 一九一六年：任重道远之青年诸君乎诸君所生之时代……［J］. 青年杂志，1916，1（5）：10-13.
② 胡适. 贞操问题［J］. 新青年，1918，5（1）：10-19.
③ 唐俟. 我之节烈观［J］. 新青年，1918，5（2）：8-17.

独立、解放。① 陈独秀敬告青年："自负为一九一六年之男女青年，其各奋斗以脱离此附属品之地位，以恢复独立自主之人格。""集人成国，个人之人格高，斯国家之人格亦高；个人之权巩固，斯国家之权亦巩固。"② 新文化运动倡导重塑女性独立人格，男女平等。当时《新潮》杂志刊文指出："女子自身应知道自己是个人，所以要把能力充分发展，做凡是人当做的事。又应知道人但当服从真理，那荒谬的名分，伪道德，便该唾弃他、破坏他。"③ 新文化运动时期，文化人士除了抨击封建旧道德，还对妇女解放的道路进行了初步的探索。第一，资产阶级女权主义的道路。其实质是资本主义改良道路，幻想在不改变根本制度的前提下，提高女性受教育权、婚姻权利、参政权利，倡导女子经济独立等，主要以上层知识女性为对象，提高教育、提高女性素质来获得自身解放。第二，空想社会主义的妇女解放道路。新文化运动时期，随着十月革命胜利的消息传入中国，知识分子们开始研究和宣传社会主义，对什么是真正的社会主义的认识经历了一个历史过程。工读主义在当时是比较流行的社会主义思潮，自1919年开始，北京、上海等城市出现了女子工读互助团，进行妇女解放的尝试。北京女子工读互助团公开发表宣言："凡是受黑暗家庭虐待的女子，或是受婚姻压迫的女子，或是生活困难的女子，都可以到我们团来生活，我们可以共同向旧家庭、旧社会发起总攻击。"④ 但是，没过几个月，女子工读互助团就因无法维持而宣告失败。女子婚姻不自主在于父母包办婚姻，男女结婚在于媒人来往于双方父母间的游说，这种方式往往会造成男女当事人婚姻的不幸。毛泽东曾撰文对此进行评论："这种媒人，第一便是以'拉合成功'为根本主义。两边游说，心注'成功'，而词旨论锋，总说听你们两下自愿，其实自经他几番饕嘴，做父母的虽有铁耳，早已化成了软绵。我见过多少媒人，成功的总占十分八九。他以为若不撮合，便是我的罪过，倘然合了，使他们两家无亲变为有亲，可算是一件功劳。在这拉拢主义底下，有离不开的一件事情，便是'说谎'。男女两家，既都不相接近，种种实际，互不相知，女子闭在深闺，更加不易察觉。他就信口开河，造作言语，务使两边父母，听着都能快意。一纸婚书，便构成了这回亲事。所以，往往结婚之后，驴唇不对马嘴。如这次佘四婆婆之撮合赵女

① 闫玉. 当代中国婚姻伦理的演变与合理导向研究［M］. 长春：吉林文史出版社，2009：89-90.

② 陈独秀. 一九一六年：任重道远之青年诸君乎诸君所生之时代……［J］. 青年杂志，1916，1（5）：10-13.

③ 女子人格问题［J］. 新潮，1919，1（2）：107-114.

④ 王光祈. 城市中的新生活［N］. 晨报，1919-12-05.

士、吴五，便是说谎的好证。甚且变换新郎，或更易新妇，这竟是一个'矛盾对当'，不仅止'些微说谎'了。媒人既已只务'拉拢'，而又'白屁'喧天（乡人谓说谎为谈白屁），驴唇不对马嘴的婚姻，几乎塞满了中国社会。又何以男女两方，竟不闻有无向媒人开衅，而法庭诉讼，少闻控告月老先生，他反得自在逍遥，礼金丰入。"①

第二节　精神解放和婚姻革命思潮

进入近代以后，中国社会发生巨大变迁，随着经济、政治方面的巨大变革，思想文化和民俗观念也开始发生嬗变。辛亥革命以后，西方民主共和观念传播开来，社会风俗改革也促进了自由平等观念的流行，传统的婚姻伦理和婚姻观念开始转变。随着新文化运动的开展，人们抨击封建婚姻制度和观念，广大知识分子呼吁的精神解放、婚姻自由、平等观念深入人心，爱情和性观念也随之发生变化。

一、民主、自由、平等观念流行

19世纪末，西方的文化和观念快速传入国内，尤其是新文化运动倡导民主与科学的理念，反对专制和愚昧，要求民主和自由的观念也开始影响婚姻观念，妇女运动此起彼伏，知识分子对封建伦理开展猛烈批评，如笔名为"真"的作者在报纸上发表《三纲革命》，其中明确指出：

---

① 毛泽东. 打破媒人制度［N］. 大公报，1919-11-27.

　　婚姻自由在当时的呼声是很高的，时人甚至有宁愿自由过度也要抛弃旧的婚姻束缚的评论，"我对于婚姻的主张，要取绝对的自由，决不容许有第三者参与其间，但是有些人每以：'若婚姻绝对自由，要发生种种不道德的行为'等无稽之言，为什么不思考为什么呢，如今年所谓婚姻自由的人，这难道是卑鄙龌龊不堪入耳的自由吗？现在社会虽然免不了上述所说的自由。我想那些丑事也听得多见得多，我也不必多费光阴去写证明了，又有人说婚姻自由容易使恋爱乱用，但是恋爱乱用那是人格上的关系，凡是没有人格的人则虽有严苛的法律、繁重的家法也能禁止他阻止他吗？精神不讲自由就能除掉这些弊病吗？我却相信乱用恋爱不是处理自由婚姻所能禁止的，否则为什么在没有盛行婚姻自由的时代里常有许多不规则恋爱呢？我想堕落在不规则恋爱里，可随着真正的恋爱去乱用，虽然真正的恋爱若加上乱用二字也就变成不正了，但是二者相比较起来还是真正的恋爱去乱用好得多呢"①。当然，从词源学的角度看，西方所谓的"freedom"或"liberty"翻译成中文的"自由"并不能准确表达其内涵，因此，婚姻自由在民众的理解中除了有"自主"的意思外，还有"无拘束、由着自己"之意。五四运动以后，知识青年的婚姻观念已经有了很大的变化，向往以自由恋爱结成伴侣，相比门户更注重男女之间情感的交流，费孝通曾描述过当时的现象，他写道："现在中国的青年对于婚姻有了一种以前的人所没有的，或可以没有的新要求，他们要在婚姻配偶身上获得感情的满足。……就是婚姻的配偶必须是志同道合的好朋友，一对知己。"②

二、传统婚姻伦理变革

　　在封建社会结构的宗法制度的最底层是家庭，家庭是宗法制度的最小单位。婚姻是家庭的前提，因此婚姻文化和婚姻伦理对整个社会的秩序有重要作用。

　　太平天国时期对封建婚姻制度进行了根本的改革。其婚姻主张打破了封建婚姻伦理，太平天国的领导者宣扬天下男子同为兄弟之群，女子同为姐妹之辈，主张男女平等，实行男女平等分配的土地政策，废除了传统婚姻陋俗，在缔结婚姻时主张不论资财，实行一夫一妻制，禁止男子纳妾、女子卖淫等，在婚姻政策上注重维护妇女利益，改革婚礼，废除了男女素未谋面就结婚的旧俗、送贵重聘金的习俗以及寻吉等迷信礼仪。③ 但是限于农民阶级局限性和当时的特定

　　① 赵蕊仙. 婚姻改革的我见［N］. 娄星（创刊号），1923：29-30.
　　② 费孝通. 生育制度［M］. 北京：北京大学出版社，2003：155.
　　③ 吟唎. 太平天国革命亲历记［M］. 北京：中华书局，1961：232.

历史条件，其婚姻思想和主张呈现矛盾性和复杂性。如太平天国政权在革命前后期的差异很明显，前期男女平等的思想和后期男尊女卑思想的矛盾；军民一夫一妻制和将领一夫一妻多妾制并存；军民通婚主要以媒为介、少数自主结婚与上层将领主要自主结婚之间的矛盾；开明自主的婚姻思想与固守封建伦理的杂糅；结婚习俗上，传统"六礼"与宗教结婚仪式并行。

三、婚姻性观念的改变

性和婚姻是紧密联系在一起的，婚姻是性的合法化，是性的结合。长期以来，封建礼教表现的是一种禁欲主义，谈性是可耻的、不道德的。禁欲主义的观念到了近代逐渐受到了猛烈批评，西方资产阶级观念传入以后，人们认识到人的解放一定程度上是性的解放，自由、博爱的理念使得婚姻中的性观念发生了改变。辛亥革命以后，南京临时政府推出的社会改革措施推动了社会风俗和观念的变化，人们的思想开始解放。五四新文化运动以来，西方科学、民主、自由思想广泛传播，以知识分子和城市青年为先导，性观念和婚姻观念开始发生巨大变化，打破封建陈腐观念、反对禁欲主义成为社会呼声，"文明结婚"开始兴起，谈性开始变得不那么隐晦，自由恋爱开始出现，甚至发展出"杯水主义"的爱情观念。从一些民歌的隐晦表达中也可以看出 20 世纪三四十年代女子性观念的新变化，比如陕北民歌《探家》："荞麦花，落满地，尔个的年轻人真不济，一把拉我在洼洼地亲了个豆芽子嘴。鲜羊肉，烩白面，你没婆姨我没汉，咱二人好比一骨朵蒜，一搭儿生一搭儿烂。"[1] 表达了一对未婚男女对性的观念和水不分离的爱情。

第三节　中国共产党致力于妇女的婚姻解放

中国共产党在社会革命的历程中把妇女解放置于非常重要的地位，推动妇女婚姻解放是其孜孜以求的目标，在局部执政条件下通过推行婚姻法令、推进移风易俗、改善妇女经济地位等多种手段实现妇女的婚姻解放。

---

① 　延安鲁迅艺术学院．陕北民歌选［M］．北京：新华书店，1949：88.

一、妇女解放和革除婚姻陋俗的必要性

（一）封建婚姻对广大妇女的压迫

在传统旧社会的夫权体制下，妇女所受的压迫要比男性所受的压迫多得多。正如毛泽东在《湖南农民运动考察报告》中提出的："中国的男子，普通要受三种有系统的权力的支配，即：（一）由一国、一省、一县以至一乡的国家系统（政权）；（二）由宗祠、支祠以至家长的家族系统（族权）；（三）由阎罗天子、城隍庙王以至土地菩萨的阴间系统以及由玉皇上帝以至各种神怪的神仙系统——总称之为鬼神系统（神权）。至于女子，除受上述三种权力的支配以外，还受男子的支配（夫权）。这四种权力——政权、族权、神权、夫权，代表了全部封建宗法的思想和制度，是束缚中国人民特别是农民的四条极大的绳索。"①政权、族权、神权、夫权对妇女的压迫，体现在政治、经济、思想等各个方面，婚姻陋俗就是其中的一个方面。1919 年 11 月 14 日发生的"赵五贞事件"引起了全国社会的强烈反应。年仅 21 岁的赵五贞因多次反抗包办婚姻无效，而选择刎颈自杀，一个鲜活的生命就在这旧礼教的残害下消逝。但赵五贞并不是社会中的个例，类似的事件数不胜数，女子在传统封建社会的束缚下，处于十分悲惨的境地。

20 世纪初，虽然在五四运动后，不少知识分子倡导婚姻自由，反对包办婚姻，在其影响下，各地政府也主导过对传统婚姻制度方面的改革，但是这些对婚姻制度的变革大多集中于大城市，极少涉及乡村，并且大城市中的婚姻制度改革也受传统观念的阻挠而收效甚微，因此社会中依旧存在着大量延续下来的婚姻陋俗，如包办婚姻、妾制、童养媳、缠足等，从身体和精神上折磨着广大妇女。

（二）马克思主义妇女观的应有之义

马克思曾说过："每个了解一点历史的人都知道，没有妇女的酵素就不可能有伟大的变革。"②可见，妇女是无产阶级革命胜利所必需的重要力量。在《1844 年经济学哲学手稿》中，马克思提出"异化劳动"的概念，认为私有制的出现导致人的劳动出现异化，人受到社会生产的剥削，而女性受到的剥削要远多于男性，因为除了受到社会生产的剥削，还要面临来自家庭的剥削压迫。

---

① 毛泽东. 毛泽东选集：第 1 卷 ［M］. 北京：人民出版社，1991：31.

② 中共中央马克思恩格斯列宁斯大林著作编译局. 马克思恩格斯选集：第 4 卷 ［M］. 北京：人民出版社，1995：586.

《共产党宣言》不仅表明为无产阶级解放、全人类解放事业而奋斗，而且倡导为争取广大妇女的解放而斗争。正如其所描述的未来社会，即"代替那存在着阶级和阶级对立的资产阶级旧社会的，将是这样一个联合体，在那里，每个人的自由发展是一切人的自由发展的条件"①。妇女作为全人类之中的一个重要群体，是人类解放事业的重要组成部分，如果妇女得不到解放，那样的社会便称不得是自由人的联合体。在《家庭、私有制和国家的起源》一文中，恩格斯从唯物史观出发，研究人类婚姻家庭的起源和发展变化，探讨了关于女性解放的诸多问题，并从经济、政治、思想、社会这四个方面指明了妇女解放的路径，该文也标志着马克思主义妇女观的诞生，为妇女解放运动提供了理论基础。

俄国"十月革命"一声炮响，给中国送来了马克思主义。中国共产党在马克思主义科学理论的指导下，也认识到妇女解放对无产阶级革命的重要意义。"妇女占人口的半数，劳动妇女在经济上的地位和她们特别受压迫的状况，不但证明妇女对革命的迫切需要，而且是决定革命胜败的一个力量。"② 中国共产党将马克思主义妇女观同中国实际相结合，将其本土化、中国化，这些具有中国特色、符合中国实际的妇女解放思想，也为中国共产党领导人民革除婚姻陋俗，促进妇女解放提供了理论指导。

（三）中国共产党领导革命的必然要求

五四运动后，马克思主义妇女解放思想在全国范围内传播开来，李大钊、陈独秀、瞿秋白、毛泽东等早期共产党人在不断的探索中，逐渐形成了符合中国实际的妇女观念。作为中国传播马克思主义的第一人，李大钊十分关注中国的妇女问题，在《战后之妇人问题》《妇女解放与 Democracy》等一系列著作中，他运用马克思主义唯物史观及阶级斗争学说来研究中国的妇女问题。

陈独秀在《妇女问题与社会主义》《我的妇女解放观》等文章中阐述自己的妇女观。他认为女子问题是离不开社会主义的，还强调妇女要经济独立，并且宣扬新的婚姻观念，对封建礼教进行了严厉批判。毛泽东于 1927 年撰写的《湖南农民运动考察报告》提出了著名的"封建四权"理论，他还强调先打倒了地主政权，其他的权力也就会随之动摇，妇女解放与阶级胜利息息相关。

在新民主主义妇女观的指导下，妇女运动问题一直以来都是党关注的重点问题。党的一大就开始关注妇女解放问题，会议讨论了"妇运工作"，提出"保护女工"。党的二大不仅制定了党的最高纲领和最低纲领，而且通过了党的第一

---

① ［德］马克思，恩格斯．共产党宣言［M］．北京：人民出版社，2014：51.
② 中共中央文献研究室．毛泽东文集：第 1 卷［M］．北京：人民出版社，1993：98.

个妇女运动的纲领即《关于妇女运动的决议》，从《关于妇女运动的决议》中可看出，党将妇女的解放作为无产阶级解放的重要内容，而且只有通过无产阶级革命斗争，妇女才能真正得到解放。如《关于妇女运动的决议》所说："中国共产党认为妇女解放是要伴着劳动解放进行的，只有无产阶级获得了政权，妇女们才能得到真正解放……在私有财产制度之下，妇女真正的解放是不可能的。前进，才能跑进妇女解放的正路……（国际）为一切无产阶级、一切被压迫的民族、一切被压迫的妇女及一切被压迫的少年的世界革命的总机关，所以他的里面包括共产党妇女国际为其一部。"① 党的三大确定了统一战线方针，并表明广大妇女是党领导的革命统一战线所需的重要力量，强调了劳动妇女在阶级斗争中的重要意义。该会议通过了《关于妇女运动决议案》，共产党在统一战线方针指导下，联合各界的妇女，并团结各地的妇女运动组织，以助力无产阶级革命。党的四大通过了《对于妇女运动之议决案》，提出："本党妇女运动应以工农妇女为骨干，在妇女运动中切实代表工农妇女的利益，并在宣传上抬高工农妇女的地位，使工农妇女渐渐地为妇女运动中的主要成分。"② 可以看出，这次会议强调的是联合广大工农妇女，党在联合广大工农妇女的思想指引下，领导广大工农妇女参与工农运动。如五卅运动，参加反帝罢工的女工，仅上海一地就有上万人。党的六大通过了《农民问题决议案》，进一步强调联合广大农民妇女参与革命斗争的重大意义："农民妇女乃斗争着的农民中最勇敢的一部分，轻视吸收农民妇女到运动中来，必然会使农村革命减少力量。党的最大任务是认定农民妇女乃最积极的革命的参加者，而尽量地吸收到一切农民的组织中来，尤其是农民协会及苏维埃。"③

　　除以上所提的党的几次重大会议外，还有很多党的相关会议将妇女解放作为会议的重要讨论内容，并通过相关文件，将妇女解放工作制度化。而婚姻陋俗作为压迫广大妇女的根源之一，自然受到党的高度重视。党在多次会议上探讨婚姻陋俗问题，将解决婚姻陋俗问题作为阶级革命的重要工作之一，并着手开展革除婚姻陋俗的相关工作。

---

① 中共中央文献研究室，中央档案馆．建党以来重要文献选编（1921—1949）：第 1 册[M]．北京：中央文献出版社，2011：160-161.

② 中共中央文献研究室，中央档案馆．建党以来重要文献选编（1921—1949）：第 2 册[M]．北京：中央文献出版社，2011：250.

③ 中共中央文献研究室，中央档案馆．建党以来重要文献选编（1921—1949）：第 5 册[M]．北京：中央文献出版社，2011：428.

二、中国共产党推动妇女婚姻解放的努力

（一）毛泽东抨击封建婚姻制度

1914 年，21 岁的毛泽东离开韶山冲，考入湖南第一师范。1919 年，湖南长沙女青年赵五贞被父母强嫁给 41 岁的奸商吴五。赵五贞对包办婚姻强烈不满，但无力反抗，在绝望中，赵五贞选择了割喉自尽。赵五贞自杀时，只有 21 岁。赵五贞事件在长沙引起轰动，毛泽东也被激怒，他连续写了几篇文章，评论赵五贞事件，并猛烈抨击封建婚姻制度。毛泽东指出：赵五贞的死，是横死，是自杀。赵五贞的自杀，完全是由环境决定的。在赵五贞事件的背后，暴露出中国婚姻制度的腐败，暴露出中国社会制度的黑暗，暴露出中国青年的意志不能独立，中国青年恋爱不能自由。毛泽东的这些文章引起了社会上的热烈讨论，以致长沙掀起了一轮妇女解放运动。毛泽东在 1934 年的《关心群众生活，注意工作方法》中就提到，我们要胜利就要关心群众的实际问题，比如"解决群众的穿衣问题，吃饭问题，住房问题，柴米油盐问题，疾病卫生问题，婚姻问题。总之，一切群众的实际生活问题，都是我们应当注意的问题。"[①] 在党的妇女话语中，妇女解放是对传统妇女定位的颠覆，"在毛泽东思想国家中心话语中，'妇女'被重新定位：首先被定位于国家的范畴之内，然后通过革命社会实践的神奇之力和意识形态的换喻之法，被置于现代家庭的范畴之内。换言之，毛泽东思想推翻了'男主外、女主内'的陈旧习俗。它设想出一个国族女性——'妇女'，她直接参与到社会革命和社会主义现代化的国家进程中，由于她作为国族主体的成就而促使家庭现代化。"[②] 中国共产党领导革命依靠群众、为了群众，妇女群众的婚姻问题是其关注的重点问题之一，促进妇女婚姻解放是其重点工作内容。中国共产党第二次全国代表大会就通过了有关妇女运动的决议，在投入革命浪潮后很快在党的领导下成立了妇女组织。土地革命时期党领导成立了专门保护妇女权益的组织，比如妇女生活改善委员会，专门负责保障妇女受教育权、婚姻权益。中国共产党培养了大批妇女干部专门从事这项工作，把推动妇女婚姻解放和推动革命事业结合起来，通过让妇女走向生产、参加革命实现自身解放。中国共产党通过了一系列妇女决议案和关于婚姻解放的法律法规，用法律手段推动婚姻解放。通过大力宣传先进典型、宣传婚姻自主来推动

---

① 毛泽东. 毛泽东选集：第 1 卷［M］. 北京：人民出版社，1991：136-137.

② ［美］汤尼·白露. 中国女性主义思想史中的妇女问题［M］. 沈齐齐，译. 上海：上海人民出版社，2011：64.

妇女婚姻解放。在苏区和抗日根据地内掀起了妇女当家作主、促进婚姻解放的热潮，得到了广大妇女的拥护，也大大推动了革命事业的发展。

（二）建党之初关心妇女权益

1921 年中国共产党正式成立。同年 11 月，陈独秀、李达审阅并发布《上海中华女界联合会章程》，该章程明确提出："要集合我们中华要求解放的女子，使我们要求的声音一天一天高起来，坚决拥护女子在社会上政治的及经济的权利，反抗一切压迫。"①

1922 年 7 月 16 日，中国共产党在上海举行第二次全国代表大会，大会通过了《中国共产党第二次全国代表大会宣言》《中国共产党章程》。中共二大研究了工会运动、议会行动、少年运动、妇女运动等问题，并为妇女运动通过了一个专门决议——《关于妇女运动的决议》。《关于妇女运动的决议》明确提出："本党支持妇女运动，本党党员要随时随地指导妇女运动，本党支持男女社交自由、男女教育平等，结婚离婚自由，本党主张打破奴隶女子的旧礼教，并保护母性，赞助劳动女同胞。"②

1922 年后，中国共产党广泛开展各种妇女运动。1922 年 7 月，向警予担任中共中央第一任妇女部长，亲自组织上海丝厂女工大罢工。同年，陈独秀、李达创办平民女校。1925 年 1 月 11 日，中国共产党在上海举行第四次全国代表大会，大会通过了《对于妇女运动之决议案》，该决议案指出，要进一步发动妇女，发展女党员。1925 年，上海党支部组织 2 万棉纺女工发起大罢工；6 月，上海工会为支持棉纺女工，发动总罢工，共有 20 万工人参与总罢工。此次罢工沉重打击了反动势力，在罢工期间，整个上海陷入瘫痪。1926 年，共产党支持国民党发起北伐战争，在北伐战争期间，共产党领导下的妇女运动进一步发展，各地妇女积极支持北伐军。

（三）积极推动妇女婚姻解放事业

土地革命战争时期推动妇女婚姻解放的实践。1927 年，蒋介石发动政变，中国革命严重受挫，6 万共产党党员，锐减到不足 1 万。但毛泽东、周恩来等革命家没有被反革命的气焰吓倒，他们先后组织发起了南昌起义、秋收起义，进军井冈山后，中国革命进入一个新的历史时期——土地革命战争时期。在土地

---

① 中华女界联合会改造宣言 [J]. 新青年，1921，9（5）：135-137.

② 原文引用：中国共产党"为妇女奋斗的是：（一）帮助妇女们获得普通选举权及一切政治上的权利与自由；（二）保护女工及童工的利益；（三）打破旧社会一切礼教习俗的束缚。"参见，中共中央文献研究室，中央档案馆. 建党以来重要文献选编（1921—1949）：第 1 册 [M]. 北京：中央文献出版社，2011：161.

革命战争时期，毛泽东率领红军深入广大农村地区，将地主的土地无偿分给贫苦农民，继而成功地发动了广大农民。在广大农民的支持下，红军千里转战，一次又一次打败国民党，创建了一块块红色革命根据地。为统一领导各个红色革命根据地，1931 年 12 月，中共中央决定正式成立中华苏维埃共和国。中华苏维埃共和国成立后，颁布了《中华苏维埃共和国宪法大纲》《中华苏维埃共和国土地法》《中华苏维埃共和国劳动法》等多部重要法律，并制定了《中华苏维埃共和国婚姻条例》。《中华苏维埃共和国婚姻条例》明确规定，必须坚决废除一切封建的包办强迫和买卖的婚姻制度，男女婚姻不许任何一方或第三者加以强迫；男女结婚自由，男女离婚自由；必须严格实行一夫一妻制，必须禁止童养媳，女子须满十八岁才能结婚。

在苏区，农村妇女每天都要承担繁重的体力劳动（包括做饭、洗碗、洗衣、补衫、割禾、喂养牲畜、耘田、挑粪草），每天要照顾父母、喂养孩童，生活非常艰苦，还要忍受丈夫、家婆的打骂。农村妇女几乎没有人身自由、政治地位，更不能大胆追求爱情，遭受着巨大的痛苦（在江西苏区，妇女曾传唱民歌"可怜我们妇女们，一切自由剥夺尽，翁姑丈夫压迫紧，你说痛心不痛心！"）。《中华苏维埃共和国婚姻条例》的公布，使苏区广大妇女第一次获得了婚姻解放。因此，该婚姻条例受到了苏区广大妇女的热烈欢迎。1924 年，中华苏维埃共和国中央执行委员会又颁布了《中华苏维埃共和国婚姻法》。这部法律以立法形式，明确女性拥有结婚自由、离婚自由。《中华苏维埃共和国婚姻法》颁布后，苏区妇女的地位显著提高，苏区还出现了男女自由恋爱的新风尚（当时有情歌传唱"若然没有苏维埃，我上哪儿找哥哥"）。在这里，还必须强调一点：1934 年以后，红军遭受严重挫折，被迫转入长征，苏区相继沦陷，但国民党反动派未公开宣称复辟一夫多妻制、童养媳，也没有全面禁止男女婚姻自由。由此可见，《中华苏维埃共和国婚姻法》的影响力之大。

抗日战争时期推动妇女婚姻解放向纵深发展。1931 年，日军侵占东北，中华民族与日本帝国主义之间的矛盾开始激化；1937 年，日寇全面侵华，由此拉开全面抗战的大幕。在艰苦的全面抗战期间，中国共产党不仅要抗击日军的扫荡，还要保护广大人民群众，特别是妇女的各项权益。在全面抗战期间，中国共产党推动妇女婚姻解放向纵深发展。1939 年，陕甘宁边区颁布《陕甘宁边区婚姻条例》；1941 年，晋察冀边区颁布《晋察冀边区婚姻条例》；1942 年，晋冀鲁豫边区颁布《晋冀鲁豫边区婚姻条例》。这些婚姻条例都明确规定，男女婚姻以本人之自由意志为原则，实行一夫一妻制，禁止一夫多妻，禁止包办婚姻，禁止强迫婚姻，禁止买卖婚姻，禁止童养媳；男女结婚须双方自愿，男女双方均有权向政府提出离婚请求。这一系列边区婚姻条例的颁布，推动了边区妇女的婚姻解放。1943 年，著名作家赵树理为宣传婚姻自由，创作了通俗故事《小二黑结婚》，并在边区引起了轰动。1945 年，延安鲁迅艺术学院创作了著名歌剧《白毛女》。在《白毛女》中，喜儿历经磨难，最后终于申冤报仇，与大春结婚（过去赏析《白毛女》主要强调"旧社会把人变成鬼，新社会把鬼变成人"，但《白毛女》同样反映了农村女青年自主追求爱情、婚姻）。《白毛女》在全国范围内引起了轰动，进一步促进了边区妇女运动，并且促进了边区的妇女婚姻解放。1939 年 2 月，中共中央书记处会议决定中央妇女委员会设立常委，加强妇女工作，建立机关开展工作，① 进一步推动了抗战时期党的妇女事业的发展。1939 年 3 月，毛泽东在延安三八妇女节纪念大会上指出："妇女要结团体，争取妇女的自由和平等。妇女解放与社会解放是密切联系的，要真正求得社会解放，就必须发动广大的妇女参加；同样，要真正求得妇女自身的解放，妇女就一定要参加社会解放的斗争。"② 1939 年 7 月 20 日，毛泽东出席在延安中央大礼堂举行的中国女子大学开学典礼时讲道："创办中国女子大学，是革命的需要，目前抗战的需要，妇女自求解放的需要。"③ 他为女大题字："全国妇女起来之日，就是抗战胜利之时。"只有全国妇女起来了，革命才能得到成功。

　　全面抗战结束后，蒋介石发动内战，企图一举扫荡边区，在全国建立独裁统治。在广大人民群众的支持下，中国共产党领导的军队顶住了敌人的攻势，并转守为攻，向国民党军发起全面进攻。仅仅耗时四年，我军便彻底消灭了中国大陆的一切反动军队，取得了解放战争的辉煌胜利。解放战争结束后，新中国成立。新中国更加重视保护广大妇女的权益并且推动妇女婚姻解放取得全面胜利。1950 年 5 月，国家正式颁布《中华人民共和国婚姻法》，该法明确规定，坚决废除包办强迫、男尊女卑的封建主义婚姻制度，坚决实行男女婚姻自由，坚决实行一夫一妻、男女权利平等、保护妇女合法利益的婚姻家庭制度。《中华人民共和国婚姻法》的颁布，标志着统治中国妇女几千年的封建主义婚姻制度彻底成为"过去式"，标志着中国妇女第一次真正实现婚姻自由、婚姻解放。

　　回顾中国婚姻史，我们可以发现，受落后生产力的制约，在中国历史上，

---

① 中共中央文献研究室 . 毛泽东年谱（1893—1949）：中卷［M］. 北京：人民出版社，1993：113.

② 中共中央文献研究室 . 毛泽东年谱（1893—1949）：中卷［M］. 北京：人民出版社，1993：115.

③ 中共中央文献研究室 . 毛泽东年谱（1893—1949）：中卷［M］. 北京：人民出版社，1993：131.

男性父权主义一直占有主导地位。男性可以任意支配女性，甚至可以为了满足自己的性欲而占有女性，而妇女处在受压迫的地位，无法进行自由恋爱，无法享受婚姻自由，这种局面，一直持续到 20 世纪初。在中国近代史上，各种政治势力轮番登上政治舞台，但这些政治势力无不奉行男性父权主义，反对妇女获得婚姻自由。只有中国共产党坚决主张男女平等，坚持推进妇女解放事业。哪怕是在革命战争最困难的时期，中国共产党依然致力于推动妇女婚姻解放。正是由于中国共产党做出了不懈努力，中国妇女才摆脱了数千年封建主义婚姻制度的束缚，真正获得婚姻解放。这充分说明：在中国数千年婚姻发展史上，只有伟大的中国共产党，才是真正的革命者，才是妇女婚姻权益真正的维护者。

第二章

中国共产党领导婚姻革命与治理的理论渊源

马克思主义不仅是一种改造社会的科学指导思想，也作为一种先进文化的元素，深深融入社会生活的各个方面，影响深远，作为崇高的人性追求，不断陶冶人们性情，净化社会风气，改良社会习俗。① 中国共产党领导人民进行婚姻革命及治理的理论逻辑是马克思主义妇女解放理论的中国化表达。中国共产党革命事业的成功是在马克思列宁主义和毛泽东思想指导下取得的，因此，马克思主义经典作家关于妇女解放和婚姻革命的思想和党的领导人的有关论述成了党领导婚姻革命及治理的理论来源和依据，主要体现为男女平等、批判父权、女性独立、投身社会等思想。新时期条件下，中西方妇女婚姻思想的交锋和交融，体现了开放条件下的思想碰撞和交流。我国走出了一条具有本国特色的符合国情的妇女解放的发展道路。

第一节　批判父权：马克思、恩格斯的婚姻理论

马克思在《法的历史学派的哲学宣言》《论离婚法草案》中建构了婚姻家庭法的框架，对婚姻的本质、婚制、结婚、离婚、夫妻权益等方面做了详细论述，马克思的《摩尔根〈古代社会〉一书摘要》和恩格斯的《家庭、私有制和国家的起源》对妇女解放问题进行了系统、集中的阐释，科学分析了不同社会形态下婚姻家庭的发展特点，梳理了从原始社会妇女自由到私有制产生后逐步沦为受压迫对象的历史进程和根本原因，批判了资产阶级婚姻观和奴役妇女的罪行，分析并指明了妇女受压迫的根源和如何实现自身解放的道路，为全世界无产阶级的妇女解放和斗争提供了强大科学的理论武器，形成了马克思主义妇

---

① 侯惠勤. 马克思主义和中国化时代化的马克思主义［J］. 思想理论教育导刊，2023（3）：79.

女和婚姻理论。

马克思和恩格斯的婚姻观是马克思和恩格斯全部学说中的一个重要内容，其形成历经了一个不断完善的过程，在马克思和恩格斯的多部著作、文章和大量的书信中，都涉及对婚姻问题的论述。早在19世纪40年代，马克思和恩格斯在创立马克思主义学说的时候，就十分重视对婚姻这一社会关系的研究。他们在《论离婚法草案》《1844年经济学哲学手稿》《神圣家族》《德意志意识形态》《摩尔根<古代社会>一书摘要》等著作中，运用唯物史观的基本原理，阐述了原始婚姻制度。在《资本论》《共产主义原理》《反杜林论》《共产党宣言》和《家庭、私有制和国家的起源》等著作中，深刻地分析和揭露了资本主义婚姻制度，并设想了未来共产主义社会的婚姻。

一、妇女解放

马克思主义认为，男女不平等是历史发展到一定阶段的产物。原始社会末期，生产力提高，社会大分工，出现了私有制，财产的私有制导致劳动异化，女性逐渐由被尊重的地位沦为受压迫对象是随着家务劳动由公共事务发展成私有附属劳动的过程形成的。阶级产生以来，妇女的地位日渐下降，不仅受经济剥削还受政治和文化的奴役，不仅失去就业权利、财产权利，而且失去政治权利，被排挤出社会之外。私有制的产生使得妇女的家务劳动由原始社会的公共性质变成了私人家庭的家务劳动，妇女的地位下降，物质生产的作用超过了人类自身生产，并且人类自身生产逐步变为私人领域，男性逐渐主导了以追求财富为目的的公共领域。工业革命引领人类进入近代社会以后这个不平衡体现得尤其明显。由对偶婚发展到一夫一妻制的过程就是妇女受压迫地位形成的过程，妇女在婚姻上逐步成为男子的私有物，为了确保丈夫私有财产的继承，贞操成了对妇女的绝对要求。马克思指出："某一历史时代的发展，总是可以由妇女走向自由的程度来确定，因为在女人和男人、女性与男性的关系中，最鲜明不过地表现出人性对兽性的胜利，因为妇女解放的程度是衡量人类普遍解放的天然标准。""在历史上出现的最初的阶级对立是同个体婚制下的夫妻间的对抗的发展同时发生的，而最初的阶级压迫是同男性对女性的压迫同时发生的。"① 原始社会的性别分工使得妇女有着与男人相等甚至更高的地位，但当财富增多后性别分工就出现了新的意义，财富的增多使得男性在生产领域的地位上升，引发

① 中共中央马克思恩格斯列宁斯大林著作编译局. 马克思恩格斯选集：第4卷［M］. 北京：人民出版社，1972：71.

了全新的社会关系，形成了以撼动母权制氏族和对偶婚为基础的社会。随着对偶婚的不断发展，人们对生育的认识也不断提高，人们不止"知其母"，也"知其父"了。妇女在"人的生产"中的地位下降，财产继承关系上越来越要求遵从父系，引发了婚姻家庭革命。母系氏族让位于父系氏族，经济上男性成了主导，成为大部分生产资料的所有者。随着私有制的产生和阶级对立，妇女逐步成了被压迫的对象，对偶婚也渐渐变成了一夫一妻制，男女不平等的社会现象成为私有制社会的根本法则。

人类历史上父权制下的每一种文化都体现出压迫妇女的基本特征，父权制和夫权制从物质和精神上已经建构了男女的不平等。马克思主义妇女解放理论认为，妇女受压迫主要是私有制和不平等生产关系造成的。马克思在《哲学的贫困》中阐明："要使被压迫阶级能够解放自己，就必须使既得的生产力和现存的社会关系不再能够继续并存。"恩格斯在《家庭、私有制和国家的起源》中明确论述了私有制对妇女地位的影响。首先，占有大量私有财产的男性为了将其财产继承给子女，废除了母权制，建立了父权制。其次，为了保证将来继承财产的子女是亲生的，就必须保证妻子的贞操。在这种婚姻形式下，妇女成为男子婚姻形式上的私有物，受男性支配和奴役。这样一来，私有制生产关系的确立便成了促使女性受奴役、受压迫地位形成的决定性因素。"男子在婚姻上的支配权只是他的经济支配的简单的后果，它本身将随着后者的消灭而消灭。"只有婚姻解放妇女才能获得真正的解放。因此，妇女解放的根本出路在于消除私有制对自身的压迫，提升妇女的经济地位，根本力量在无产阶级领导和妇女群众。社会主义胜利以后，真正的一夫一妻制婚姻才有保障，才会超越因私有制产生的婚姻由男子统治和女子不可离异的特征。妇女参加到社会生产中是妇女解放的先决条件，正是由于妇女在社会公共事务中作用的丧失才沦为家庭的奴隶，因此要参加公共事务，赢得经济独立和社会地位。妇女只有从家务劳动中解放出来，家务劳动成为公共事务，单个的家庭不再作为社会的经济单位，妇女才能完全参加到社会生产中去，家务劳动的社会化是需要高度发达的现代生产力才能实现的。马克思主义认为，妇女解放的根本在于无产阶级的解放，走社会主义道路，妇女解放是无产阶级解放的一部分，也只有与民族和社会解放运动紧密结合在一起才能实现。

马克思揭示了妇女解放与全人类解放的内在关联，蕴含着马克思对妇女现实处境的深刻同情与特殊关怀，将"男女平等""妇女解放"视作社会文明进步的基本标志。恩格斯曾指出，"我们的社会关系就是这样，男人对妇女做出极其不公正的行为是非常容易的，并且有多少男人能说自己完全没有这类过错呢？

有一位从切身经验中十分了解这一点的伟大人物说过：'得了吧，你们不配受妇女尊敬！'"① 马克思主义妇女解放理论立足于解放全人类的终极目标，坚持以物质资料生产方式为中轴，全面剖析妇女受压迫的社会根源，把物质世界与精神世界的双重改造视作妇女实现根本解放的全部必要条件，这项理论是科学的理论、实践的理论，真正洞穿了实现妇女解放的深层矛盾和一般规律。

　　妇女解放是一个长期的历史过程。妇女受压迫和男女地位不平等是在人类历史发展到一定阶段后逐步形成的，妇女解放只能随着生产力水平的不断提高、上层建筑的文明和进步、民族文化日趋繁荣逐步解决。首先，妇女解放受到社会文明发展水平的制约，从根本上讲，男女不平等是生产方式变革的产物，因此，妇女解放只能在生产方式的根本变革下实现。从长远看，妇女问题是社会问题的重要部分，妇女解放只有在社会问题不断得到解决的过程中实现；从现实看，妇女解放问题受经济、政治、文化、家庭等诸多方面制约，没有经济、政治、文化等的变革和发展，妇女解放不可能实现。从法律上的男女平等到事实上的男女平等需要很长的时间，除了取得无产阶级革命胜利并建立无产阶级政权外，还需要加强社会经济和文化建设，在社会全面进步的过程中逐步实现男女平等。妇女解放是衡量普遍解放的天然尺度。妇女解放一方面依赖于人的解放，另一方面它的进程又影响着人的解放进程。妇女首先作为人的存在，其次才是人性的存在，妇女解放正是在人类社会关系中最为普遍的两性关系上将人的平等关系还给人自己。妇女解放的程度是社会文明的表现，随着社会历史的进步，妇女解放必将实现。②

　　在社会发展的历史长河中，男女共同创造了人类文明，但在长期以男性为主导的社会中，妇女的作用被男权所湮没，妇女地位被严重贬低。马克思主义认为，妇女对人类发展有巨大贡献。首先，妇女对人类自身生存有着特殊的贡献。没有人口就没有社会，人类社会史是由一代代的人来接续的，社会生产和消费都离不开人，没有人口就没有历史，妇女的生育是至高无上的。马克思把"人口生产"作为"人类历史的第一个前提"。其次，妇女是革命和建设的重要力量。在考察资本主义发展的过程中，马克思、恩格斯密切关注妇女状况，强调无产阶级运动要吸收妇女参加，在巴黎公社的建立过程中，马克思充分肯定了妇女的作用，他在《法兰西内战》中强调："真正的巴黎妇女出现在革命的最

---

① 中共中央马克思恩格斯列宁斯大林著作编译局. 马克思恩格斯全集：第37卷 [M]. 北京：人民出版社，1958：98-99.

② 全华，康沛竹. 马克思主义妇女理论发展史 [M]. 北京：北京大学出版社，2004：49-51.

前列，她们像古典古代的妇女那样具有英勇、高尚、献身的革命精神，努力劳动、用心思索、战斗不息、流血牺牲的巴黎，它在培育着一个新社会的同时几乎把大门口外的食人者忘得一干二净，正放射着它的历史首创精神的炽烈的光芒！"① 女性作为历史主体逐步沦落为被压迫的一方。随着私有制的产生及阶级、国家的形成，父权社会通过哲理化、法律化与社会习俗化的路径强化了男性之于女性的各种权力，女性作为自在主体经历的是一段畸形发展的历史：男性在社会生活中占尽了风光，享受着各种荣誉和权利，获得了主体素质结构的优先发展；与此相反，女性失去了一切参加社会活动的机会和权利，她们对于社会历史的特殊作用往往被湮没，其对父亲家长的人身依附在父系血缘联系之单级化的"男性权力"框架下泛化为社会一切领域内对男性的强制性依赖。换言之，历史主体在人类历史的初期就以性别为基础分化为地位与作用不同的两大类：一类是作为共同成员的女性历史主体，另一类是作为领导者、决策者的男性历史主体。由此，现代社会有关历史主体性的知识和理论忽略和扭曲女性经验，以男性眼中的世界取代普遍世界，以男性熟知的统治话语解释社会结构的基础，从而使有关历史主体的哲学理论本身成为支持性别统治和男性霸权的依据，使历史研究所推崇的基本程序和方法论模式本身与父权制文化之间形成结盟关系便具有某种发生学上的合理性。②

总之，随着私有制和父权制家庭的产生，在家庭婚姻内部形成了最初的阶级压迫，即丈夫对妻子的统治。与此同时，家庭中关于恢复人口生产能力的洗衣做饭、照看孩子、清洁卫生等劳动丧失了公共性质，变成了一种家庭婚姻内部的完全私人的事务，妻子成为丈夫的奴隶、家庭的女仆，被排斥在社会生产范围之外。到了资本主义社会，公共领域和私人领域正式划分，家务劳动的价值无法在社会上以工资的形式得到承认，造成了更加隐蔽的性别剥削。因此，恩格斯提出，只有在全体妇女重新回到公共劳动中，而家务劳动只占她们极少时间的时候，妇女才能获得解放。马克思、恩格斯通过对家庭婚姻发展历程的研究，揭示了资产阶级家庭婚姻的本质，即纯粹的金钱关系。因为资产阶级家庭和婚姻建立在私有财产的基础之上，将婚姻变成了类似商品的交易，用金钱来权衡婚姻的利弊。在批判资产阶级家庭的基础上，马克思、恩格斯进一步论述了未来婚姻家庭的发展趋势。他们认为，当私有制被消灭后，婚姻才能得到

---

① 中共中央马克思恩格斯列宁斯大林著作编译局. 马克思恩格斯选集：第 3 卷 [M]. 北京：人民出版社，1995：66.

② 潘萍. 唯物史观视域下的女性历史主体性 [J]. 浙江学刊，2009（3）：198.

充分的自由。马克思、恩格斯对未来婚姻家庭的构想包含了两个环节，一是消灭建立在私有财产基础上的资产阶级家庭，二是重新建立以性爱为基础的、性别平等的新型婚姻家庭。

二、婚姻的本质

唯物史观认为，决定历史发展的是物质资料的生产方式，这里的生产既指人类所需的生活资料的生产，也包括人类自身的生产。作为历史范畴的婚姻是"两种生产"发展到一定阶段的产物，社会生产方式和人的认知水平决定着婚姻的发展阶段，随着生产力的不断发展，人类社会从群婚、对偶婚到专偶婚，经历了蒙昧时代、野蛮时代到文明时代的过程。生产资料的所有制对婚姻形态产生了关键的影响，起初一夫一妻制是一种经济制度而非性别制度，"专偶婚不以自然条件为基础，而以经济条件为基础，即私有制对原始的自然产生的公有制的胜利为基础的第一个家庭形式。在前资本主义时期，婚姻是'经济伙伴关系'，女性保留自己的财产，不仅参与经济活动，还参与行会活动，但资本主义的到来使得夫妻关系之间的'经济伙伴关系'解体了，工作场所和家庭分离了，男性作为主要劳动力出现在工作场所，女性被作为次要劳动力限制在家里"①。"个体婚制在历史上绝不是作为男女之间的和好而出现的，更不是作为这种和好的最高形式出现的。恰好相反，它是作为女性被男性奴役，作为整个史前时代所未有的两性冲突的宣告而出现的。"② 一夫一妻制是为了让父系或父权进行男性统治，明显目的是生育无疑出自一定父亲的子女以继承财产。

人类在进行"两种生产"的历程中，生产能力逐步提升，认知水平不断进步，在婚姻方面也有了更多禁忌和规则，夫妻关系范围不断缩小，婚姻关系也逐步稳定下来，由特定男女构成了有序的共同体，推动了社会的进步。随着私有制的产生和发展，对偶婚不断发展，专偶婚也就随之产生，从母系社会逐渐进入父系社会，婚姻关系也从反映人与人之间的自然关系逐步发展到自然关系与社会关系并重再到社会关系逐步主导的关系，这些都是人类历史发展规律的必然结果。从社会关系看，婚姻行为将无序的求偶本能社会化、有序化，将人类历史纳入文明状态，脱离了动物性的无序状态。从人自身的繁衍生产角度看，生儿育女繁衍后代的行为不仅是自然的结果，更是以血缘关系在人与人之间建

---

① 秦美珠. 女性主义的马克思主义 [M]. 重庆：重庆出版社，2008：106-107.

② 中共中央马克思恩格斯列宁斯大林著作编译局. 马克思恩格斯选集：第 4 卷 [M]. 北京：人民出版社，1995：63.

立一种自然与社会统一的关系，形成了血缘关系社会。① "人对人的直接的、自然的、必然的关系是男人对妇女的关系。"② 总之，婚姻关系是人类随着"两种生产"所需的"种"的延续和社会交流交往需要不断发展的。婚姻的社会属性表明，它的产生与发展、性质、特点是由物质资料的生产方式决定的，婚姻家庭与经济基础、上层建筑是辩证统一关系，由婚姻而来的家庭关系是历史发展过程的第三种关系。

婚姻应建立在自然人性基础之上，夫妻关系应该是平等的。男人对女人的关系是最自然的关系，是人性的自然基础，肯定婚姻本身就是肯定人的本性。马克思认为家庭的基础是婚姻，而婚姻是一种自然基础上的伦理关系。他反对将两性关系和婚姻归于宗教事务的行为，认为这种以宗教解释婚姻的行为完全否认了婚姻的世俗性质，而婚姻在本质上是世俗生活的一部分。马克思在1842年的《论离婚法草案中》对此专门就《离婚法草案》中将婚姻视为宗教事务的行为提出了批判意见。他指出："立法不是把婚姻看作一种伦理的制度，而是看作一种宗教的和教会的制度，因此婚姻世俗本质被忽略了。"③ 恩格斯曾强调："不以互相性爱和夫妻真正自由同意为基础的任何婚姻都是不道德的。由爱情而结合的婚姻被宣布为人的权利，不仅是男子的权利，也是妇女的权利。只有保持爱情的婚姻才是合乎道德的。"④ 马克思主义的婚姻道德观是对封建社会、资本主义社会以等级、门第、政治利益、金钱关系为基础的婚姻制度的颠覆，认为婚姻应以爱情为基础，是爱情与道德、权利与义务的统一。

三、婚姻与爱情

马克思主义爱情观认为，爱情的基础是互爱，爱情要经过长期考验。恩格斯曾言："现代的性爱同单纯的性欲、古代的爱是有根本不同的。它是以所爱者的互爱为前提的，妇女同男子处于平等的地位，而古代的爱绝不是一向都征求

---

① 刘红梅. 唯物史观视域中的中西方家庭文化对比研究 [D]. 上海：上海财经大学，2020：37.

② 中共中央马克思恩格斯列宁斯大林著作编译局. 马克思恩格斯文集：第1卷 [M]. 北京：人民出版社，2009：184.

③ 中共中央马克思恩格斯列宁斯大林著作编译局. 马克思恩格斯全集：第1卷 [M]. 北京：人民出版社，1995：346.

④ 中共中央马克思恩格斯列宁斯大林著作编译局. 马克思恩格斯选集：第4卷 [M]. 北京：人民出版社，1972：71.

妇女同意的。"① 马克思认为，经过长期考验的爱情才是坚定的真正的爱情。他在给保尔·拉法格的信中曾这样写道："如果您想继续维持您同我女儿的关系，就应当放弃您那一套求爱方式，您清楚地知道并没有肯定许婚，一切还没有确定。即使是正式订了婚，也不应当忘记，这是费时间的事情。过分亲密很不合适，因为一对恋人在长时期内将住在同一个城市里，这必然会产生许多严峻的考验和苦恼。"②

关于爱情和婚姻的关系。恩格斯认为，爱情是婚姻的基础，婚姻是爱情的硕果，没有爱情就不可能产生婚姻。"在消灭了资本主义生产和它所造成的财产关系，从而把今日对选择配偶还有巨大影响的一切派生的经济考虑消除以后，两性的结合除了相互的爱慕以外，就再也不会有别的动机了。"③ 从恋爱到结婚乃至家庭的出现，自始至终都需要建立牢固的爱情基础。恩格斯坚决反对没有爱情的买卖婚姻，指出这是一种彻底商品化了的婚姻，完全以经济为转移，根本不考虑婚姻双方有无爱情。"买卖婚姻的形式正在消失，但它的实质在愈来愈大的范围内实现，以致不仅对妇女，而且对男子都规定了价格，而且不是根据他们个人的品质，而是根据他们的财产规定价格的。"④ 在这种情况下，婚姻问题的最后决定权绝不可能属于爱情，而只能属于金钱、财产关系。在资产阶级的婚姻中，烦恼和金钱成为夫妇关系的纽带。恩格斯分析了没有爱情的婚姻给社会带来的严重后果，并指出婚姻不是爱情的终结，而是爱情的稳定化、深刻化，是爱情的继续和发展。人们必须珍惜这个发展，任何喜新厌旧、见异思迁的行为都是道德败坏。⑤

四、婚姻的道德基础

马克思和恩格斯的婚姻观是马克思和恩格斯全部学说中的一个重要内容，马克思和恩格斯认为，爱情是婚姻的前提和基础，婚姻是充分自由的，而资本主义社会的婚姻和共产主义社会的婚姻是截然不同的。要用马克思和恩格斯的

---

① 中共中央马克思恩格斯列宁斯大林著作编译局. 马克思恩格斯全集：第 21 卷 [M]. 北京：人民出版社，1958：90-91.

② 中共中央马克思恩格斯列宁斯大林著作编译局. 马克思恩格斯全集：第 31 卷 [M]. 北京：人民出版社，1958：520.

③ 中共中央马克思恩格斯列宁斯大林著作编译局. 马克思恩格斯全集：第 21 卷 [M]. 北京：人民出版社，1958：78.

④ 中共中央马克思恩格斯列宁斯大林著作编译局. 马克思恩格斯全集：第 21 卷 [M]. 北京：人民出版社，1958：92.

⑤ 潘银忠. 恩格斯的爱情观 [J]. 中国市场，2007（9）：121.

婚姻思想来指导当代婚姻问题，客观地、辩证地认识婚姻中的危机。我们可以看到，当代婚姻观与传统婚姻观，两者既对立又统一，当代婚姻观对传统婚姻观既有肯定的一面，又有否定的一面。因此，当代婚姻家庭的变化，不仅有"危机"，而且也有"生机"。①

在关于爱情本质的问题上，马克思和恩格斯的观点基本是一致的。马克思对爱情本质问题的认识，是其整个爱情婚姻家庭道德观的逻辑起点。② 马克思在其早期著作《1844 年经济学哲学手稿》中，就开始从人的社会性本质来理解两性关系的本质。他认为："男女之间的关系是人和人之间最自然的关系。因此，这种关系表明人的自然的行为在何种程度上成了人的行为，或者人的本质在何种程度上对人说来成了自然的本质，他的人的本性在何种程度上对他来说成了自然界。这种关系还表明，人具有的需要在何种程度上成了人的需要，也就是说，别人作为人在何种程度上对他说来成了需要，他作为个人的存在在何种程度上同时又是社会存在物。"③ 换言之，于马克思而言，男女之间的爱情是一种自然的类的关系，具有自然属性，但其本质是社会性的，是社会关系的一种。

恩格斯在《家庭、私有制和国家的起源》中批判了中世纪以前的婚恋不存在个人的性爱，"在整个古代，婚姻都是由父母为当事人缔结的，当事人则安心顺从。古代所仅有的那一点夫妇之爱，并不是主观的爱好，而是客观的义务；不是婚姻的基础，而是婚姻的附加物"④，"对骑士或男爵，像对于王公一样，结婚是一种政治行为，是一种借新的联姻来扩大自己势力的机会；起决定作用的是家族的利益，而绝不是个人的意愿。在这种条件下，爱情怎能对婚姻问题有最后的决定权呢？"⑤ 结婚更加以经济上的考虑为转移，实质上就是一种买卖婚姻，是依据其财产规定了价格的金钱交易，不具有婚姻的道德基础。恩格斯认为："如果说只有以爱情为基础的婚姻才是合乎道德的，那么也只有继续保持

---

① 王福山. 马克思主义视域下的当代婚姻家庭"危"与"机" [J]. 理论观察，2014（3）：10-11.

② 王露璐. 马克思主义经典作家的爱情婚姻家庭道德观 [J]. 江苏大学学报（社会科学版），2007（6）：22-25.

③ 中共中央马克思恩格斯列宁斯大林著作编译局. 马克思恩格斯全集：第 42 卷 [M]. 北京：人民出版社，1979：119.

④ 中共中央马克思恩格斯列宁斯大林著作编译局. 马克思恩格斯文集：第 4 卷 [M]. 北京：人民出版社，2009：90.

⑤ 中共中央马克思恩格斯列宁斯大林著作编译局. 马克思恩格斯文集：第 4 卷 [M]. 北京：人民出版社，2009：92.

爱情的婚姻才合乎道德"①，"性爱是以所爱者对应的爱为前提的"②。也就是说，爱情是婚姻的道德基础，并且，"妇女同男子平等的地位"③ 是马克思主义伦理学在婚姻关系上的基本道德要求。

在《路德维希·费尔巴哈和德国古典哲学的终结》中，恩格斯认为："人与人之间的，特别是两性之间的感情关系，是自从有人类以来就存在的。"④ 他批判了费尔巴哈抽象地理解爱，费尔巴哈不是"直截了当地按照本来面貌看待人们彼此间以相互倾慕为基础的关系，即性爱、友谊、同情、舍己精神等，而是把这些关系和某种特殊的、在他看来也属于过去的宗教联系起来，断定这些关系只有在人们用宗教一词使之高度神圣化以后才会获得自己的完整的意义。在他看来，主要的并不是存在着这种纯粹人的关系，而是要把这些关系看作新的、真正的宗教。"⑤ 换言之，恩格斯认为爱情是"人们彼此间以相互倾慕为基础的关系"的一种。

五、结婚自由与离婚自由

婚姻在爱情的基础上、在男女两性平等互爱的前提中实现。不仅如此，婚姻也是充分自由的，这包括了结婚自由和离婚自由。恩格斯在《家庭、私有制和国家的起源》中提出"直到中世纪末期，在绝大多数场合，婚姻的缔结仍然和最初一样，不是由当事人决定的事情。起初，人们一出世就已经结了婚——同整个一群异性结了婚"⑥。"当事人双方的相互爱慕应当高于其他一切而成为婚姻基础的事情，在统治阶级的实践中是自古以来都没有的。至多只是在浪漫事迹中，或者在不受重视的被压迫阶级中，才有这样的事情。"⑦ 因此，"结婚

---

① 中共中央马克思恩格斯列宁斯大林著作编译局. 马克思恩格斯文集：第4卷［M］. 北京：人民出版社，2009：96.

② 中共中央马克思恩格斯列宁斯大林著作编译局. 马克思恩格斯文集：第4卷［M］. 北京：人民出版社，2009：90.

③ 中共中央马克思恩格斯列宁斯大林著作编译局. 马克思恩格斯文集：第4卷［M］. 北京：人民出版社，2009：90.

④ 中共中央马克思恩格斯列宁斯大林著作编译局. 马克思恩格斯文集：第4卷［M］. 北京：人民出版社，2009：287.

⑤ 中共中央马克思恩格斯列宁斯大林著作编译局. 马克思恩格斯文集：第4卷［M］. 北京：人民出版社，2009：288.

⑥ 中共中央马克思恩格斯列宁斯大林著作编译局. 马克思恩格斯文集：第4卷［M］. 北京：人民出版社，2009：92.

⑦ 中共中央马克思恩格斯列宁斯大林著作编译局. 马克思恩格斯文集：第4卷［M］. 北京：人民出版社，2009：93.

的充分自由，只有在消灭了资本主义生产和它所造成的财产关系，从而把今日对选择配偶还有巨大影响的一切附加的经济考虑消除以后，才能普遍实现。到那时，除了相互爱慕以外，就再也不会有别的动机了"①。

此外，马克思和恩格斯都主张离婚自由。马克思在其早期著作《论离婚法草案》中，阐述了他关于离婚的看法，他认为"真正的国家、真正的婚姻、真正的友谊都是不可分离的，但是任何国家、任何婚姻、任何友谊都不完全符合自己的概念。甚至家庭中现实的友谊和世界史上现实的国家都是可以分离的一样，国家中的现实的婚姻也是可以分离的"② 而"离婚无非是宣布某一婚姻是已经死亡的婚姻，它的存在仅仅是一种假象和骗局"③。恩格斯也认为，离婚现象具有合理性，因为"个人性爱的持久性在各个不同的个人中间，尤其在男子中间，是很不相同的"④，"如果感情确实已经消失或者已经被新的热烈的爱情所排挤，那就会使离婚无论对于双方或对于社会都成为幸事。这只会使人们省得陷入离婚诉讼的无益的泥污中"⑤。

但是，马克思和恩格斯都极力反对任意地离婚。马克思在《论离婚法草案中》阐明："婚姻不能听从结婚者的任性，相反，结婚者的任性应该服从婚姻。谁任意地使婚姻破裂，那他就是声称任性、非法行为就是婚姻法，因为任何一个有理性的人都不会有一种非分的要求，认为自己的行为是他一个人才可以做的享有特权的行为；相反，每个有理性的人都会认为自己的行为是合法的、一切人都可以做的行为。"⑥ 恩格斯在 1888 年 10 月 17 日给考茨基的信中提出，"每个丈夫会发现自己妻子的某些缺陷，反之亦然，这是正常的"⑦。并表明了对离婚的态度："只有在万不得已时，只有在考虑成熟以后，只有在完全弄清楚

---

① 中共中央马克思恩格斯列宁斯大林著作编译局. 马克思恩格斯文集：第 4 卷 [M]. 北京：人民出版社，2009：95.

② 中共中央马克思恩格斯列宁斯大林著作编译局. 马克思恩格斯全集：第 1 卷 [M]. 北京：人民出版社，1979：348.

③ 中共中央马克思恩格斯列宁斯大林著作编译局. 马克思恩格斯全集：第 1 卷 [M]. 北京：人民出版社，1979：348.

④ 中共中央马克思恩格斯列宁斯大林著作编译局. 马克思恩格斯文集：第 4 卷 [M]. 北京：人民出版社，2009：96.

⑤ 中共中央马克思恩格斯列宁斯大林著作编译局. 马克思恩格斯文集：第 4 卷 [M]. 北京：人民出版社，2009：96.

⑥ 中共中央马克思恩格斯列宁斯大林著作编译局. 马克思恩格斯全集：第 1 卷 [M]. 北京：人民出版社，1979：347-348.

⑦ 中共中央马克思恩格斯列宁斯大林著作编译局. 马克思恩格斯全集：第 37 卷 [M]. 北京：人民出版社，1979：107.

必须这么做以后，才有权力决定采取这一极端的步骤，而且只能用最委婉的方式"①，"我要处在你的地位，我会感到需要首先远离这件事的所有参与者，自己一个人好好想想整个事情的真正性质和后果"②，这是因为，"在现在的条件下妻子和丈夫地位的不同。离婚，在社会上来说，对于丈夫绝对不会带来任何损害，他可以完全保持自己的地位，只不过重新成为单身汉罢了。妻子就会失去自己的一切地位，必须一切再从头开始，而且是处在比较困难的条件下"③。

关于结婚和离婚自由，马克思主义婚姻观认为，婚姻当事人双方应该享有充分的自由，只有这样才能享受婚姻带来的幸福。只有结婚自由，才能使双方按自己的意愿组成合法且稳定的性关系；只有离婚自由，才能使双方在产生不能维系原有的性关系时拥有摆脱精神痛苦的自由，有重获幸福的两性生活的必要条件。关于离婚自由，马克思曾指出，"离婚仅仅是对这一事实的确定：某一婚姻已经死亡，它的存在仅仅是一种骗局和外表"④。恩格斯认为，没有爱情的婚姻，离婚也不一定是坏事，如果感情确实已经消失或已经被新的热烈的爱情所排挤，那离婚无论对于双方或对于社会都是幸事。同时，马克思和恩格斯均认为婚姻应是道德的，是为爱而结合的，这是人的权利，以相互性爱和夫妻真正统一为基础的婚姻才是符合道德的婚姻。马克思、恩格斯明确反对和批评资产阶级的婚姻道德，揭示了资本主义的婚姻并不是建立在爱情的基础之上，相反是建立在单纯的金钱关系之上。马克思、恩格斯在《德意志意识形态》中指出："淫乱的资产者违反婚姻制度，偷偷和人私通……"⑤，马克思在《1844年经济学哲学手稿》中批判资产阶级"拿妇女当作共同淫乐的牺牲品和婢女来对待，这表现了人在对待自身方面的无限退化，因为这种关系的秘密在男人对妇女的关系上，以及在对直接的、自然的、类的关系理解方式上，都毫不含糊地、确凿无疑地、明显地、露骨地表现出来了。"⑥

---

① 中共中央马克思恩格斯列宁斯大林著作编译局. 马克思恩格斯全集：第37卷［M］. 北京：人民出版社，1979：108.
② 中共中央马克思恩格斯列宁斯大林著作编译局. 马克思恩格斯全集：第37卷［M］. 北京：人民出版社，1979：108.
③ 中共中央马克思恩格斯列宁斯大林著作编译局. 马克思恩格斯全集：第37卷［M］. 北京：人民出版社，1979：107.
④ 中共中央马克思恩格斯列宁斯大林著作编译局. 马克思恩格斯全集：第1卷［M］. 北京：人民出版社，1958：183.
⑤ 中共中央马克思恩格斯列宁斯大林著作编译局. 马克思恩格斯全集：第3卷［M］. 北京：人民出版社，1958：196.
⑥ 中共中央马克思恩格斯列宁斯大林著作编译局. 马克思恩格斯全集：第42卷［M］. 北京：人民出版社，1958：119.

六、资本主义社会的婚姻

马克思和恩格斯在研究了路易斯·亨利·摩尔根的《古代社会》后，得出了基本一致的观点，即人类经历了三种主要的婚姻形式，这三种婚姻形式大体上与人类发展的三个主要阶段相适应。群婚制是与蒙昧时代相适应的，对偶婚制是与野蛮时代相适应的，以通奸和卖淫为补充的专偶制是与文明时代相适应的。在野蛮时代的高级阶段，在对偶婚制和专偶制之间，插入了男子对女奴隶的统治和多妻制。①

资本主义社会以生产资料私人占有为基础，资本家雇佣劳动力，把社会生产变为商品生产，把人与人之间的关系变成了赤裸裸的金钱交易关系，"它使人和人之间除了赤裸裸的利害关系，除了冷酷无情的'现金交易'，就再也没有任何别的联系了"②。同样地，"现代的、资产阶级的家庭是建立在什么基础上的呢？是建立在资本上面，建立在私人发财上面的"③，"资产阶级撕下了罩在家庭关系上的温情脉脉的面纱"④，家庭关系也异化为纯粹的金钱关系。在《共产党宣言》中，马克思和恩格斯直指资产者是道貌岸然的，在自由、平等、博爱的幌子下，通过买卖契约缔结婚姻，"把自己的妻子看作单纯的生产工具"⑤。名义上是一夫一妻制，实际上是"伪善地掩蔽着的公妻制"⑥。在《家庭、私有制和国家的起源》中，恩格斯比较了野蛮时代和文明时代，并认为："与文明时代相适应并随之彻底确立了自己的统治地位的家庭形式是专偶制、男子对妇女的统治，以及作为社会经济单位的个体家庭"⑦。换言之，"在家庭中，丈夫是

---

① 中共中央马克思恩格斯列宁斯大林著作编译局. 马克思恩格斯文集：第4卷［M］. 北京：人民出版社，2009：88.

② 中共中央马克思恩格斯列宁斯大林著作编译局. 马克思恩格斯文集：第2卷［M］. 北京：人民出版社，2009：34.

③ 中共中央马克思恩格斯列宁斯大林著作编译局. 马克思恩格斯文集：第2卷［M］. 北京：人民出版社，2009：48.

④ 中共中央马克思恩格斯列宁斯大林著作编译局. 马克思恩格斯文集：第2卷［M］. 北京：人民出版社，2009：34.

⑤ 中共中央马克思恩格斯列宁斯大林著作编译局. 马克思恩格斯文集：第2卷［M］. 北京：人民出版社，2009：49.

⑥ 中共中央马克思恩格斯列宁斯大林著作编译局. 马克思恩格斯文集：第2卷［M］. 北京：人民出版社，2009：50.

⑦ 中共中央马克思恩格斯列宁斯大林著作编译局. 马克思恩格斯文集：第4卷［M］. 北京：人民出版社，2009：195.

资产者，妻子则相当于无产阶级。"① 这是因为，在原始共产制社会中，由妇女料理家务，男子获得食物，是一种公共的、为社会所需的事业。但是，在专偶制的家族形态中，"料理家务失去了它公共的性质。它与社会不再相干了。它变成了一种私人服务，妻子成为主要的家庭女仆"②，形成了"公开的或隐蔽的妇女的家务奴隶制"③。

资产者不仅在私人领域中奴隶自己的妻子，而且还在公共领域中压迫妇女。大工业生产要求不断地变革，对生产关系，从而对全部社会关系不断地进行革命。而资本的逐利性使得资本家压榨工人的剩余价值还不够，使妇女和儿童也被迫进入劳动市场和工厂。正如马克思和恩格斯在《共产党宣言》中所言："无产者的一切家庭联系越是由于大工业的发展而被破坏，他们的子女越是由于这种发展而被变成单纯的商品和劳动工具"④。在《社会主义从空想到科学》中，恩格斯十分赞赏傅立叶对资本主义社会制度所做的风趣的批判，并认为"他更巧妙地批判了两性关系的资产阶级形式和妇女在资产阶级社会中的地位。他第一个表述了这样的思想：在任何社会中，妇女解放的程度是衡量普遍解放的天然尺度"⑤。但妇女能够实现真正的解放只有可能在社会主义的条件下实现。

七、共产主义社会的婚姻

马克思和恩格斯认为，婚姻作为社会关系的一种，与社会文明的发展是同步的，未来共产主义社会将会实现真正的婚姻与爱情。摩尔根认为，人类的进步都是从发展阶段的底层开始的，家族也经历了五种顺序相承的基本形态，他对此一一做了说明和解释，并指出，"当我们承认家族已经度过了四个顺序相承的形态，而现在正处于第五个形态这样一个事实时，就立即出现了这样一个问题：现在这种形态在将来是否能永远存在下去？能够对此作出的唯一回答是：它必须随着社会的前进而前进，随着社会的改变而改变，一如它以前的经历一

① 中共中央马克思恩格斯列宁斯大林著作编译局. 马克思恩格斯文集：第 4 卷 [M]. 北京：人民出版社，2009：87.
② 中共中央马克思恩格斯列宁斯大林著作编译局. 马克思恩格斯文集：第 4 卷 [M]. 北京：人民出版社，2009：87.
③ 中共中央马克思恩格斯列宁斯大林著作编译局. 马克思恩格斯文集：第 4 卷 [M]. 北京：人民出版社，2009：87.
④ 中共中央马克思恩格斯列宁斯大林著作编译局. 马克思恩格斯文集：第 2 卷 [M]. 北京：人民出版社，2009：49.
⑤ 中共中央马克思恩格斯列宁斯大林著作编译局. 马克思恩格斯全集：第 37 卷 [M]. 北京：人民出版社，1979：379-380.

样。家族是社会制度的产物，自然要反映其文明。由于专偶制家族自文明社会开始以来已经取得了巨大的进步，而且其进步在近代尤为显著，因此，我们至少可以推测它可以得到进一步的改善，直至两性达到完全的平等为止"①。

马克思指出，"关于现代的专偶制家庭：它正如过去的情形一样，必然随着社会的发展而发展，随着社会的变化而变化"②。恩格斯评论道："他（摩尔根）也认为专偶制家庭的进一步发展是一种进步，是一种向两性权利完全平等的接近，而这一目标他并不认为已经达到了。"③ 事实上，这种判断是对摩尔根在《古代社会》中所阐述的观点的继承。

随着大工业的发展和技术的进步，资本主义的生产方式已经不能容纳其生产力的发展，反而成为生产力的桎梏，因此，"资产阶级的灭亡和无产阶级的胜利是同样不可避免的"④。从私有制社会进入共产主义社会，也就是人类从必然王国进入自由王国的飞跃。作为自由王国，共产主义社会是人人都能自由地即不受限制地全面发展自己的社会，也就是整个人类获得彻底解放的社会——"代替那存在着阶级和阶级对立的资产阶级旧社会的，将是这样一个联合体，在那里，每个人的自由发展是一切人的自由发展的条件"⑤。

在《共产党宣言》中，马克思和恩格斯明确指出："在无产阶级的生活条件中，旧社会的生活条件已经被消灭了。无产者是没有财产的，他们和妻子儿女的关系同资产阶级的家庭关系再没有任何共同之处了。"⑥ 在无产阶级之间，由于无产阶级一无所有的经济地位，决定了他们的婚姻家庭关系与资产阶级所谓的"一夫一妻制"是根本不同的。

恩格斯在《家庭、私有制和国家的起源》中这样描绘共产主义社会的婚姻关系："这一代男子一生中将永远不会用金钱或其他社会权利去买得妇女的献身；而这一代妇女除了真正的爱情以外，也永远不会再出于其他某种考虑而委

---

① ［美］摩尔根 . 古代社会：下册［M］. 杨东莼，马雍，马巨，译 . 北京：商务印书馆，2012：565-566.
② 中共中央马克思恩格斯列宁斯大林著作编译局 . 马克思恩格斯全集：第 45 卷［M］. 北京：人民出版社，1979：374.
③ 中共中央马克思恩格斯列宁斯大林著作编译局 . 马克思恩格斯文集：第 4 卷［M］. 北京：人民出版社，2009：97.
④ 中共中央马克思恩格斯列宁斯大林著作编译局 . 马克思恩格斯文集：第 2 卷［M］. 北京：人民出版社，2009：43.
⑤ 中共中央马克思恩格斯列宁斯大林著作编译局 . 马克思恩格斯文集：第 2 卷［M］. 北京：人民出版社，2009：53.
⑥ 中共中央马克思恩格斯列宁斯大林著作编译局 . 马克思恩格斯文集：第 2 卷［M］. 北京：人民出版社，2009：42.

身男子，或者由于经济后果而拒绝委身于她所爱的男子。"① 这是因为"随着生产资料转归公有，个体家庭不再是社会的经济单位了。私人的家务变为社会的事业。孩子的抚养和教育成为公共的事情，社会同等地关怀一切儿童，无论是婚生的还是非婚生的"②。

结合恩格斯在《共产主义原理》中回答的共产主义制度对家庭将产生的影响，"两性间的关系将成为仅仅和当事人有关而社会勿需干涉的私事。这一点之所以能实现，是由于废除私有制和社会负责教育儿童的结果，因此，由私有制所产生的现代婚姻的两种基础，即妻子依赖丈夫、孩子依赖父母，也会消灭。这也是对道貌岸然的市侩关于共产主义公妻制的悲鸣的回答。公妻制完全是资产阶级社会特有的现象，现在的卖淫就是这种公妻制的充分表现。卖淫是以私有制为基础的，它将随着私有制的消失而消失。因此，共产主义组织并不实行公妻制，正好相反，它要消灭公妻制"③。而"那种迫使妇女容忍男子的这些通常的不忠实行为的经济考虑——例如对自己的生活，特别是对自己子女的未来的担心一旦消失，那么由此达到的妇女的平等地位，根据以往的全部经验来判断，与其说会促进妇女的多夫制，倒不如说会在无比大的程度上促进男子的真正的专偶制"④。我们可以推断，未来社会实现了财富公共占有后，消灭的只是历史上那种仅针对妇女的、不平等的单方面的专偶制，实现对男女都是同等的真正的专偶制。

第二节　走出家庭：马克思主义妇女婚姻理论的发展

马克思恩格斯妇女婚姻理论和思想对世界各国妇女婚姻理论的发展产生了深远的影响，指导了各国的理论家和革命家进一步把它发扬光大，苏俄和德国是传播和发展程度较高的国家，列宁、倍倍尔等人是杰出代表，他们进一步阐述了马克思主义关于妇女和婚姻的理论主张，并结合本国国情运用于革命实践

---

① 中共中央马克思恩格斯列宁斯大林著作编译局. 马克思恩格斯文集：第 4 卷［M］. 北京：人民出版社，2009：96-97.

② 中共中央马克思恩格斯列宁斯大林著作编译局. 马克思恩格斯文集：第 4 卷［M］. 北京：人民出版社，2009：89.

③ 中共中央马克思恩格斯列宁斯大林著作编译局. 马克思恩格斯全集：第 4 卷［M］. 北京：人民出版社，1979：391.

④ 中共中央马克思恩格斯列宁斯大林著作编译局. 马克思恩格斯文集：第 4 卷［M］. 北京：人民出版社，2009：96.

当中，维护妇女婚姻权益、主张妇女解放，完善了这一理论体系。

一、马克思主义婚姻思想在苏俄的发展

列宁继承和发展了马克思主义妇女观、婚姻观。他认为，第一，女性解放只有在积极参加社会生产，家务劳动只占她们很少时间的情况下才有可能。列宁曾讲道："从一切解放运动的经验来看，革命的成败取决于妇女参加解放运动的程度，苏维埃政权正竭力使妇女能够独立地进行自己的无产阶级社会主义的工作。"① 斯大林也持同样的观点，他在全苏集体农庄突击队员第一次代表大会上说："女庄员自己应当记住集体农庄对于妇女的作用和意义，她们只有在集体农庄里才有可能与男子处于平等地位，没有集体农庄就没有平等，请女庄员同志们记住这一点，要像爱护眼珠一样爱护集体农庄制度。"② 第二，个人要处理好革命与婚姻的关系。列宁有过精彩的论述，他认为："性和婚姻问题没有被当作巨大的社会问题的一部分来理解，相反，巨大的社会问题倒好像是性问题的一部分了。这不仅妨害了对社会问题的澄清，还搅乱了一般无产阶级妇女的思想和觉悟，旧的意识形态的价值正在消失，新的价值正在慢慢具体化起来，在人与人之间的、男女之间的关系上，感情和思想正在逐渐革命化，在个人权利与整体权利也就是个人义务之间，正在树立起新的界限。"③ 第三，提倡健康的爱情，反对"杯水主义"。列宁反对"杯水主义"的性道德和爱情，他甚至认为这是反社会主义的，不是马克思主义的。部分年轻人认为性就像喝一杯水那样简单和自在是不对的。"作为一名共产党人，我毫不同情杯水主义，虽然它负'爱情解放'的美名。无论怎样，这种爱情解放既不是新的，也不是共产主义的。但据我看来，目前在性的问题上普遍亢进，不是给予而是剥夺了生活的快乐和力量。在革命年代，这是有害的。"④

十月革命后苏维埃社会主义国家建立，列宁着手在社会改造中实现妇女解放，他认为，要实现妇女解放必须实现法律上的男女平等，这是首要条件，他

---

① 中共中央马克思恩格斯列宁斯大林著作编译局. 列宁全集：第 28 卷［M］. 北京：人民出版社，1956：163.
② 中共中央马克思恩格斯列宁斯大林著作编译局. 斯大林全集：第 13 卷［M］. 北京：人民出版社，1953：225.
③ ［德］蔡特金. 列宁印象记［M］. 马清槐，译. 北京：生活·读书·新知三联书店，1979：64-67.
④ ［德］蔡特金. 列宁印象记［M］. 马清槐，译. 北京：生活·读书·新知三联书店，1979：70.

亲自制定了促进妇女解放的法律法规。实际上的男女平等和法律上的还有差距，列宁推动现实中的妇女解放事业，倡导妇女摆脱家务重担，参加公共企业和国家管理，他指出"什么地方和什么时候开始了反对这种琐碎家务的普遍斗争，更确切地说是开始把琐碎家务改造成为社会主义大经济，那个地方和那个时候才开始真正的妇女解放，真正的共产主义"①。他推动建立公共食堂、幼儿园和托儿所等解放妇女。斯大林也号召妇女参加到社会主义建设中去，推动设立劳动日制度，实行男女同工同酬、多劳多得。苏联妇女解放事业取得了巨大的成就。关于妇女地位的认识，列宁和斯大林继承了马克思主义，他们认为，在无产阶级解放全人类的过程中，妇女始终是一支伟大的力量，要在苏维埃革命和建设中发挥妇女的伟大作用，"我们必须吸收城乡千百万劳动妇女参加我们的斗争，特别是参加对社会进行社会主义改造的事业。没有妇女就不会有真正的群众运动，除非有千百万的妇女跟我们在一起，否则我们就无法实行无产阶级专政，无法进行共产主义建设"②。

二、马克思主义婚姻思想在德国的发展

奥古斯特·倍倍尔（August Bebel）作为德国社会民主党的领导人，在推动工人运动和妇女解放事业的过程中丰富和发展了马克思主义妇女理论和婚姻理论，集中体现在他发表的《妇女与社会主义》一书中，俄国妇女问题专家柯伦泰（Михайловна Коллонтай）称此书为"劳动妇女的圣书"。倍倍尔坚持历史唯物主义，考察了人类进入文明社会以来，妇女在婚姻、教育、职业、道德、心理、文化等方面受到的压迫和歧视的状况，并分析了原因，认为"在原始社会实行母权制意味着共产主义，人人平等，父权的出现意味着私有制占了统治地位，同时意味着妇女遭受了奴役和压迫"，"一切社会的从属和被压迫起源于经济从属，妇女已久处于这种经济从属的地位"。③ 他还剖析了资本主义社会妇女受压迫的原因，"在资产阶级那里，妇女被贬低到只是生产合法子女机器、守家妇的地位"，"任何统治关系都包含着对被统治者的贬低，妇女的这种从属地位一直延续至今"，"在资本主义社会妇女和工人的地位有很多相似之处，但妇

---

① 中华全国妇女联合会．马克思、恩格斯、列宁、斯大林论妇女 [M]．北京：中国妇女出版社，1990：278.

② 马列著作编辑部．回忆列宁：第5卷 [M]．北京：人民出版社，1985：49.

③ [德] 奥古斯特·倍倍尔．妇女与社会主义 [M]．葛斯，朱霞，译．北京：中央编译出版社，1995：149.

女又先工人一步，妇女是人类中最先成为奴隶的人"。① 资本主义的本质造成了妇女的金钱婚姻、离婚率高、卖淫等，只有建立一种新制度，把全部劳动生产资料归社会所有，才能实现人人平等，"未来社会属于社会主义，首先属于工人和妇女"②。关于妇女的地位和男女平等，倍倍尔阐述道："男子和女子在生理和心理上都有许多不同之处。这是任何人都不能否认也不会否认的事实，但这并不能成为男女在社会和政治上不平等的理由，人类社会由两性组成，这两性对人类和社会发展都是必不可少的，即使是最天才的人物也是由母亲生的，他所具备的最优秀的素质往往是归功于母亲。人们有什么权利拒绝给予妇女与男子平等的权利呢？生儿育女的妇女对国家的贡献不亚于用自己生命抗击外来入侵保家卫国的男子。"③ 他认为，妇女解放必须与无产阶级解放运动和社会解放运动结合在一起才能实现，"对我们的社会状况进行彻底的变革并借助于它对两性地位进行彻底的变革是十分必要的。妇女为了迅速达到目的，必须寻求自己的同盟者，她们必然会在无产阶级运动中遇到同盟者，具有阶级觉悟的无产阶级很早就开始冲击维护一个性别统治另一个性别的阶级国家的堡垒"④。倍倍尔在《妇女与社会主义》中对妇女地位的分析符合双系统⑤的观点，把"妇女"范畴作为理论分析的起点，认为解决妇女问题与解决社会问题是一致的，但又把妇女受压迫现象与社会发展状况分开讨论。他提出了性别劳动分工、男女之间的依赖关系，把他们看作经验自明的、非历史的假设，并置于妇女受压迫的核心。⑥

克拉拉·蔡特金（Clara Zetkin）是德国社会主义妇女解放的杰出领导人，在社会主义运动中发展和实践了马克思主义和倍倍尔的妇女理论，他在 1910 年第二届国际社会主义代表会议上推动设立三八妇女节，为实现妇女选举权和参与国家社会事务权利而奔走呼告。倡导妇女走出家门，参加社会生产，积极投

---

① ［德］奥古斯特·倍倍尔. 妇女与社会主义［M］. 葛斯，朱霞，译. 北京：中央编译出版社，1995：53，89，120.

② ［德］奥古斯特·倍倍尔. 妇女与社会主义［M］. 葛斯，朱霞，译. 北京：中央编译出版社，1995：208.

③ ［德］奥古斯特·倍倍尔. 妇女与社会主义［M］. 葛斯，朱霞，译. 北京：中央编译出版社，1995：247，299.

④ ［德］奥古斯特·倍倍尔. 妇女与社会主义［M］. 葛斯，朱霞，译. 北京：中央编译出版社，1995：163.

⑤ 双系统理论认为妇女受压迫源于她们在性别劳动分工体制和男性统治中的状况，性别劳动分工和妇女受压迫根源是其重要关注点。

⑥ VOGELL. Marxism and the Oppression of Women Toward a Unitary Theory［M］. New Jersey：Rutgers University Press，1983：128.

身工人运动，实现自身解放。他把妇女解放和人类解放结合起来，并与社会主义运动的实践紧密结合在一起。后来，他参加了列宁领导的共产国际革命活动，继续为建立国际工人阶级统一战线和妇女解放而奋斗。

第三节　妇女解放：中国共产党的婚姻理论及思想

一、中国共产党早期马克思主义者的婚姻观

十月革命后，马克思主义在中国迅速传播，先进知识分子和早期共产党人便积极探索中国妇女解放的正确指导思想，以李大钊、陈独秀、李达、向警予等为代表的早期共产党人开始宣传马克思主义妇女解放和婚姻解放思想，他们积极宣传马克思主义妇女观，翻译引进大量相关著作并传播，如恩格斯《家庭、私有制和国家的起源》、列宁《妇女解放论》及奥古斯特·倍倍尔的《妇女与社会主义》。《北京晨报》刊登了《劳农政府统治之下的俄国——实行社会共产主义之俄国的真相》，详细介绍了苏俄妇女在婚姻、就业、参政等方面获得平等权利的状况。其他先进杂志，如《新青年》《每周评论》先后翻译和刊登了《俄国婚姻律全文》《俄国的婚姻制度》《劳农俄罗斯之妇女》等大量关于苏俄妇女解放的文章，《少年中国》发表了由赵叔愚翻译的《列宁对于俄罗斯妇女解放的言论》，李达翻译的《列宁的妇女解放论》在《新青年》刊发，这些文章和观点在当时中国社会很快传播开来。① 先进知识分子开始利用掌握的马克思主义分析中国妇女受压迫的根源和实现妇女解放的途径，提出了一系列观点，如通过阶级斗争消除私有制，建立公有制，实现共产主义，使得妇女彻底获得解放，妇女解放是全人类女性的解放等。李大钊等早期马克思主义者积极探索女性解放之路，提出妇女解放要整合全体女性的力量，还要联合全世界无产阶级女性一起推翻资产阶级的制度。毛泽东早年就对妇女地位低下表示同情和悲愤，1919 年 10 月他写的《祭母文》中追忆了母亲的高尚人格，写道："恨偏所在，三纲之末。有志未伸，有求不获。精神痛苦，以此为卓。"② 1919 年 11 月，长沙发生赵五贞事件，毛泽东发表大量文章批判旧式婚姻制度的罪恶和社会的黑

---

① 仝华，康沛竹. 马克思主义妇女理论发展史 [M]. 北京：北京大学出版社，2004：66-67.

② 中共中央文献研究室. 毛泽东早期文稿 [M]. 长沙：湖南人民出版社，1990：410.

暗。他认为，赵女士事件的根源在于婚姻制度和社会制度的腐败，"如今赵女士真死了，是三面铁网（社会、母家、夫家）重围着，求生不能，至于求死的"。他批评封建婚姻伦理，倡导建立恋爱自由的婚姻观，中国父权母权的婚姻制度使得"婚姻一事除了烧茶煮饭等奴隶工作以外，只是那下等的肉欲满足"①。新式婚姻制度应该是"男女两下的心知，婚姻不仅只有生理的肉欲满足，尚有精神及社交的高尚欲望的满足"②。他号召中国的青年男女们要从赵女士事件中觉悟起来，自己的婚姻自己做主，恋爱是神圣的，绝对不能代办，不能胁迫，不能利诱。把向警予等人当作政治战略家式的理论家予以认真对待可以使党的政策中的思想界标清晰起来。他们理论中的妇女主体融合了生产叙事模式和反帝国主义的民族主义话语。直到 1942 年早期中国马克思主义关于妇女范畴著述的主体"妇女"（以及"女子"和"女人"，但绝不是"女性"）从未对欧洲的权利理论产生过争议。当然，它强调了 20 世纪民族的和无产阶级的解放运动乃是一种实现女性权利主张的潜在方式。在这些理论中，即使是国家利益的需要，也不能因此瓦解"妇女"所有的自主权。③

李大钊在《Bolshevism 的胜利》一文中写道："他们（布尔什维克）主张一切男女都应该工作，工作的男女都应该组入一个联合。"④ 早期共产党人用阶级理论来分析妇女解放问题，认为妇女解放的性质是劳动解放和阶级解放。如陈独秀认为，妇女受压迫是社会制度造成的，唯有实行共产主义才能解决，因为女性经济独立也就意味着女性人格独立，实现了解放。又如陈望道认为，妇女运动分为恢复女子自由和特权的"女人对男人的人权运动"和消除贫富不公的"劳动者对资本家的经济运动"两个类型，他认为前者是"反对男女差别"，其结果是"有产者的平等"而非"人类的平等"，但后者目的是"驱穷"，获得人类平等，是男女合力的阶级解放运动。⑤ 李大钊还批判了封建家族制度对妇女婚姻的压迫，呼吁打破家长制，开展一个"打破家族制度的运动，这也是打破父权家长专制的运动，是打破夫权家长专制的运动，是打破男子专制社会的运动，

---

① 中共中央文献研究室，中共湖南省委《毛泽东早期文稿》编辑组. 毛泽东早期文稿 [M]. 长沙：湖南人民出版社，2008：396.

② 中共中央文献研究室，中共湖南省委《毛泽东早期文稿》编辑组. 毛泽东早期文稿 [M]. 长沙：湖南人民出版社，2008：396.

③ [美] 汤尼·白露. 中国女性主义思想史中的妇女问题 [M]. 沈齐齐，译. 上海：上海人民出版社，2011：212.

④ 李大钊. Bolshevism 的胜利 [J]. 新青年，1918，5（5）：10-16.

⑤ 陈望道. 我想：二 [J]. 新妇女，1920，4（4）：1-2.

也就是推翻孔子的孝父主义、顺夫主义、贱女主义的运动"①。他还运用马克思主义唯物史观分析了不同社会形态下妇女地位的变化同经济的关系，他在报纸上指出，妇女在社会上的地位，随着经济状况变动，"经济问题一旦解决，什么政治问题、法律问题、家族制度问题、女子解放问题、工人解放问题都可以解决"②。更深入地分析了妇女经济上受压迫的根源在于经济制度的不合理，是因为私有制的存在，提出只有打破私有制，妇女经济才能独立。陈独秀也持类似观点，他认为妇女问题和劳动问题、妇女解放和社会解放是联系在一起的，妇女经济不独立是由社会制度造成的，"妇女的痛苦，十件总有九件经济问题，而社会主义不止解决妇女的问题，且可以解决一切的问题。……如果把女子问题分得零零碎碎，如教育、职业、交际等去讨论是不行的。必要把社会主义作唯一的方针才好……希望男女要全部努力于社会主义"③。李鹤鸣号召男工和女工一起联合起来反抗资产者，"全劳动界，有合组团体的必要，所以男男女女互相结合起来，对抗那资本家"④。李汉俊发表《女子怎样才能得到经济独立》，明确提出："女子所以堕到了现在地位，完全是因为伊们在经济上失了独立。只有打破现在私有经济制度一途才可得到经济独立。"⑤ 这些思想表明，早期共产党人普遍认为妇女解放就是阶级解放，而不是单独的妇女解放运动。

妇女解放的重心是劳动妇女的解放。新文化运动以来的妇女运动更多的是遵循资产阶级的妇女观，把解决知识女性的解放问题作为重心，五四运动后，早期马克思主义者开始用马克思主义的阶级分析法来剖析中国社会现状，提出劳动妇女的解放才是妇女运动的中心，中产阶级的妇女利害不能说是全体妇女的利害。针对当时很多知识分子轻视劳动妇女的现象，早期马克思主义者进行了大量理论宣传，提出女权运动要与劳动妇女的运动结合起来，二者不对立，是相辅相成的。到中国共产党"一大"前后，他们明确提出，要把妇女运动中心转向劳动妇女，"女权运动的中心应该转移到第四阶级，有觉悟的女子应该组织团体加入无产阶级革命军的前线，努力反抗一切掠夺和压迫，从根本上改造社会，建设自由平等的男女协同的社会"⑥。

中国共产主义妇女运动的早期设计师们明确反对"女性"这个用语，想在

---

①　李大钊. 李大钊选集 [M]. 北京：人民出版社，1959：298.

②　李大钊. 再论问题与主义 [N]. 每周评论，1919-08-17.

③　陈独秀. 妇女问题与社会主义 [N]. 广东群报，1921-01-31.

④　李鹤鸣. 女子解放论 [J]. 解放与改造，1919，1 (3)：18-32.

⑤　李汉俊. 女子怎样才能得到经济独立 [N]. 妇女评论，1921-08-17.

⑥　王剑虹. 女权运动的中心应移到第四阶段 [J]. 妇女声，1921 (1).

自己的著述中使用"妇女"这个词语，"妇女"这一女性理论主体的出现与苏维埃俄国和德国马克思主义的文本有关。马克思主义的女性理论主体最初不是受侵蚀或是精神动态上的。它不是由意志、情感、意识或肉欲组合而成的，也不能简单地回溯到欧洲小说中那些女性人物。"妇女"是经济的、历史的、理论的和公开政治的，而且它在革命的社会实践中又重新定义了自己。在其所有的历史特征中，"妇女"的所指对象是"世界的工人们"。① 早期马克思主义者提出，妇女运动要联合起来，不仅各阶层的妇女要联合起来，还要和其他男性劳动阶层联合起来一起通过阶级解放来实现自身的解放。李大钊提出："妇人问题彻底解决的办法，一方面要联合妇人全体力量去打破那男子专断的社会制度，一方面还要联合世界无产阶级的妇人力量，去打破那有产阶级专断的制度，同时男女工人的联合定可以相互提携，于阶级战争添一份力量。"② 李达也呼吁全劳动界要联合起来对抗资本家。陈独秀也支持创办了《劳动与妇女》作为专门宣传劳动妇女的杂志，他强调在阶级制度下面受经济的压迫，劳动者和妇女是一样的。要把包含男性在内的劳动者一起联结起来。毛泽东发表《民众的大联合》指出，今天的女子沉沦在苦海，不许参政，不许交际，没有恋爱自由，贞操只限于女子，烈女祠遍天下，女校教女子做贤妻良母，为要寻求精神的自由，要进行女子的联合，以扫荡一般强奸女子破坏女子身体精神自由的恶魔。要实行民众的大联合，希望所有的读书人、工人、农夫、学生、女子等群体都要联合起来，通过联合同志，不分男女老幼，士农工商，以改造这个黑沉沉的社会。③

二、推翻"四权"：中国共产党婚姻理论走向成熟

中共"二大"制定了党的革命纲领，第一次明确提出了反帝反封建的民主革命纲领，通过了《关于妇女运动的决议》，提出了党在现阶段领导妇女解放的具体目标是：第一，帮助妇女获得普通选举权及一切政治权利与自由；第二，保护女工、童工的利益；第三，打破旧社会一切礼教的束缚。这是党的历史上第一次以决议形式把马克思主义妇女理论作为妇女运动和解决妇女问题的指南，党的领导是妇女解放的根本保障，党自成立之日起就把妇女解放运动作为新民

---

① ［美］汤尼·白露.中国女性主义思想史中的妇女问题［M］.沈齐齐，译.上海：上海人民出版社，2011：205-206.
② 李大钊.战后之妇人问题［J］.新青年，1919，6（2）：144.
③ 毛泽东.民众的大联合［N］.湘江评论，1919-07-28.

主主义革命的重要内容。① 该决议指明了解放妇女的方向，摒弃了新文化运动资产阶级民主革命的不彻底性、狭隘性，把妇女解放纳入正确轨道，具有很大的开拓性、前瞻性和深刻性。早期中国马克思主义者运用马克思主义唯物史观、阶级斗争学说，从改变妇女的不平等地位出发指出了中国妇女解放运动的根本目标、根本途径、根本依靠力量以及联合力量，初步构建了中国妇女解放运动的科学体系。之后妇女运动在正确理论的指引下蓬勃发展，中国共产党人在革命和建设过程中把马克思主义妇女解放理论中国化，开创了中国妇女解放事业。中共"三大"以后，党领导的妇女运动在各地开展，一些共产党人开始理论探索，不拘泥于把马克思主义阶级理论作为妇女解放的唯一理论，开始结合妇女运动实际思考妇女解放理论如何更好地指导妇女运动的开展，初步形成了一些符合中国实际的妇女理论。第一，建构了被压迫妇女从统治阶级手中"取回"权力的理论，认为妇女解放具有自身的特性。② 向警予在《力争妇女团体参加国民会议》中主张："权利不是支配阶级给予我们的恩赏物，而是我们向支配阶级手里夺回来的战利品。"③ 第二，立足于劳动妇女立场认识国内妇女解放观点的差异，建构妇女群众作为中国妇女解放运动的主体地位。恽代英就明确反对把妇女解放割裂为妇女内部各阶层的解放，他指出："只有全体的解放，没有个人的解放。"④ 早期共产党人充分肯定劳动妇女是中国妇女解放运动的主体力量，这一认识具有质的飞跃，突破了新文化运动中女权主义者提出的妇女解放运动只是知识女性和上层女性的运动，对早期中国的马克思主义妇女理论有巨大贡献。早期党领导妇女运动的先驱们都认为，妇女除了参加政治活动外，还应该获得更多的权利。向警予曾明确指出："所谓政治问题为解决一切问题的枢纽，故女权运动只需着重于参政一点。虽然承认参政运动的重要，但谓仅此一点还嫌不够，女子应该拥有财产与继承权、职业与工资平等权、婚姻自由权、教育平等权，等等。"⑤ 杨之华也曾指出："妇女参政固然重要，还要注意财产、职业、婚姻、教育等问题。"⑥

---

① 中央档案馆．中共中央文件选集：第 1 册［M］．北京：中共中央党校出版社，1989：85．
② 陈曦．"女权焦虑"与话语建构：建党初期妇女工作者对马克思主义妇女理论中国化的建构［J］．中国延安干部学院学报，2018，11（6）：95．
③ 向警予．向警予文集［M］．北京：人民出版社，2011：224．
④ 中华全国妇女联合会妇女运动历史研究室．中国妇女运动历史资料：1921—1927［M］．北京：人民出版社，1986：292．
⑤ 向警予．中国最近妇女运动［N］．民国日报，1923-07-25（2）．
⑥ 杨之华．中国妇女运动之过去与现在及其将来［J］．光明，1926（8）．

1928 年中共六大通过了《妇女运动决议案》，虽然随着大革命的失败妇女运动的实际发生了重大变化，但党领导妇女运动的群众化工作宗旨被保留下来，"妇女群众"成为马克思主义妇女理论中国化话语体系的重要组成部分。通过建构婚姻、爱情与革命的新型关系来消解传统社会对女性的角色塑造。向警予在《女子解放与改造的商榷》中提出把组织婚姻自觉联盟和儿童公育作为女性全体解放的途径。杨之华认为，婚恋自由一定要强调离婚自由，不仅受旧式婚姻制度压迫的婚姻可以离婚，自由恋爱的婚姻也可以离婚，"即使恋爱是自由的、自然的、长期的，也须得经过不满意的过程"，"到了不得已的时候，还是应该出于离婚底一途"。① 这对当时社会认为女性把新式婚姻作为妇女解放最终归宿的观点给予了有力的反驳，她鼓励女性勇敢摆脱婚姻的各种束缚"经济不能独立，也不要紧，只要身体强壮，终有生活可度。一人有一人的天然力量，何必定要依靠别人，别受一番痛苦呢"②？

中国妇女受"四大绳索"③ 压迫的理论。中国共产党推进马克思主义妇女解放和婚姻理论不断中国化来指导妇女革命和建设的实践。党把马克思主义社会革命理论与本国半殖民地半封建社会的国情结合起来，创立了新民主主义革命理论，其中解放妇女是新民主主义革命的重要任务之一。党运用马克思主义理论批驳封建政权、族权、夫权压迫妇女的种种歪理邪说，反对"夫为妻纲""未嫁从父，既嫁从夫，夫死从子"的封建伦理，倡导通过革除婚姻陋俗解放妇女。毛泽东运用马克思主义阶级分析观点深刻阐述了生产资料私有制、阶级剥削制度是造成旧中国女子受政权、族权、神权、夫权压迫的根本原因。封建伦理道德、礼教习俗及宗法制度造成男女各方面的不平等。如 20 世纪 30 年代中共领导建立的川陕革命根据地，新型的婚俗没有传入，封建宗法制度在当地根深蒂固，男女不平权、包办婚姻、买卖婚姻等陋俗普遍存在，妇女守节、童养媳大量存在。军阀政府和民间地主大肆宣扬神权，向妇女灌输"宿命论"，让她们把婚姻痛苦的根源归结于上天的安排，大兴神庙，敬鬼神，拜佛祖，把希望寄托于神灵，安于受剥削、受压迫的现状。"婚姻命定"的民间迷信非常普遍，人们笃信一个女子刚出生时，她的婚姻就已注定，婚姻大事全由父母和族人操办。这是妇女深受神权、政权、族权、夫权的压迫的重要原因。毛泽东也强调婚姻要以爱情为中心，实行婚姻自主和自由政策，爱情不仅是婚姻的基础也是

---

① 杨之华．离婚问题之我见［J］．妇女评论，1922（8）．
② 杨之华．离婚问题之我见［J］．妇女评论，1922（8）．
③ 旧中国的妇女受以政权、神权、族权、夫权"四大绳索"为代表的封建宗法伦理的束缚和压迫。

人性的体现，不仅具有自然属性也有社会属性，"所谓性的欲望，所谓恋爱不仅只有生理的肉欲满足，尚有精神的及社交的高尚欲望满足。夫妇关系完全要以恋爱为中心，余事种种都系附属。要打破媒人制度和父母代办政策，男女之间要互相睹面，加深了解来实现婚姻的自由"①。他明确反对包办婚姻，极力主张婚姻自由和自主，支持为婚姻自由斗争的青年人，积极呼吁打破婚姻迷信，提高教育水平，提高人民觉悟。他认为，除"婚姻命定说"外，还有许多婚姻仪式中的迷信，"这一些迷信，只算是婚姻上的一些把戏，不外把一对男女用这些迷信做绳索，将他们深深的捆住。从说媒直到过礼，这一对夫妇被迷信的绳索缚的转不过气来"②。毛泽东倡导通过教育来打破婚姻中的封建迷信，"我们倡言改革婚制，这些关于婚姻的迷信应该首先打破，最要紧是'婚姻命定说'的打破。此说一破，父母代办政策便顿失了护符，社会上立时便会发生'夫妇的不安'。夫妇一发生了不安，家庭革命军便会如麻而起，而婚姻自由、恋爱自由的大潮，接着便将泛滥于中国大陆，乘潮打桨的新夫妇，便会完全成立在恋爱主义的上面。讲到这里，便不得不联想到人人会说的那一句老生常谈'教育普及'了"③。

妇女的婚姻解放是社会解放的一部分，只有阶级解放才能实现妇女解放。妇女解放的前提是建立无产阶级政权，毛泽东曾在《中华苏维埃共和国人民委员会训令》中强调："劳动妇女的解放与整个阶级的胜利是分不开的，只有阶级的胜利，妇女才能得到真正的解放。"④ 1939 年三八妇女节，毛泽东进一步阐述了社会解放和妇女解放的关系，二者是密切联系的，"妇女解放是社会解放的一部分，离开了社会解放运动，妇女解放得不到，同时，没有妇女解放，社会解放也不可能。女子要和男子团结起来，女子更应该自己站起来打破社会的歧视和压迫"⑤。妇女除了进行阶级斗争，还要进行社会和文化斗争，打破压迫妇女的封建旧思想、旧道德、旧风俗。要对妇女进行文化和思想教育，保障她们的婚姻权益，使她们提高斗争的能力，进一步促进自身解放。

妇女参加社会生产实现自身经济独立是婚姻解放的根本条件。毛泽东在

①　中共中央文献研究室．毛泽东早期文稿［M］．长沙：湖南出版社，1990：436．

②　中共中央文献研究室，中共湖南省委《毛泽东早期文稿》编辑组．毛泽东早期文稿［M］．长沙：湖南人民出版社，2013：316．

③　中共中央文献研究室，中共湖南省委《毛泽东早期文稿》编辑组．毛泽东早期文稿［M］．长沙：湖南人民出版社，2013：316．

④　中华全国妇女联合会．毛泽东主义论妇女［M］．北京：人民出版社，1978：4．

⑤　中共中央文献研究室．毛泽东文集：第 2 卷［M］．北京：人民出版社，1993：166-171．

《湖南农民运动考察报告》中曾指出："夫权这种东西，自来在贫农中就比较弱一点，因为经济上贫农妇女不能不较富有阶级的女子多参加劳动，所以她们取得对于家事的发言权以至决定权的也比较多些。"①　中国共产党领导建立苏维埃政权的过程中实行新民主主义的婚姻制度，重视妇女经济地位的提高对婚姻的重要影响。毛泽东在 1934 年 1 月召开的中华苏维埃第二次全国代表大会的报告中指出，首先要推翻地主资产阶级的专政，实行土地革命，男女劳动群众尤其是妇女有了政治上的自由，也有了经济上的相当的自由，婚姻自由就有了保障。

中国共产党在领导中国革命的过程中逐步认识到，封建半封建社会性质下的中国革命实质上是农民革命，尤其要重视农村妇女问题，以毛泽东为代表的中国共产党人运用马克思列宁主义分析中国国情，确立了"农村包围城市"的革命新道路，深刻认识到必须团结广大妇女，革命才能成功，必须保障妇女婚姻权益才能让她们解放出来为革命做出更大贡献，形成了符合中国国情和具有中国特色的妇女解放观。

没有革命的理论，就不会有革命的运动。中国共产党领导集体不断推进马克思主义婚姻理论和妇女理论的本土化和创新发展。从五四运动时期，初具共产主义思想的知识分子从前期倡导女权运动，逐步转变到倡导"解放劳工妇女"，解放妇女是中国共产党社会革命的重要主题。从建党初期到新中国成立，党的多次会议都对妇女运动和保障妇女权益做出部署。毛泽东强调，没有妇女的参与，新民主主义革命不会胜利，必须重视妇女的力量，妇女解放运动也是社会主义革命的重要内容。从土地革命时期到社会主义革命时期，中国共产党领导建立妇女组织，帮助妇女参加生产、政治活动，消除阶级压迫、民族压迫和家庭压迫。妇联组织根据党的决议和指示，从家庭和婚姻中把妇女解放出来，让他们投身到经济、政治活动中。

新中国成立后，尤其是《中华人民共和国婚姻法》的颁布使得妇女解放从法制上得到了保障。党的妇女理论从追求解放到实现男女平等。这一时期共产党更加注重妇女在政治、经济、文化、教育、婚姻家庭等社会方面的解放，妇女的彻底解放又迈进了一大步。改革开放以后，党和国家的中心工作转到经济建设上来，妇女解放理论也同时得到发展，坚持"解放思想，实事求是"的指导原则，首先是从思想观念上解放妇女，打破传统思想观念和主观偏见对妇女的束缚，让妇女接受新思想。其次是从物质基础上解放妇女，鼓励妇女走出家庭，走向职场，投身社会主义市场经济的浪潮中。最后，从体制上解放妇女，

---

①　毛泽东. 毛泽东选集：第 1 卷［M］. 北京：人民出版社，1991：31-32.

国家各方面体制改革后，妇女应树立平等与独立的意识。在市场经济的竞争性机制下，必须不断充实自己、完善自我，使其人格独立、个性发展，展现新时代女性的新面貌。20 世纪 90 年代以来，中国特色妇女理论继续发展，男女平等被写入宪法，具有里程碑的意义。加强精神文明建设，提高妇女科学文化素养是这一时期妇女理论的鲜明特征，倡导做自尊、自信、自立、自强的女性，做有理想、有道德、有文化和有纪律的社会主义新女性，为社会主义现代化建设做出贡献。在科学发展观指引下提出了促进女性全面自由发展的妇女理论。进入新时代，实现中华民族伟大复兴是妇女运动的时代主题，肯定妇女在经济社会发展和家庭和谐方面所做的独特贡献，赋予男女平等新的内涵，党和国家应积极为妇女平等依法行使民主权利、平等参与经济社会发展、平等享有改革发展成果创造条件。

第四节　交锋与对话：对待"马克思女性主义"的态度

女性主义思潮起源于西方社会，伴随着女权运动的发展其影响逐步扩大，其本质是争取女性在社会各方面独立、平等、自由的权利。但传入中国后也发生了水土不服的现象，如在解释妇女受压迫时西方社会往往用"父权压迫"理论来解释，但中国社会区域差异大、传统习俗影响深刻、近代以来成为半殖民地半封建社会，因此压迫妇女的不只有父权，还有族权、政权、神权等。在新时期中国社会发展过程中，多元思潮交会，互相激荡，我们可以借鉴西方有益做法，比如公益组织对婚姻家庭的指导，只有立足于我国基本国情，才能更好推动妇女婚姻事业的发展，只有综合考虑地区经济社会的发展实际、婚俗改良等情况，才能收到良好的效果，推动婚姻家庭的文明化、现代化。

一、男女平等思潮的传播

新文化运动时期，先进知识分子积极宣传民主和科学，对西方男女平等、女权思潮也大加推崇，在文化和思想领域同封建礼教和专制展开激烈斗争，呼吁男女平权、婚姻自主、男女平等和公开交往，强调男女人格平等、教育平等、贞操平等，形成了女性主义思潮和伦理观，认为女性要通过实现经济独立来获得解放，走出家庭、走向社会、自食其力，最终实现人格独立和自身解放。提倡性解放和形体解放。反对女性缠足，倡导男女自由恋爱。强调女性参政，鼓励女性参与社会改革和提高妇女地位的运动。当时很多城市女性参政热潮迭起，思想上认同西方思潮者甚多，强调打倒男权和父权，还女性以独立和自由，在社会上造成了一定的影响。

我国妇女解放与西方女性主义或女权主义有着本质区别，因为我国的妇女解放是伴随着民族解放和社会革命事业发展的，是民族解放事业的重要组成部分，是根植于中国实际的妇女解放事业，是在中国共产党领导下走出的新民主主义道路和社会主义道路。新中国成立初期，我国对西方女权思想和女性主义基本持否定态度，认为那属于资本主义意识形态，与我国社会主义先进文化格格不入，并对其大加批判。党和政府着重解决社会生活中妇女遇到的婚姻权益受损问题，维护妇女政治、经济、文化等方面的权利，注重保护妇女儿童的基本权益。

二、新时期的借鉴与反思

马克思女性主义即女性主义的马克思主义，大约 20 世纪 60 年代兴起于西方社会，其核心内涵有三点：一是着重从物质、经济层面探讨妇女所受的压迫和妇女解放问题；二是认为资本主义制度与父权制是造成妇女受压迫的共同因素，资本主义与父权制既联系又区别；三是唯物主义的女性主义，结合了历史唯物主义、激进主义女性主义、意义和主体性的后现代主义及心理分析理论。女性主义的马克思主义是女性主义的一个流派，经过了传统马克思主义女性主义、社会主义女性主义、唯物主义女性主义几个阶段的发展。研究主题不断深化：一是就研究目标而言，从早期女性对政治、经济、社会、法律平等及机会平等的要求发展到对制度层面的批判，如对资本主义社会制度、父权制、教育制度、婚姻家庭制度的批判；二是从研究对象来讲，从强调妇女的共性逐步转变到强调妇女的差异性，从妇女立场（身份政治）到注重女性的多重身份、多元利益的转变；三是从研究问题来说，妇女受压迫的原因除了性别不平等外，还与阶级问题、种族歧视、生态问题相关；四是就研究内容而言，除了研究妇女受压迫的物质层面问题，还包括精神文化、意识形态层面的探讨。女性主义的马克思主义者把女性主义与马克思主义相结合，把对父权制与资本主义的批判加入其理论分析框架。马克思主义对女性主义的意义：第一，性别平等问题不能通过抽象的原则来解释，而必须放在历史环境中；第二，反对妇女解放不仅是不公正的结果，而且满足了资本主义的物质利益和经济需要；第三，妇女解放必须以充分的经济平等为前提，妇女达到经济独立是解放的一个目标；第四，妇女解放的条件必须在现有的社会中得到发展；第五，为性别平等的斗争与为经济阶级斗争密不可分；第六，家务劳动和孩子养育必须在社会的基础上组织起来。① 西方女性主义理论与马克思主义妇女理论都把妇女作为研究对象，均关注妇女问题、妇女解放的条件和目的，二者互相影响，在研究方法上，西方女性主义理论也采用了阶级分析法、经济分析法，在新历史条件下，其很多研究成果补充了马克思主义妇女理论。马克思主义妇女理论认为，生产资料私有制是妇女受压迫的本质根源，西方女性主义理论认为，私有制不能完全解释妇女受歧视和压迫的根源，还需从文化、生理、种族等方面分析，这对在一定社会条件下的具体问题分析是一种补充。西方女性主义理论还从家务劳动、再生产理论、社会性别理论等方面对妇女问题进行分析，另外，其对社会学、历史学、精神分析学、人类结构学等分析方法的运用也对马克思主义妇女理论的分析框架有一定的借鉴意义。②

英国女性主义思想家米切尔（Juliet Mitchell）认为，妇女地位是由妇女在生产、生育、性关系、儿童社会化中的地位决定的。首先，基于生理结构差异导致的劳动分工使得妇女在生产中处于从属地位，社会总结构才是决定妇女劳动地位的重要因素。其次，妇女受制于她们无法控制的生育过程，由于生儿育女和操持家务成了妇女的天职，因此，她们的受压迫地位无法改变。再次，由于生理结构的天然差异性，无论是性禁锢还是性自由，在以性欲为目标的性关系中女性都处于被压迫地位。最后，儿童社会化过程中双亲不同的分工，即女性是情感作用、男性是工具作用，这使得妇女扮演的角色和作用依附于男性，因此不得不处于被动压迫境地。③ 美国学者哈特曼（Heidi Hartmann）认为，性别劳动分工是女性屈从于男性的重要原因，性别分工使得男性通过父权制和家庭劳动分工控制了女性，在经济社会发展过程中妇女由于体力弱势需照顾儿童和料理家务，所以在劳动力市场上处于弱势地位，父权制和资本主义制度的长期互动使得性别分工等级化，使得女性从属于男性。因此，妇女解放要消除资本主义制度和父权制，在家庭中斗争，在国家政治活动中进行斗争和争取权益。④ 德尔菲（Christine Delphy）把生产方式分为工业生产方式和家庭生产方式，后者是男性对妇女的主要剥削方式，女性在家庭中的无酬劳动成果被男性占有，因此女性受压迫的物质基础主要源于父权制的生产关系。⑤ 美国人类学家

---

① 秦美珠．女性主义的马克思主义［M］．重庆：重庆出版社，2008：317-320.

② 全华，康沛竹．马克思主义妇女理论发展史［M］．北京：北京大学出版社，2004：198-200.

③ 秦美珠．女性主义的马克思主义［M］．重庆：重庆出版社，2008：25-27.

④ 秦美珠．女性主义的马克思主义［M］．重庆：重庆出版社，2008：54-60.

⑤ 秦美珠．女性主义的马克思主义［M］．重庆：重庆出版社，2008：87.

盖尔·卢宾（Gayle Rubin）提出了"社会性别制度"的概念，他认为男女在交往关系中形成了社会性别制度，家族再生产在家庭中形成了男性权力和构造了社会性别身份。社会性别还是一种观念文化，是一种反映男女分工、精神气质、行为方式差异等方面的一套社会意识形态。女性主义者提出"社会性别"概念的目的是批评性别不同导致的不平等以及分析造成不平等的根源和实现平等的路径。卢宾认为，妇女受压迫的根源在于社会性别制度，它是与经济制度不同又与经济政治紧密相关的有自身运行机制的一种人类社会制度，它源于人类自身生产。在以人类生产为主的社会中，最基本的交换形式就是交换女人，通过婚姻这一形式实现，两个部落的男人之间交换女性比交换其他东西更有意义，完成了交换女人的任务，就建立了血族关系，以亲戚网络为基础，延伸出以男性为中心的文化、政治、宗教。① 米切特·巴雷特（Michele Barrett）认为，第一，家庭意识形态通过性别社会化的过程形成，包括：性别认同的内化、性别意识的精心组织；把妇女和家庭生活、怀孕联系在一起，把男性和外出工作、经济责任联系在一起；男性气质与女性气质的建构等。通过这样的家庭意识形态产生了性别认同。第二，家庭是一种物质制度，家庭内部的劳动分工和妇女对男性的依赖源自家庭内部的物质利益冲突，妇女主要承担与家务、生育孩子相关的劳动。第三，家庭结构和家庭意识形态构成了一个压迫系统，是妇女受压迫的中心场所，也构成了社会生产关系的原则，这个系统还构成了男女参与工资劳动和阶级结构的物质关系，也为劳动力再生产、个人生活维持提供了唯一有效的机制。② 阿利森·贾格尔（Alison Jaggar）认为，马克思主义中"异化"的概念要修正，妇女没有参与到资本主义生产当中就没有被异化，社会主义女性主义在分析妇女在当代社会中受的压迫时只是偶然提到异化，而异化概念为社会主义女性主义对当代妇女受压迫进行系统化的批判提供了一个理论框架。妇女在当代社会的经历就是异化的最好例证，妇女作为性客体、母亲都发生了异化，在育儿、文化生产、气质本身也异化了。③

　　新时期我国女性学发展迅速，在不少具体问题的研究上取得了巨大成果，但还需关注以下课题。第一，解析社会性别是如何被建构的，性别等级制度是怎么样产生的，又是怎么样被复制、被再生产的，男性中心文化构成要素

---

① 秦美珠. 女性主义的马克思主义［M］. 重庆：重庆出版社，2008：214.

② BARRETT M. Women's Oppression Today – Problems in Marxist Feminist Analysis［M］. London：Verso，1980：169，206，209，213.

③ JAGGAR A M. Feminist Politics and Human Nature［M］. New Jersey：The Harvester Press，1983：307-308，353.

是什么，它与权力、资源的占有与分配是什么关系等，都必须放在一定的社会历史范畴之内去考察，考察其历史起源和前提，考察其经过了哪些主要阶段，并以此为根据去认识它的现在和推断它的未来。第二，必须分析当时的生产方式、交换方式以及经济关系和文化状况，这样才能得到动态的、多维的、完整的女性图景。第三，女性是实践活动着的女性，如同人的本质在其现实性和其社会关系的总和一样，女性的本质是女性各种社会关系的总和，女性生命周期中的"经期、孕期、生产哺乳期"所特有的社会实践和社会关系，决定了她有别于男性的个性特征。第四，女性发展演变与人类发展演变具有同步性，女性存在状态和一般规律只能放在人类发展和社会进步的历史进程中被发现和揭示。①

总之，对马克思主义女性主义或西方女性主义思潮要有正确的认识，批判借鉴，但不能照搬。一个很重要的原因是中西方实践和认识的差异，由于在性别发展的历程中，中国和西方所走的道路差异性大大超过共性，因此注意到两者在实践和认识上的差异是非常关键的。比如，美国 1963 年通过了男女同工同酬法，1964 年的一条法令规定，所有对男人开放的职业都向妇女开放，1972 年则制定了另一条法令，任何教育领域的男女不平等待遇均属违法。而中国迄今为止没有出台同工同酬法，但是在新中国初期就已经基本实现了男女同工同酬，并提出"男人能做的事，女人也能做"。在教育领域，男女也几乎没有任何制度上的差异和区别。当然我们的社会依然存在男女不平等现象，但是这种现象的表现和其深厚的社会背景有关，不能由此否定中国男女平等的理念和社会主义制度设计。②

---

① 仝华，康沛竹.马克思主义妇女理论发展史［M］.北京：北京大学出版社，2004：193.
② 沈奕斐.被建构的女性：当代社会性别理论［M］.上海：上海人民出版社，2005：13.

第三章

中国共产党领导婚姻革命与治理的政策和制度

中华民国时期是中国社会的重大转折时期，受传统习俗和礼教影响很深的婚姻和婚俗在此时也发生巨大变化，受儒家礼教深刻影响的婚姻制度已不适应社会文明的演进和历史的发展。中华民国历届政府都对婚姻制度的改革和婚俗的改良颁布过法律和法令，试图利用近代化的管理手段对其进行管理和治理，如通过完善婚姻法律和法规稳定家庭和社会秩序，初步开启了婚姻法制的近代化。婚姻不仅是私人领域的事务，更是社会事务，需要用制度来规范和管理。罗素曾言："我现在所要考虑的是把婚姻作为一种政治制度，而不是把它作为每个人的私人道德事件。婚姻是用法律来规定的，而被认为是一件社会有权干涉的事情。"① 在中国不曾存在这样的想法：使婚姻的成立受到宗教的（教会）或者世俗的（国家）公共权威的见证、认证。所谓法律婚主义与旧中国是无缘的。也就是说，公共权威的见证作为婚姻之成立要件，因为要求申报等的法律规则而未被发现，所以被消极地推定，因此，通过"礼婚"逐一并综合地考察主婚、媒人、聘财、回礼、婚书、成婚之仪式与披露宴等认定正规的婚姻成立与否。总之，在法律上承认并保护作为社会的现实婚姻之成立。于是在取缔背信行为、对于若干违反良风美俗的行为强行地干涉（禁婚亲的规定等）、处罚有关人员的同时，也根据情况否定其行为的效力。以上所述是旧律中婚姻关系法规的主要内容。《中华民国民法》以公开的仪式与两个以上的证人的存在作为婚姻成立的要件，就是遵循了传统。《中华人民共和国婚姻法》以男女本人亲自出面到所在地人民政府登记并取得发给的结婚证作为婚姻成立的要件，应该说这确实是革命的立法。②

---

① ［英］伯特兰·罗素. 社会改造原理［M］. 上海：上海人民出版社，1987：98.
② ［日］滋贺秀三. 中国家族法原理［M］. 张建国，李力，译. 北京：商务印书馆，2013：476—477.

中国共产党成立后，致力于改造中国社会，掀起了轰轰烈烈的大革命。婚姻制度和政策体系在中国共产党革命和社会治理的整体性制度体系中处于重要地位，和其他方面的制度体系相辅相成，共同为完成党和国家的中心工作服务，婚姻制度和政策体系的有效性除了取决于当时的社会历史条件外，还取决于党领导人民制定制度和政策的理念的革命性和引领力、制度体系的科学性和完整性、执行过程的彻底性与调适性。中国共产党运用法律手段保障妇女婚姻权益和促进妇女解放。把革除、批评旧法律和确立新法结合起来。首先，批判《中华民国民法·亲属编》。该法律虽然比清末和北洋军阀时期的法律有所进步，但是其照搬西方资本主义婚姻法律原则，脱离中国现实，同时带有浓厚的封建保守主义色彩，在司法判例和实际执行中承认早婚、维护夫权、暗护纳妾制，这严重损害了妇女权益，违背男女平等。1949 年新中国成立前夕，中共中央在全国范围内废除了国民党以《六法全书》为核心的法律体系，2 月 22 日发布《中共中央关于废除国民党的〈六法全书〉与确定解放区司法原则的指示》。在《中国人民政治协商会议共同纲领》中宣布废除了南京国民政府时期一切压迫人民的法律、法令、司法制度，制定了保护人民的法律，建立起人民司法体系。至此，《中华民国民法·亲属编》退出历史舞台。

在中国共产党领导下制定的婚姻法律制度可以分为新民主主义革命时期和社会主义革命时期、现代化建设时期两大历史发展时期。前者是后者的雏形和必要的准备阶段，后者是对前者的继承和不断完善阶段，最终形成了较为完善的社会主义婚姻家庭制度体系。中国共产党在苏区、抗日根据地、解放区就把婚姻法律和法令的制定和推行极为重视，发动妇女群众投身婚姻解放事业，前后制定了多部婚姻法，各地还出台了实施细则。到新中国成立后，新的婚姻法很快颁布，之后又经多次修订，为妇女权益和婚姻保障提供了法律依据和制度安排。截至 2020 年年末，我国已建立起 100 多部全面保障妇女权益的法律法规，形成了较完善的体系，中国共产党还综合运用政策、通过决议、颁布法规等多种制度手段来推进妇女婚姻解放事业，婚姻政策体系不断发展和完善。

中国共产党对婚姻解放和婚姻陋俗治理的制度逻辑是为解放妇女、保障人民婚姻权益提供长效之策。在党推进陋俗治理的实践过程中，其制度理念是陋俗治理实践的价值指引；制度体系是静态的，使得治理过程更规范化；制度执行是动态的，是制度体系和理念在陋俗治理实践中的具体实施和展开；制度效能是党对婚姻陋俗治理实践的结果和多维度评价。在党对婚姻陋俗治理的制度逻辑中，制度体系建构和制度执行力的落实是重点，这是由党领导人民革命和社会治理的基本理论决定的。婚姻陋俗治理体系本质上就是革命和治理的基本制度，治理能力就是治理婚姻陋俗系列制度的执行力，抓住了这两个方面，就抓住了我党婚姻陋俗治理的本质和全貌。在新民主主义革命时期，中国共产党领导下的革命政权就在历次会议的宣言和专门决议案中明确提出要改革封建婚姻家庭制度的纲领，并在制度实践中开始了婚姻家庭方面的法制建设，制定了一系列的法律、法规、条令等。这些制度都以废除封建婚姻家庭制度、实行婚姻自由、一夫一妻、男女平等、保护妇女儿童的新民主主义婚姻家庭制度为根本宗旨。这些法律制度的颁布、实施推动了婚姻家庭制度的革命性变化，为后来新中国成立后的婚姻家庭制度建设积累了宝贵的经验。① 1950 年制定并施行的第一部大法就是《婚姻法》，虽然这部法律带有一定的纲领性和概括性，但在婚姻制度领域完成了中华人民共和国废旧立新的伟大制度革命。

第一节　制度逻辑：解放妇女和保障权益是根本之道

　　中国共产党在推进社会治理中特别注重制度的关键作用，在革除婚姻陋俗和解放妇女的工作实践中制定了一系列规章制度，拓展了妇女婚姻解放的方法维度，形成了以党的决议、报告、工作条例，政府法令、法规、法律为主体的政策与制度体系。党根据各历史时期的工作实际制定和完善了相关制度体系，为开展妇女运动、革除婚姻陋俗提供了基本遵循，为保障妇女婚姻权益提供了可靠依据，是促进妇女解放和保障妇女婚姻权益的根本之道。新中国成立初期所颁行的第一部基本法便是《中华人民共和国婚姻法》。其中，抗日战争和解放战争时期的婚姻法规、法律具有承前启后的转折性意义，成为之后历次婚姻法制定、修改及施行的历史依据。新民主主义革命时期建立的新民主主义的婚姻家庭法律和政策体系，颠覆了封建的、半殖民的关于婚姻和妇女的旧制度体系。《中华人民共和国婚姻法》构建了社会主义婚姻法律制度体系，以国家大法的形式否定了婚姻陋俗对妇女的压迫，实现了妇女地位的千年巨变。

一、党推动妇女婚姻解放的政策探索

　　土地革命时期，党以会议的形式通过了专门的妇女决议案，颁布了婚姻法规。1928 年 6 月，中国共产党第六次全国代表大会通过了新的《妇女运动决议案》，该《决议案》明确提出了苏区妇女运动的策略和方针，一是分析了造成农

村妇女异乎寻常的困苦状况的原因，指出党在苏区的任务是吸收劳动妇女群众加入革命，巩固工人阶级与农民的联合战线，更好地打击敌人。二是明确了工作的重心。明确在农民组织中要有妇女委员，同时动员和组织妇女参加苏维埃政权和根据地的经济建设。三是正确处理土地革命的全局利益与农村妇女切身利益的关系，最大限度地调动农村妇女的积极性。提出关于维护农村妇女本身利益的具体要求，如拥有继承权、土地权，反对多妻、反对童养媳、反对强迫出嫁；拥有离婚权，反对拐骗妇女，保护女雇农的劳动。四是提出"解放妇女"的口号，颁布解放妇女的条例，把妇女从封建压迫下解放出来，使之明白只有苏维埃政府才能够代表她们的利益。① 各根据地也形成了专门解决婚姻问题和推动妇女运动的决议或法规。如 1929 年 7 月，中国共产党闽西第一次代表大会通过了关于妇女问题的决议案，确定了包括"领导广大妇女群众参加斗争""引导勇敢进步的妇女参加各级政权机关""党应帮助妇女解除旧礼教的压迫""党及政权机关判决离婚的原则"等 12 条关于开展妇女运动的工作任务，有效保障了当地妇女在就业、参政、婚姻等方面的权利。1930 年 3 月，闽西第一次工农兵代表大会讨论并通过了包括《婚姻法》《保护妇女青年条例》在内的 16 个法案和条例。《婚姻法》（闽西）规定："男女结婚以双方同意为原则，不受任何人干涉""寡妇任其自由结婚，有借端阻止者要严办""不准禁止、强迫与煽动妇女离婚，违者严办"等。《闽西第一次工农兵代表大会宣言及决议案保护青年妇女条例》规定："禁止虐待童养媳，废除妾媵童养媳制度；绝对禁止贩卖女子为婢妾娼妓，违者枪决。"为了更好地发动妇女解放运动，1931 年 11 月 28 日，中华苏维埃共和国中央执行委员会第一次会议通过了《中华苏维埃共和国婚姻条例》，共 23 条，包括原则、结婚、离婚、离婚后小孩的抚养、离婚后男女财产的处理、未经结婚登记所生小孩的抚养、附则等七部分。1934 年颁布的《中华苏维埃共和国婚姻法》废除一切旧的婚姻制度，从法律上提高了妇女在婚姻和家庭中的地位，确立了婚姻自主、男女平等的原则，对之前的婚姻条例继续完善。苏区实行了一系列解放妇女、革除婚姻陋俗的政策，传统的包办婚姻被废除，女性在婚姻上获得了一定自由，女性在家庭中的地位有一定提高。离婚方面，《中华苏维埃婚姻条例》确定离婚自由原则，男女离婚需向所在地苏维埃登记。②《中华苏维埃婚姻法》的颁布在苏区逐步确立起新型的民主主义的婚姻

---

① 杨杰. 新民主主义革命时期的中共妇女运动及当代启示［D］. 济南：山东财经大学，2012：12.

② 西华师范大学历史文化学院. 川陕革命根据地历史文献资料集成：上册［M］. 成都：四川大学出版社，2012：57-59.

制度，使得广大妇女从封建婚姻的束缚中被解放出来，调动了人民的积极性，为土地革命和反军事"围剿"提供了动力。正如毛泽东所言："这种民主主义的婚姻制度打破了中国四千年束缚女子的锁链，建立适合人性的新规律，是人类历史上伟大的胜利之一。这种新婚姻制度的实行，使苏维埃取得了广大群众的支持，广大群众不但在政治和经济上获得了解放，也在男女关系上得到了解放。"①

全面抗战时期，在中国共产党领导的抗日民主根据地，政府颁布法令保障妇女的婚姻自由和权利，破除旧式婚姻后，农村妇女得到了心灵上的解放。旧式婚姻给妇女造成了极大的痛苦，婚姻自主就成了广大妇女群众寻求解放的第一要求。各根据地政府颁布的施政纲领中，均有实行男女平等、主张婚姻自主的条文。这些条文使妇女的婚姻自主权获得了法律保障，广大妇女群众在革除了婚姻陋俗这个巨大的枷锁后都积极响应党的各项抗日政策，使根据地的妇女运动出现了欣欣向荣的景象。② 1943 年 2 月，《解放日报》发表了中共中央关于妇女运动的重要历史文献——《关于各抗日根据地目前妇女工作方针的决定》，这是一部马克思主义关于妇女解放理论与中国妇女运动实践相结合所产生的重要历史文献。③ 该决定的颁布和实行推动了妇女解放的进程，在革除婚姻陋俗方面起到了十分关键的作用。

解放战争时期，中央发布了一些指示，通过专门的妇女工作报告对革除婚姻陋俗工作进行部署。早在 1947 年 9 月，邓颖超等关于妇女运动向中共中央报告。1948 年 5 月《中共中央关于目前妇女工作的指示》发布，指出："在农民翻身运动中，应适时地进行打破、扫除封建束缚，在阶级的一致性与全体利益之下，力争妇女的解放与应得的权利与利益。提出'男女平等''婚姻自由''婚姻自主''废除买卖婚姻''反对包办强迫婚姻''禁止缠足''禁止溺女''家庭民主和睦''妇女有参加社会政治活动的自由'等等口号。"④ 1948 年 9 月 20 日至 10 月 6 日，中共中央在西柏坡召开了妇女工作会议，提出了党的妇女组织要与国际民主妇女联合会加强联系，做出了《关于目前解放区农村妇女工作的决定》，标志着解放区的妇女运动走向了成熟。1948 年《中共中央关于目

---

① 毛泽东. 中华苏维埃第二次全国大会上的报告 [N]. 红色中华，1934-01-26.

② 杨杰. 新民主主义革命时期的中共妇女运动及当代启示 [D]. 济南：山东财经大学，2012.

③ 中华全国妇女联合会. 中国妇女运动史 [M]. 北京：春秋出版社，1989：512.

④ 中共中央关于目前妇女工作的指示 [R] //中共中央文献研究室，中央档案馆. 建党以来重要文献选编（1921—1949）：第 25 册. 北京：中央文献出版社，2011：310.

前解放区农村妇女工作的决定》指出："党应更进一步地纠正党内外残存的重男轻女的封建思想和把妇女工作从整个工作中除外的取消思想，以及孤立突出地去做妇女工作的偏向。各级党的组织应加强学习和运用马列主义、毛泽东思想指导妇女工作，培植完整的群众观点，正确地掌握妇运政策，克服妇女工作中的无纪律无政府现象。妇女工作者更应实事求是，深入群众，埋头苦干，全心全意为妇女群众服务，把妇女运动更向前推进一步。"①

新中国成立初期，党领导人民为了破除封建婚姻陋俗，采取了很多措施。1950 年制定并颁布了《中华人民共和国婚姻法》，其基本精神就是废除包办强迫、男尊女卑、漠视子女利益的封建婚姻陋俗，实行男女婚姻自由、一夫一妻、男女权利平等、保护妇女合法利益的新型婚姻制度。《婚姻法》规定：结婚须男女双方本人完全自愿，不许任何一方对他方加以强迫或任何第三者加以干涉。男女双方自愿离婚的，准予离婚。男女一方坚决要求离婚的，经区人民政府和司法机关调解无效时，亦准予离婚。对于重婚、纳妾、童养媳、干涉寡妇婚姻自由等封建婚姻陋俗，在婚姻法各章的具体内容中均明令禁止，为新中国革除婚姻陋俗扫清了道路。② 1953 年 2 月中央颁布《中央人民政府政务院关于贯彻婚姻法的指示》来进一步将该项工作落实落地。

从不同历史时期的关于婚姻的制度建设可以看出，贯穿其中的党对新婚姻制度的原则是基本一致的，即男女平等、一夫一妻、婚姻自由、保护妇女和子女合法权益等。这些原则和基本精神在苏区时期党领导制定的《中华苏维埃共和国婚姻条例》和《中华苏维埃共和国婚姻法》中就有体现。"以毛主席为首的中国共产党将马恩列斯关于婚姻、家庭和社会发展问题学说具体运用来解决中国婚姻制度问题的最初法律文献，这些文献奠定了废除封建主义婚姻制度和建立新民主主义婚姻制度的原则基础，标志着中国婚姻制度的大革命开端。"③新中国成立后，《中华人民共和国婚姻法》的制定就是这种继承和创新。

二、政策理念：自由与平等、革命和解放

制度理念是中国共产党婚姻陋俗治理的价值指引，其本质特征是体现中国

---

① 中共中央关于目前解放区农村妇女工作的决定［R］//中共中央文献研究室，中央档案馆.建党以来重要文献选编（1921—1949）：第 25 册.北京：中央文献出版社，2011：734.

② 马慧芳.建国初期党推动农村妇女婚姻家庭解放的成功经验［J］.贵州社会科学，2009（3）：127-128.

③ 杨大文.中华人民共和国婚姻法讲话［M］.北京：中国政法大学出版社，2001：33.

共产党的革命和建设的目标和理念，体现马克思列宁主义、毛泽东思想中关于妇女工作和婚姻问题的主张，概括而言，就是体现出人的自由、平等，通过革命建立政权，实现妇女婚姻解放，建立新民主主义社会和社会主义社会。

中国共产党在领导新民主主义革命的二十八年里，每次出台的妇女工作的决议案、婚姻法律法规均体现了妇女解放、婚姻自主的理念，如1929年7月，中共闽西第一次代表大会通过的《妇女问题决议案》就体现了客观对待离婚自由。既不制止妇女离婚，也不鼓励妇女离婚，党员在男女交往方面要尊重农民的心理，不可违反。1930年3月，闽西第一次工农兵代表大会通过的《闽西婚姻法》，体现出婚姻自由、再婚自由，但不支持无条件离婚；废除聘礼，确立结婚登记程序；保护离婚妇女及其子女的权益。1931年7月鄂豫皖工农兵第二次代表大会通过的《婚姻问题决议案》，分析了当地存在的婚姻问题，提出了解决措施，废除父母代订婚姻、一夫多妻，不得进行买卖婚姻，不得蓄婢、童养媳，禁止虐待私生子，保护军婚等，体现出婚姻自主和为革命服务的理念。陕甘宁边区政府出台的《陕甘宁边区婚姻条例》更是体现了新民主主义的原则，明显是依据婚姻自由、男女平等、一夫一妻等基本原则进行的婚姻立法，对其他根据地和解放区有很强的示范作用。

第二节　政策体系：党的决议、政府条令、法律法规协同推进

中国共产党在领导革命和建设的过程中非常重视政策体系的构建，在推动妇女婚姻解放的过程中，党通过了专门的决议，政府出台了专门的婚姻法律法规，法院等部门结合实际推动了法律的落地生效，为群众根本利益服务。随着革命和建设事业的推进，中国共产党构建了一整套妇女婚姻解放的政策和制度体系，并在实践过程中不断修订和完善，为保护妇女权益和构建和谐婚姻家庭保驾护航。

一、婚姻政策体系

政策或制度体系是中国共产党推动婚姻革命和治理的制度形式和支撑载体，是制度理念的具体展开和表现形式，形成了党领导下的婚姻治理体系，有鲜明的层次感和工作重点，逐步形成了以决议、条令、法律、法规为一体的婚姻政策体系。

早在1922年6月中国共产党在发表关于时局的主张中就提出相关政纲，比

如，"采用无限制的普通选举制"和"承认妇女在法律上与男子有同等的权利"等。党的二大、三大专门通过了《妇女运动决议案》，对妇女运动和婚姻权益做出过规定。党的三大还提出"全国妇女运动的大联会""打破奴隶女子的旧礼教""男女教育平等""男女职业平等""男女社交平等""结婚离婚自由""母性保护"① 等口号。第一次革命战争时期中国共产党领导的农民运动在广东、江西等南方省份建立了农民协会和农民代表大会，农民代表大会对妇女和婚姻问题给予了足够的关注，通过了决议和相关草案。比如，1926 年 12 月湖南省第一次农民代表大会通过的《农村妇女问题决议案》指出，中国农村妇女在封建制度下一切权利都被剥夺，如不能参与乡村自治机关及各种公共集会，即祠堂祭祀酒食亦无资格参与享受。家政除少数特别外亦多不能过问，但是她们的家庭劳动是极繁重的，却得不到一点好处。这些现象都是旧式农业经济社会的必然结果。农村妇女之完全解放必在由旧式的农业经济进入一个新式的农业经济以后。但在目前条件下须实行补救办法。② 1927 年 2 月江西省第一次农民代表大会通过了《农村妇女问题草案》。粤赣两省提出的有关决定和办法大致总结如下几点：各级农民协会要设立妇女部，注意领导妇女加入农民协会和乡村自治委员会，领导她们参加各种集会，为争取妇女解放而斗争；农民协会兴办的学校应收纳妇女参加学习；做同样工作应得相等的工资；婚姻须得女子之同意，反对买卖婚姻，取消聘金制；再婚妇女在社会上须一律待遇，不得蔑视；禁止童养媳，反对虐待童养媳；严禁虐待女孩及溺毙女婴；反对恶姑残害媳妇、丈夫虐待妻子；农会会员不得虐待其妻子；禁止妇女缠足、穿耳等恶习。③ 1927 年 3 月在北伐军的配合下中国共产党领导的上海工人经过武装起义建立了上海临时市政府和市民代表大会，4 月 11 日通过和公布了《上海特别市临时市政府政纲草案》，施政纲领中通过了改革婚姻家庭制度和保护妇女的有关条款，如妇女与男子一律平等参加一切市政权；严惩拐卖及贩卖人口；严禁卖淫业，妓女准其自由择配；市内各学校得男女同校同学；女生享有通信、社交及婚姻自由；保障结婚离婚自由；废除童养媳及奴婢纳妾制度；改良济良所，设立育儿院，保护私生子，并使无力养育儿女，母亲工作关系须暂寄儿女者可享此社会育儿院的权利；等等。④

---

① 母性保护即保护母亲之义。
② 张希坡. 中国婚姻立法史［M］. 北京：人民出版社，2004：111–112.
③ 第一次国内革命战争时期的农民运动资料［M］. 北京：人民出版社，1983：424，576–578.
④ 上海特别市临时市政府政纲草案［N］. 新闻报，1927–04–11.

　　土地革命战争时期中国共产党的重要会议和领导的苏区政府也对妇女运动给予了专门的关注和推动。如中共六大上通过的《妇女运动决议案》对妇女的婚姻做出明确的规定，其中指出："应直接提出关于农妇本身利益的具体要求，如继承权、土地权、反对童养媳、反对强迫出嫁、离婚权、反对买卖妇女、保护女雇农的劳动……"① 党领导下的各苏区普遍建立了女工农妇代表会议制度，通过加强婚姻相关的立法和政策制定来促进婚姻自主和自由，促进妇女解放事业。如《中华苏维埃共和国婚姻条例》，以及《中华苏维埃共和国宪法大纲》，该大纲对妇女的权利做了明确规定："中国苏维埃政权以保证彻底的妇女解放为目的，承认婚姻自由，实行各种保护妇女的办法，使妇女能够从事实上逐渐脱离家务束缚的物质基础，而参加全社会的政治的文化的生活。"② 1931 年湘赣苏区颁布了更为详细的婚姻条例，遵循婚姻自由原则，对革除婚姻陋俗做了明确规定，禁止一夫多妻、买卖婚姻、纳婢蓄妾、童养媳、寡妇守节等。又如，1934 年中央执委会通过的《中华苏维埃共和国婚姻法》，1946 年 4 月 23 日通过的《陕甘宁边区婚姻条例》等。

　　全面抗战和解放战争时期各抗日根据地和解放区也制定了各项婚姻制度法律法令。如 1941 年 4 月，中国共产党在晋西北抗日根据地领导的边区政府颁布了《晋西北婚姻暂行条例》，这是边区政府建立后公布实施的第一部具有法律效力的婚姻法。法令规定："婚姻以基于男女当事人之自由意志为准则。实行一夫一妻制，禁止纳妾续婢，禁止童养媳、早婚、包办强迫及买卖婚姻。"③ 1941 年7 月，《晋绥边区婚姻暂行条例》公布；1943 年 4 月，晋绥行署试行了《晋绥边区婚姻暂行条例》；1946 年 4 月，出台《晋绥边区关于保障革命军人婚姻问题的命令》。1948 年 5 月，正式颁布的《晋绥边区婚姻条例》规定："女方在怀孕生育期间，男方不得提出离婚；女子有财产继承权等。"1949 年 1 月，晋绥边区政府发布了《关于重申严禁买卖婚姻及早婚、实行婚姻登记的通令》，同年 3 月，晋绥分局妇委会发布了《关于确定婚姻自由原则的指示》，指出："男女平等、婚姻自由的原则必须坚持到底。"④ 婚姻条例颁布后，中共领导的新政府常常会

---

①　肖莉丹.组织动员、精英动员与中国女权运动的演进逻辑研究［M］.广州：暨南大学
　　出版社，2016：46-47.

②　中央档案馆.中共中央文件选集：第 7 册［M］.北京：中共中央党校出版社，1991：
　　775.

③　山西省妇女联合会.晋绥妇女战斗历程［M］.北京：中共党史出版社，1992：466.

④　雷承锋.晋西北抗日根据地女性婚姻陋习变革初探［J］.中北大学学报（社会科学版），
　　2020，36（6）：87.

以问答、原则、条例、办法、通令等形式颁布与婚姻法有关的辅助法令，来完善相关执行机制。1949 年 9 月中国人民政治协商会议通过的《中国人民政治协商会议共同纲领》，起到了临时宪法的作用，对婚姻做了有关规定。早在 1949 年 2 月，中共中央就发布了《关于废除国民党的六法全书与确定解放区的司法原则的指示》，内容主要是人民民主政权不能再以国民党的"《六法全书》"为根据，而应该以人民的新的法律作为依据。在人民的法律还没有系统地发布之前，应该以共产党政策以及人民政府与人民解放军已经发布的各种纲领、法律、条例、决议作为依据指导这种思想，确立了新中国立法的指导方针。《中国人民政治协商会议共同纲领》将"废除国民党反动政府一切压迫人民的法律、法令和司法制度，制定保护人民的法律、法令"作为一项立法原则确立下来。在这样的背景下开始了新中国的婚姻立法探索历程。《中国人民政治协商会议共同纲领》宣布：中华人民共和国废除束缚妇女的封建制度，妇女在政治的、经济的、文化教育的、社会的生活各方面，均有与男子平等的权利，实行男女婚姻自由；注意保护母亲、婴儿和儿童的健康。1950 年 4 月 13 日，中央人民政府委员会第七次会议通过了《中华人民共和国婚姻法》，并决定自 5 月 1 日起公布施行。这是新中国成立后颁行的第一部具有基本法性质的民事法律，是国家改革婚姻家庭制度的重大立法举措。从《婚姻法》颁布施行到 1956 年年底，有关部门根据司法实践的需要颁布了一些立法或司法解释。这些立法或司法解释具有与婚姻法同等的法律效力，有力地推动了婚姻法正确贯彻实施，也为中国婚姻家庭制度的整体构建起到了重要作用。这一时期形成了以《婚姻法》为核心，以通知、解释为补充的婚姻家庭法律的基本框架。① 发布的相关内容包括中央人民政府法制委员会《有关婚姻法施行的若干问题与解答》（1950 年 6 月 26 日）、内务部《关于对少数民族婚姻处理问题的批复》和《关于不同民族男女结婚问题的批复》（1950 年 12 月）、最高人民法院《关于少数民族与汉族通婚问题的复示》（1951 年 1 月 22 日）、《关于取消婚约时应否返还聘礼问题的复示》（1951 年 5 月 24 日）、司法部《关于"聘金"或"聘礼"处理原则批复》（1951 年 6 月 22 日）、最高人民法院和司法部《关于婚姻案件中聘金或聘礼的处理原则问题对华东分院、华东司法部的指示信》（1951 年 10 月 8 日）、最高人民法院《函复察哈尔省人民法院关于聘金或聘礼的几个疑义及早婚如何处理的问题》（1951 年 12 月 3 日）、中央法制委员会《有关婚姻问题的若干解答》（1953 年 3 月 19 日）、中央人民政府法制委员会《关于处理重婚、纳妾童养媳案件的时间界限问

---

① 周由强. 当代中国婚姻法治的变迁：1949—2003［D］. 北京：中共中央党校，2004.

题》（1953 年 6 月 25 日）、内务部《关于麻风病患者婚姻问题的处理意见的复函》（1953 年 7 月 20 日）、中央法制委员会《关于在婚姻法公布后的重婚、纳妾如何处理的意见》（1953 年 12 月 22 日）、内务部《婚姻登记办法》（1955 年 6 月 1 日）、内务部和外交部《关于办理我国驻外机关工作人员的结婚登记的函》（1956 年 3 月 31 日）、最高人民法院《关于未登记的婚姻关系在法律上的效力问题的复函》（1956 年 11 月 14 日）等。

二、注重婚姻成文法的施行

注重婚姻成文法与民间礼俗的有机统一。近现代的中国是传统中国的延续，几千年的婚姻礼俗已经成为民众文化基因的一部分。因此，在婚姻法令的出台执行过程中也配套出台了礼俗法令。为了对婚姻陋俗加以改造以适应社会发展，遵循"文以化之、法令限之、政府执之"的工作方法，政府在推行婚姻法令的过程中进行了广泛的宣传和普及，以点带面地推动法令落地。对某些地区长久形成的婚俗习惯在不损害妇女人身权益和经济权益的前提下予以尊重。一方面，中共领导的政权对婚姻陋俗严加取缔，另一方面政府对民众的意见予以合理回应。例如，1939 年制定的《陕甘宁边区婚姻条例》在 1944 年和 1946 年均进行了修改，但大的原则没有改变。一方面，为了减少婚姻诉讼和广大民众的不满情绪，边区政府不仅重建并主导了古老的乡村调解制度和自治传统，而且号召建立和谐民主的家庭；司法体系使用新的司法技巧，将其融合在党的群众路线中以完成革命的社会改革。另一方面，面对旧的地方风俗和民间习俗的强大影响，革命政权并不放任其发展，不仅借助法律进行惩罚，更是扮演了一个教育者和引导者的角色，在民间公共场所的对话和基层调解中，通过革命政权培养和引导地方新精英，包括基层干部、开明乡绅、妇女主任、民兵连长、村干部、劳动模范等，来引导舆论，促进基层群众思想的转变，体现了政权的革命性。①婚姻司法体系这种灵活的策略和政策使得婚姻法执行的实效性大大增强。在革命背景下，基层社会的复杂性会让婚姻法律在执行过程中面临是按照"法律的文字"还是"法律的精神"执行的问题，这是中国近代司法改革一直存在的一个困境，即司法形式主义与司法历史实践之间的关系。中国共产党领导下的婚姻法律在司法实践中逐步完善，以婚姻自主、促进生产、家庭稳定、普及革命化的婚姻观、改良旧婚俗为主要原则。

---

① ［美］丛小平．自主：中国革命中的婚姻、法律与女性身份（1940—1960）［M］．北京：社会科学文献出版社，2022：34.

在婚姻法执行过程中综合运用经济、政治、文化、民间力量等手段来实现目标，将注重保障人民基本权益和推行新的婚姻法令相结合，如把保障妇女受教育权与保障婚姻权益结合起来。土地革命时期就开始把提高妇女文化水平和保障婚姻权益有机结合起来。早在 1932 年，中华苏维埃临时中央政府就颁布政令，各级文化部门设立识字班、夜校等，帮助妇女提高文化水平。据不完全统计，中央苏区粤赣、福建、江西三地发起的群众识字运动，在 2932 个乡有列宁小学 3052 所，学生 89710 人；夜校 6462 所，学生 94517 人；识字组 32388 组，成员 155371 人；俱乐部 1656 个，有 49668 名工作员。[①] 在处理婚姻纠纷的司法实践中，注重维护婚姻自主和民俗之间的平衡，提高婚姻条例执行的有效性和实效性。如在很多地区党的婚姻改革政策与当地习俗间的不相容，源自对婚姻的不同看法。在现代观念看来，一桩正式的婚姻始于一对男女结合之时，并通过政府或教堂对其进行认证。但在社会传统中，一桩婚姻从订婚就开始生效，因为确立婚约在当地习俗中就相当于婚事成立。"婚姻纠纷"这种说法常常见于官方文件，它并不简单地意味着离婚，还表示在解除婚约上的争执。一份婚约通常从财产转移过程开始，主要表现为彩礼的支付。伴随着订婚男女双方的成长，婚约可持续十多年，其中包括了不断的财产转移以及劳力支付。而且，订婚被看作完全意义上的婚姻不可分割的一部分，它由未来的婚礼加以确认。这也解释了为什么在中国的许多地区婚礼常常被称作"过门"（住到丈夫的家里），这个仪式仅仅表示一个完整婚姻过程的最终完成。[②] 面对这种情况，边区政府和法院根据婚姻条例对婚姻纠纷的具体过程进行调查，在维护婚姻自主和各方公平公正的原则下酌情处理，既维护了法律尊严、保护群众利益，也纠正了不合理的风俗习惯，引导人们树立科学文明的婚姻观念。

第三节　制度执行：围绕中心任务注重现实反馈

制度执行是中国共产党婚姻陋俗治理的具体实践和落实，是将抽象的理念和静态的制度予以现实转化，其实践逻辑是中国共产党领导婚姻革命和治理的实施路径和作用发挥。从党和政府制定政策到基层的执行和实践有理想与现实

---

① 江西省妇女联合会，江西省档案馆 . 江西苏区妇女运动史料选编［M］. 南昌：江西人民出版社，1982：173.
② ［美］丛小平 . 自主：中国革命中的婚姻、法律与女性身份（1940—1960）［M］. 北京：社会科学文献出版社，2022：86.

的差距，党的先进理念和为民政策要落实到位需要提高基层的执行水平和增强实效。

一、治理成效：制度执行效度是衡量标准

各个历史时期的政策执行效果，大大改变了妇女的婚姻生活面貌，极大地促进了男女平等、婚姻解放，实现了社会进步，促进了党领导的革命事业的发展，但基层社会的复杂性和婚姻婚俗改革难度也不容小觑。新颁布的婚姻制度和政策带来的变革会深刻影响社会结构，冲击着传统家庭结构和伦理，制度执行中在某种程度上会触碰到部分男性的既得利益。如在抗日根据地内部，政府在推行新婚姻制度时经常会招致男性贫农的敌意和反抗，为顾全抗战这个大局，中共领导的根据地政府不得不调整政策适当妥协，以稳定乡村社会秩序，平息男性的反抗，以赢得他们对抗战的支持。另外，婚姻政策执行中更多的是对家族和私人领域的涉及，治理婚姻陋俗的工作对象是一定现实条件的人，若工作对象因循守旧、思想顽固，则很难对其旧婚姻观念进行引导。社会学认为，社会或公众领域发生的变革要经过很长的时间和多种条件具备才会反映到私人领域，私人领域往往具有排外与封闭的特点。加之，一些党员干部工作方式粗暴、各地的地方保守主义流行等原因制约着中共新婚姻政策的执行，在实践中常常发生各类婚姻纠纷案件，在一定时期和一定程度上不可避免地造成了根据地政府在婚姻管理上的混乱。① 在推行婚姻法的过程中也要注重法律本质和形式的协调，法律的实践要沟通地方传统婚俗与现代婚姻法律，而不是在二者间制造对立。因此要更好地解决民间纠纷、维护群众根本利益，减少革命政权与基层社会的冲突，做到既合乎人情，又不纵容不法行为，把地方文化融入法律执行中。新中国成立后，新婚姻法的执行期望与现实反馈也有偏差。《中华人民共和国婚姻法》在某些领域执行的效果不佳，政府相关部门的抽样调查显示，全国有大约30%的婚姻是未婚同居造成的事实婚姻。究其原因，大致有如下几个因素：社会经济发展变化、传统婚俗文化影响、道德观念改变、法律惩戒度不高和民众法制观念淡薄等。1953年2月，周恩来在《中央人民政府政务院关于贯彻婚姻法的指示》中也提道："婚姻制度的改革，虽然是一种反封建的民主改革，但它不同于农村中的土地改革和其他社会改革。因为婚姻制度的改革是人民内部的思想斗争，从人们思想中清除旧社会遗留下来的关于婚姻问题方面的封建意

---

① 雷承锋. 晋西北抗日根据地女性婚姻陋习变革初探［J］. 中北大学学报（社会科学版），2020，36（6）：89.

识，这就需要有长期的、细致的、耐心的工作，而不能采取粗暴急躁的态度与阶级斗争的方法，想在一次运动中就完全解决问题。"①

二、制度效能：以革命胜利和妇女解放为价值取向

制度效能是中国共产党领导婚姻革命和陋俗治理的结果和评价。婚姻制度是规范男女两性关系和家庭关系的一种社会制度，影响到社会每一个人，虽然它处在社会生活的表层，却是社会变迁的指示器。从长期封建家长制的家庭中改变婚姻状态需要一个过程，宏观上讲，在 100 多年半殖民地半封建社会的条件下，婚姻制度和观念、习俗的改革不只涉及家庭，还需要多方联动，多种积极因素推动才能实现美好的目标。中国共产党作为革命党，在推动妇女婚姻解放的过程中，以革命为目标，摧毁了封建婚姻制度，极大推动了社会的平等，推动了妇女走出家庭、走向社会。中国共产党取得全国政权后，很快颁布新婚姻法着力解决婚姻问题，其力度之大是前所未有的，但制度执行有其内在规律性，长期的历史发展规律表明，民俗的改变需要一个历史过程，需要社会的综合进步才能把制度执行得比较理想。

本章主要从中国共产党领导下的制度和政策方面论述了婚姻革命和治理。以下为总结罗列的党领导下的有关婚姻的决议、报告、立法、政策等大事记如下。②

时间	主体或机构	类型、名称	亮　点
1922 年 6 月 15 日	中国共产党	《中国共产党对于时局的主张》	承认女子在法律上与男子有同等权利
1922 年 7 月	中国共产党第二次全国代表大会	《关于妇女运动的决议》《关于"国际帝国主义与中国和中国共产党"的决议案》	废除一切束缚女子的法律；制定保护妇孺的法律
1923 年 6 月	中国共产党第三次全国代表大会	《妇女运动决议案》	结婚离婚自由；女子应有遗产继承权

---

① 人民出版社. 贯彻婚姻法运动的重要文件 [M]. 北京：人民出版社，1953：5.
② 张希坡. 中国婚姻立法史 [M]. 北京：人民出版社，2004：551-558.

时间	主体或机构	类型、名称	亮　点
1923 年 8 月	中国社会主义青年团第二次全国代表大会		反对蓄婢、纳妾及重婚，反对童养媳
1925 年 1 月	中国共产党第四次全国代表大会	《关于妇女运动决议案》	女子应有财产权与继承财产权
1926 年 12 月	湖南省第一次农民代表大会	《农村妇女问题决议案》	
1927 年 2 月	江西省第一次农民代表大会	《农村妇女问题草案》	
1927 年 2 月	中国国民党中央执行委员和国民政府委员临时联席会议	《财产继承权的决议》	法律正式确认女子享有继承权的原则
1927 年 3 月	毛泽东	《湖南农民运动考察报告》	四权（政权、族权、神权、夫权）理论，农村妇女解放之路
1927 年 3 月	上海临时市政府	《上海特别市临时市政府政纲草案》	保障结婚离婚自由和保护私生子
1928 年 6 月-7 月	中国共产党第六次代表大会	《关于劳动妇女斗争的纲领》	各边区苏维埃政府先后制定了有关妇女和婚姻问题的决议和法规
1928 年 7 月 10 日	中国共产党第六次代表大会	《妇女运动决议案》	反对多妻制，反对养童养媳，反对强迫结婚离婚，反对买卖妇女
1929 年 7 月	中共闽西第一次代表大会	《中共闽西第一次代表大会妇女问题决议案》	
1929 年 10 月	广西东兰县革命委员会	《广西东兰县革命委员会最低政纲草案》	婚姻绝对自由，严禁早婚等

续表

时间	主体或机构	类型、名称	亮　点
1930 年 3 月	闽西第一次工农兵代表大会	《婚姻法》9 条，《保护青年妇女条例》8 条，《保护老弱残废条例》4 条	
1930 年 4 月	闽西苏维埃政府	《闽西苏维埃政府布告——关于婚姻法令之决议》	
1930 年 7 月		《赣西南青年的迫切要求纲领》	废除买卖和包办婚姻，反对翁姑丈夫无理打骂妇女和儿童
1931 年 3 月 6 日	赣东北特区苏维埃代表大会	《赣东北特区苏维埃婚姻法》	
1931 年 7 月	鄂豫皖工农兵第二次代表大会	《婚姻问题决议案》	
抗战初期	陕甘宁边区政府	《陕甘宁边区继承处理暂行办法》	
1931 年 10 月	湘赣省第一次工农兵代表大会	《婚姻条例》	
1931 年 11 月 7 日	第一次全国苏维埃代表大会	《中华苏维埃共和国宪法大纲》	成立中央执行委员会（中央临时政府）
1931 年 11 月 28 日	中华苏维埃共和国中央执行委员会	《关于暂行婚姻条例的决议》	
1931 年 12 月 1 日	中华苏维埃共和国中央执行委员会	《中华苏维埃共和国婚姻条例》	
1932 年 2 月	中央机关报《红色中华》	《问题与解答——关于婚姻条例质疑》	

续表

时间	主体或机构	类型、名称	亮　点
1932 年 6 月 20 日	中华苏维埃共和国人民委员会	《关于保护妇女权利与建立妇女生活改善委员会的组织和工作》	
1932 年 11 月 7 日	中华苏维埃临时中央政府	《中华苏维埃临时中央政府在一周年纪念时向全体选民工作报告书》	包括婚姻条例实施情况
1933 年 11 月	江西省女工农妇代表大会	收到有关婚姻问题的提案（要求修改婚姻条例）	
1934 年 4 月 8 日	中央执行委员会	《中华苏维埃共和国婚姻法》	
1939 年 3 月 3 日	中共中央妇女工作委员会	《中央妇委关于目前妇女运动的方针和任务的指示信》	
1939 年 4 月 4 日	陕甘宁边区政府	《陕甘宁边区婚姻条例》	
1941 年 4 月 1 日	边区政府	《晋西北婚姻暂行条例》《淮海区婚姻暂行条例》《修正淮海区抗日军人配偶及婚约保障条例》	
1941 年 7 月 7 日	晋察冀边区行政委员会	《晋察冀边区婚姻条例草案》《关于我们的婚姻条例》（对婚姻条例的解释）	
1941 年 8 月 13 日	晋冀鲁豫边区临时参议会	《晋冀鲁豫边区婚姻暂行条例》	
1942 年 3 月 13 日	晋察冀边区行政委员会	《晋察冀边区行政委员会关于堕胎溺婴案件均须依法科刑的命令》	

时间	主体或机构	类型、名称	亮　点
1942 年 4 月 8 日	山东省胶东区边区政府	《山东省胶东区修正婚姻暂行条例》	
1942 年 4 月 26 日	晋冀鲁豫边区政府	《晋冀鲁豫边区婚姻暂行条例施行细则》	
1942 年 8 月	陕甘宁边区政府	《陕甘宁边区政府关于严禁买卖婚姻具体办法的命令》	
1943 年 1 月 5 日	晋冀鲁豫边区政府	《晋冀鲁豫边区妨害婚姻治罪暂行条例》	
1943 年 1 月 17 日	陕甘宁边区	《陕甘宁边区抗属离婚处理办法》	
1943 年 1 月 21 日	晋察冀边区第一届参议会	《晋察冀边区婚姻条例》	
1943 年 4 月	山东省战时工作委员会	《山东省战时工作委员会关于制止抢劫寡妇的训令》	
1943 年 5 月 27 日	晋察冀边区行政委员会	《晋察冀边区行政委员会关于婚姻登记问题的通知》	
1943 年 6 月 27 日	山东省战时工作委员会	《山东省保护抗日军人婚姻暂行条例》	
1944 年 3 月 20 日	陕甘宁边区政府	《修正陕甘宁边区婚姻暂行条例》	
1945 年 3 月 16 日		《山东省婚姻暂行条例》	
1945 年 3 月 16 日	山东省战时行政委员会	《山东省女子继承暂行条例》	
1945 年 5 月 31 日		《冀鲁豫行署关于女子继承等问题的决定》	

续表

时间	主体或机构	类型、名称	亮　点
1945 年 7 月 31 日		《晋冀鲁豫边区涉县县政府通令——关于修改婚姻暂行条例第五章第十八条与执行参议会关于妇女类提案第十五条》	
1946 年 2 月 20 日	晋察冀边区行政委员会	《晋察冀边区行政委员会关于在外工作人员声请离婚程序的命令》	
1946 年 4 月 23 日	陕甘宁边区第三届参议会第一次会议	《陕甘宁边区婚姻条例》	
1946 年 4 月 23 日	晋绥边区行政公署	《晋绥边区关于保障革命军人婚姻问题的命令》	
1946 年 7 月	冀南行署	《冀南行署关于处理婚姻问题的几个原则》	
1948 年 3 月		《关东地区婚姻暂行条例（草案）》	
1948 年 5 月 9 日	晋绥行署	《晋绥边区婚姻条例》	
1948 年 12 月 27 日	华中行政办事处	《关于孀妇带产改嫁问题的指令》	
1948 年—1949 年	华北人民政府	《华北人民政府司法部关于婚姻问题的解答》	
1949 年		《哈尔滨市处理继承办法草案》（内部试行）	
1949 年 2 月	华北人民政府	《华北人民政府民政部关于继承问题的解答》	
1949 年 4 月		《旅大市处理婚姻案件办法（草案）》	

续表

时间	主体或机构	类型、名称	亮　点
1949 年 4 月 5 日	华中行政办事处、苏北支前司令部	《华中行政办事处、苏北支前司令部关于切实保障革命军人婚姻的通令》	
1949 年 7 月 19 日	山东省人民政府	《修正山东省婚姻暂行条例》	
1949 年 7 月 23 日	皖北人民行政	《关于婚姻问题的处理的指示》	
1949 年 9 月	北平市人民法院	《北平市人民法院请示诉讼当事人双方均在解放区但不在同一地区之离婚案件应如何处理及华北人民政府的指令》	
1949 年 9 月 29 日	中国人民政治协商会议第一届全体会议	《中国人民政治协商会议共同纲领》	确定婚姻立法的基本原则
1950 年 2 月 25 日	最高人民法院	《关于目前一般婚姻案件的处理原则的指示》	婚姻法颁布前，各地以原解放区制定的婚姻条例的基本原则为审理婚姻纠纷的依据
1950 年 4 月 13 日	中央人民政府委员会第七次会议	《中华人民共和国婚姻法》	通过
1950 年 4 月 30 日	中央人民政府主席毛泽东命令	《中华人民共和国婚姻法》	公布
1950 年 4 月 30 日	中共中央	《关于保证执行婚姻法给全党的通知》	
1950 年 5 月 1 日		《中华人民共和国婚姻法》	施行

续表

时间	主体或机构	类型、名称	亮　点
1951年9月26日	中央人民政府政务院	《关于检查婚姻法执行情况的指示》	
1953年2月1日	中央人民政府政务院	《关于贯彻婚姻法的指示》	
1953年2月18日	中共中央	《中共中央关于贯彻婚姻法运动月工作的补充指示》	
1954年4月8日	政务院	《中央人民政府政务院关于处理华侨婚姻纠纷问题的指示》	
1954年9月20日	第一届全国人民代表大会第一次会议	《中华人民共和国宪法》	以国家根本法的形式确认婚姻法的各项基本原则

第四章

中国共产党领导婚姻革命与治理的实践探索

　　中国共产党领导下的妇女婚姻解放运动，不仅追求婚姻自主和自由、谋求两性平等，更承载着党的革命意志，遵循着党领导下的革命逻辑，运动内容随着党的任务的变化而变化。共产党领导的妇女婚姻解放运动主要内容有动员妇女参加革命斗争，鼓励妇女参与生产劳动，废除封建婚姻制度，建立新的民主婚姻制度。新民主主义革命时期，中国共产党既强调革命斗争，也关注社会生产，新中国成立后更多地把重心放在了生产活动上，遵循的逻辑就是废除旧的婚姻制度—婚姻自主自由—妇女参加革命—推翻妇女受压迫根源—妇女获得解放—妇女参加生产获得经济独立—提高妇女经济和社会地位—保障妇女婚姻和家庭权益—实现男女地位平等。[①] 妇女在革命战争与社会生产的伟大实践中逐步实现了婚姻自主和男女平等。

　　婚姻革命在清末就有维新人士提出，但真正在人民群众中落实是在中国共产党领导革命和社会治理的过程中。随着革命的推进和中国共产党在全国执政后的社会改造和治理，经济基础和政治制度发生根本变化，因为党和政府在民生领域和私人领域的引导和改造有坚实基础，所以党和国家对私人领域的治理和引导更加有效，人们的婚姻生活模式和伦理模式也发生了深刻变化，从婚姻陋俗治理的"小历史"可以窥探出社会革命和建设下"大历史"的嬗变。新中国初期，很多还是父母主婚，流传着"娘胎一出拿帖子，爷娘作主定终身"的谚语；新婚姻法颁布后，很多农村流传着"自找对象自称心，终生不会怨爹娘"；抗美援朝战争胜利后，军人的社会地位和声誉上升，女子择偶更愿意选军官，民谣中有唱"一粒星太小，三粒星太老，二粒星正好"；"大跃进"时期，工人阶级地位日益提高，农村流行"一工一农，有吃有用，一工一农，胜过富农，一工一农，到老不穷；到了"文革"时期，阶级成分成为择偶的标准，流

---

① 肖莉丹 . 组织动员、精英动员与中国女权运动的演进逻辑研究［M］. 广州：暨南大学出版社，2016：45.

传"好女要嫁工农兵""宁愿生活苦一世，不贪地富臭铜钿"；改革开放初期，经济发展起来，流行说法是"成分无须讲，'三子'不可少""人品好，有文化，能致富，能求乐"。①

第一节　领导妇女群众当家作主是实践逻辑

领导妇女群众当家作主的价值追求始终贯穿中国共产党推动婚姻革命和治理的实践历程。中国共产党领导人民推翻"三座大山"和进行社会治理的目的是让人民过上美好生活。妇女群众的婚姻解放是其社会治理效能高低的重要评价尺度。解放妇女对中国的民族解放是至关重要的，但是"女子——民族解放的必然主体，必须具备以下三个条件：社交公开、社会工作和教育平等——在当时的中国，这三者没有一个是女人实际上能够得到的。毋庸讳言，中国女性在这个理论潮流中，是改变民族历史使命中的主要力量，但把她们断言成为胜任的社会主体的条件还不够成熟，因此，她们作为自我解放的主体也是有缺陷的。更为糟糕的是，她们的缺陷和'不存在'可能会威胁到民族本身的进步发展。"② 革除诸如买卖婚、典妻婚、包办婚、童养婚、掠夺婚等婚姻陋俗是婚姻治理的首要工作。马克思曾言，哲学家们只是用不同的方式解释世界，而问题在于改变世界。无论理论和制度多么完善，在社会革命和治理中落实才是关键，革除陋俗的治理效果是检验妇女婚姻解放的标准。中国共产党在领导妇女婚姻解放事业的过程中促进了主婚权由家族（父母）向当事人的转移，婚姻缔结的方式也发生了改变，通过颁布婚姻条例或婚姻法，促进了婚姻缔结的法治化，推进了婚姻的缔结自由和离婚自由，婚姻的目的不再单纯是传宗接代，个人的情感和经济需求开始出场，这一系列的变化都推动了婚姻的近代化和社会关系的文明化，在这三十多年中国共产党领导人民进行婚姻解放的过程中，党和政府的公权力也更加深入基层、深入家庭，对婚姻的介入程度和方式大大改变了人们的婚姻生活。

---

① 鲍宗豪. 婚俗文化：中国婚俗的轨迹［M］. 上海：上海人民出版社，1990：212-213.
② ［美］汤尼·白露. 中国女性主义思想史中的妇女问题［M］. 沈齐齐，译. 上海：上海人民出版社，2011：131.

一、革除婚姻陋俗实现妇女解放

列宁说："千百万人的习惯势力是最可怕的势力。"① 如果说阻碍陋俗文化变革的政治势力主要来自守旧官僚阶层的话，那么守旧的文化势力不但来自上层的统治势力，而且更多地来自上层士绅和下层民众。由于人们很难摆脱封建人伦文化的束缚，不自觉地阻碍了陋俗文化的变革。② 在传统婚姻陋俗下妇女受到更多的禁锢，实现妇女婚姻解放首先是破除陋俗对妇女的压迫。婚姻陋俗具有传承性和不易改变的特征，须通过群众的广泛参与才能实现革除目标。所以中国共产党通过妇女运动来推动革除婚姻陋俗，解放妇女。

以土地革命时期川陕革命根据地革除婚姻陋俗为例，可以看出革除陋俗有力促进了社会的进步和妇女生活的改善。当地童养媳现象十分普遍，女孩从小过着悲惨的生活，如果反抗或逃跑，会遭受极残酷的刑罚，她们终年劳动，常遭受公婆欺凌和虐待，毫无人身权和生命权可言，自寻短见的事层出不穷。③ 老红军吴朝祥回忆："在婚姻上，妇女没有一点自由，全听父母之命，媒妁之言。十一二岁的女娃娃，还没有成人，就卖给人家做童养媳。童养媳的日子实在可怜，先当奴隶，后做人妻，嫁鸡随鸡，嫁狗随狗，睡的是草窝窝，吃的是残汤剩水，一天到晚累死累活不说，动辄还要挨打受气，不少女孩子忍受不了这种非人的生活待遇，被逼得跳河投井，悬梁自尽，结束了她们年轻的生命。"④ 妇女深受政权、族权、神权、夫权的压迫，不少祠堂根据"五伦八德"制定族禁、族规剥夺妇女的权利，连参加祠堂祭祖的权利都没有。当地流传的一首民谣《妇女真可怜》可以从侧面窥见妇女的地位和生活状况，内容是"妇女真可怜，几岁把脚缠；筋骨都折断，妇女受摧残；婚姻不自由，父母来包办；提起旧礼教，令人心酸痛；年纪十二三，家务担在肩；男的可读书，女的不相干；一生睁眼瞎，一切不相干。处处低人前，女的真下贱"⑤。

中共领导的苏维埃政府成立后，着手推动婚姻变革，提高妇女地位，实现

① 中共中央马克思恩格斯列宁斯大林著作编译局. 列宁全集：第 31 卷［M］. 北京：人民出版社，1986：25.

② 梁景和. 近代中国陋俗文化变革的局限及其规律［J］. 辽宁师范大学学报（社会科学版），1998（2）：79.

③ 文茂琼. 川陕革命根据地社会建设研究［J］. 党史文苑，2010（24）：19.

④ 成都部队川陕革命根据地军事斗争史编委会. 巴山烽火：川陕革命根据地回忆录［M］. 成都：四川人民出版社，1981：178.

⑤ 贾克，叶萍. 川陕革命根据地历史文献选编：上册［M］. 成都：四川人民出版社，1979：231.

妇女解放。政府依据《中华苏维埃共和国婚姻条例》等法规推动革除婚姻陋俗和妇女解放工作，动员妇女去参加土地改革、支援前线、拥护军队，推动妇女解放运动，倡导和推行婚姻自主、男女平等，革除婚姻陋俗。《川陕省苏维埃组织法》明确规定：川陕省苏维埃是川陕工农兵的代表会议，政权属于全川陕工人、农民、红军士兵及一切劳动群众，凡16岁以上的，不分男女，均有权参加各级工农兵代表大会，参与讨论一切政治事务。苏维埃政府根据中国共产党川陕省委的指示坚决取缔压迫妇女的各种旧制度，发布了一系列解放妇女、改革婚姻的政策，推动社会变革、男女平等、婚姻自主。1933年3月—1934年12月，川陕省苏维埃政府专门召开了三次妇女代表会议，对妇女参加劳动等事宜做出部署。在代表最高权力的工农兵代表大会中，妇女的比例大幅提升，如在巴中1934年10月召开的第三次工农兵代表大会，共有代表1440人，妇女代表占比约32%，有460多人。这些政策使得妇女逐步参加劳动和革命事业，保障了她们的政治地位，提高了妇女的经济地位、政治地位和家庭地位。川陕苏区的妇女获得了自由权和人身权，不再受丈夫和婆家的压迫，纷纷走出家庭，投身革命工作。很多妇女参加了"女工农妇协会"，开始逐渐掌握自己的命运，她们分配到了土地，纷纷参加劳动，投身革命活动。据统计，川陕省革命根据地参加苏维埃革命运动的妇女超过20万，脱产参加部队、机关、工厂、学校的超过1万人。总体来讲，不少妇女实现了"有的吃""有的穿""婚姻自主"的理想。

苏维埃政府推动实现妇女解放，男女平等、婚姻自主的观念逐步深入人心。《妇女斗争纲领》中提到：男女在政治、经济、文化方面一律平等；男女平权；反对包办婚姻、买卖婚姻、童养媳制；反对"三从四德"；妇女有结婚和离婚自由；妇女为改善生活可组织妇女会争取权利；反对封建势力和旧家庭的压迫；妇女劳动薪资与男子同等；反对多妻妾和蓄婢制等。川陕省苏维埃政府废除压迫妇女的一切律例条文，反对侵害妇女权益的礼教、习俗，制定了婚姻条例，实行一夫一妻制，男女婚姻完全自由。川陕省劳动妇女第二次代表大会对婚姻问题做了如下决议：第一，反对一切传统的礼教风俗对于女子的压迫、不许女子婚姻自由；第二，坚决拥护苏维埃政府的婚姻条例，对于一切破坏婚姻条例的行为，必须由妇女主动起来反对；第三，实行一夫一妻制，反对男子多妻或女子多夫；第四，禁止早婚，男子在二十岁以上，女子在十八岁以上才能结婚；第五，反对一切淫乱秽狎的行为，无产阶级对婚姻问题必须予以尊重。一切国民党军阀、地主、豪绅、资产阶级，淫秽无耻的行为应当严厉禁止。① 苏维埃政府宣布一切强迫、买卖、包办婚姻完全无效。男女婚姻须由双方愿意，任何人不得加以强迫。结婚离婚，只要到苏维埃政府登记便算有效，废除酬金、聘礼、嫁妆，凡男女双方办理结婚手续，政府工作人员要当面问清，"男从女愿"才予批准。②

中国共产党成立的宗旨就是为人民谋幸福，人民就是广大的人民群众，这些人民群众，包括广大的女性群体，要为女性群体谋幸福，首先就要解除对她们的压迫，将她们从以婚姻为首的各种陋俗中解放出来。婚姻是女性人生中的一件大事，如果她们连自己的婚姻都无法选择、无法做主，要被各种陋俗压迫，那么她们还有什么幸福可言。为了给女性谋幸福，就必须要革除这些压迫女性、束缚女性、损害女性健康的婚姻陋俗。

（一）确立男女平等原则

从中华民族文明史开始，女性的社会地位便发生了改变，由原来的母系氏族社会转变为父系氏族社会，之后又经历了奴隶制，一直到封建制度的确立，女性的社会地位一直没有被提升。而封建制度在中国延续 2000 多年，在这 2000多年的时间内，男女双方一直处于地位不平等的状态，女性要遵从"三从四德"——在家从父，出嫁从夫，夫丧从子。这种规定导致女性一直被视为男性的附属品。而且封建制度规定"女子无才便是德"，这导致女子没有接受教育的机会，除了一些家世显赫的小姐之外，普通家庭的女子根本无法接触书籍。女子更是没有参政、议政的机会，女子成长到适合婚嫁的年龄，便被嫁到夫家相夫教子。除以上所说，束缚女子的规矩还有很多，如在女性出嫁之时，一直到出嫁之后都要束胸，在出嫁之时必须用白绫将胸部包裹住，在她们婚后也要如此。在出嫁之时女子必须要在耳朵上穿洞，佩戴各种首饰和耳环，在成亲之前女子不能变换发型，必须留长发，在成亲之后，女子不能再将头发披着，必须上挽，挽成一个发髻，用簪子插着。在新民主主义革命时期，中国共产党深切认识到这些深受婚姻陋习迫害的女性同胞是革命的重要力量。要想革命胜利，就必须要动员全体人民群众，尤其是女性群体，要想她们参战就必须解放她们，帮助她们从各种各样的束缚中挣脱。在 1931 年 11 月颁布的《中华苏维埃共和国宪法大纲》中，中国共产党确立了男女平等的原则，妇女与男子在政治上、经济上、社会上、教育上享受平等的权利。这项规定废除了女子"三从四德"

---

① 杨凤英．川陕苏区女性生活变迁研究［D］．成都：四川师范大学，2014：26.

② 文茂琼．川陕革命根据地社会建设研究［J］．党史文苑，2010（24）：19.

的婚姻陋俗，她们不再是男子的附属品；废除了束胸、穿耳等损害女性健康的婚姻陋俗，促使她们的身体健康成长；废除了相夫教子的传统教条，她们可以接受教育，学习先进的文化知识。这些大大提升了女性的社会地位，为革命的胜利打下了坚实的基础。

（二）废除封建婚姻制度，实行一夫一妻制

在以男性为主体的封建社会中，男性"三妻四妾"为再正常不过的事情，对女性的要求却十分苛刻，人们对女性的贞节十分看重，女子的丈夫如果因为打仗、疾病等各种原因而意外逝世，女子必须为他守节，如果中途改嫁，就会受到非议。在这样的女性人群中，有一部分女性顶着非议，选择了改嫁，但这仅仅是少数人，大多数人都选择了守节。选择守节，她们就要一个人忍受漫长岁月的侵蚀，孤独终老。如果她们有个一儿半女的还好些，不幸的是有些女子身处战乱时代或灾祸之年，她们在成亲后还没有生儿育女，丈夫便被抓去服军役而亡，或是因灾祸而死。那么她们就要一个人孤苦伶仃地过上大半辈子。而男性则不同，在成亲之后，如果男女双方感情不睦，在家里条件允许的情况下，他们可以再娶一房妻室，更有甚者，会再订几门婚事。如此婚姻陋俗对女性严重的不公平，更加束缚了女性对婚姻和爱情的追求。在1934年4月8日，中国共产党颁布的《中华苏维埃共和国婚姻法》中确定了男女平等，废除封建婚姻制度，实行一夫一妻制，从法律上禁止了男子三妻四妾的做法，保护了女子的合法权利，废除了男子纳妾和寡妇守节等陋俗，把女性从婚姻不平等的束缚中解放出来，为男女关系的平等奠定了基础。

（三）破除封建迷信，提倡科学文化

人类在探索自然和研究自然的过程中，对于解释不通或无法解释的自然现象，便使用迷信来解释。长期以来，尤其在农村地区、偏远地区，因交通不便，文化思想落后，先进的文化很难传播到这里，当地人只能固守传统，迷信鬼神占卜。在女子结婚的时候，长辈会为他们测八字，看男女双方的八字是否相合。如果相合，男女双方在结婚后就能够相处融洽，好运连连；如果不相合，男女双方在结婚后，就会争吵不休，厄运不断。即使两个十分相爱的情侣，他们如果八字不合，男女双方的长辈也要将他们拆散。而且在农村地区有一些巫婆、巫神之类装神弄鬼的人，如果在男方家中有人生病，药石无效，家里的人便去向巫婆、巫神这类人求助，在他们给的对策之中，有一种叫"冲喜"，让男女双方通过婚礼来刺激病人，让病人沾染喜气，从而使其病情好转。最可恨的是居然还有"冥婚"之类的陋俗，让女子嫁给一个已死之人，让一只公鸡代替男方举行婚礼，实在荒谬至极。在新民主主义革命时期，共产党人在广大农村地区普遍开始帮助村民破除迷信，反对封建鬼神传说，不再求神拜佛、占卜烧香，促使农村地区形成崇尚科学的社会风气。

（四）反对铺张浪费，倡导婚事节俭

中华民族是崇尚"礼乐文化"的国家，在逢年过节、婚丧嫁娶、寿宴诞辰等诸多宴会上，宾客们都会带些礼物过去，崇尚礼尚往来。但在晚清时期至新民主主义革命时期，国运艰难，百姓在官僚主义和帝国主义的压榨下生活困顿、苦不堪言。即使如此，在结婚之时，"三媒六聘"的礼物不可缺少，送礼、嫁妆、宴席，更是缺一不可。这些婚姻陋俗无疑让普通百姓的生活雪上加霜，可对于那些地主阶级和官僚阶级，他们却可以趁此机会享乐，铺张浪费，大肆敛财。为了减轻广大人民群众的婚嫁负担，厉行节俭之风，不让人们贪图享乐，保持艰苦奋斗的精神，共产党在新民主主义革命时期，废除了与婚姻相关的聘礼、聘金、嫁妆、送亲、送礼、吃酒等陋习。而正是依靠艰苦奋斗这一强大的政治优势，党领导人民战胜了强大的敌人，取得革命的胜利，艰苦奋斗也由此成为我们党的一大优良传统。

（五）反对包办婚姻，提倡自由恋爱

中华民族崇尚孝道，在礼乐制度建立之后，更是以"孝悌文化"为礼乐制度之首。汉代出现的察举制曾以举孝廉的方式推举、选拔官员。所以为了孝顺父母，婚姻大事自然由父母做主，可这种由长辈做主的婚姻方式在封建王朝中沿袭了 2000 多年，在晚清时已经破败不堪，完全变质。那时，男女双方的婚姻全部由父母操作，男女双方在结婚之前，素不相识，更谈不上了解，但只要双方父母同意，他们就必须完婚。而且在当时还有童养媳，女生在很小的时候便被父母卖掉或被人贩子拐走，男方家庭花钱买下女孩，这个女孩便由男方家抚养，在女孩子长大之后，男孩也到了适婚的年龄，女孩便要嫁给男孩。还有家庭指腹为婚，订下娃娃亲，男女双方家中长辈交好，他们两家都有未出生、尚在孕育期的孩子或孩子年纪相仿，于是两家便约定到了适婚的年龄，双方的孩子成亲。除了这些婚姻陋俗之外，还有买卖婚姻、强办婚姻等诸多的婚姻陋俗，在这些陋俗面前，女性毫无自由可言，她们的命运早已经被安排好了，而这种情况一直持续到新民主主义革命时期，直到那时，这些婚姻陋俗才走到了终点。中国共产党颁布《中华苏维埃共和国婚姻法》，确立了男女平等、结婚离婚自由、禁止童养媳、废除一切包办强迫和买卖婚姻，这些法律和政策体现了党在婚姻领域的基本主张，在各根据地都得到普遍贯彻执行。

二、妇女组织和专门机构是婚姻解放的重要力量

党的组织、妇女组织、家庭组织对婚姻制度的变革起着不同的作用，宏观上党统筹领导和制定政策，微观上妇女组织等中间团体起衔接作用，把党的先进理念和政策贯彻到基层，家庭组织起到具体执行和落实婚姻解放政策的作用。从组织行为科学来讲，整个社会的变革需要各级组织的多方合力，由于婚姻变革不仅涉及社会变革，其实际效果更多取决于私人领域，因此各级组织的整合和协调就非常重要，只有形成合力才能促进婚姻解放。

中国共产党始终高度重视从革除婚姻陋俗来解放妇女、推动妇女运动。如妇女联合会是中国共产党领导的妇女群众组织之一，主要领导妇女运动和维护妇女权益，是党和妇女群众的重要桥梁。妇女联合会具有很强的政治性、群众性、社会性和统战性。党领导的妇女组织维护妇女权益，革除婚姻陋俗对妇女的压迫，使广大妇女逐步实现婚姻解放，让广大妇女成为新民主主义革命和社会主义建设事业的"半边天"，加快了新民主主义革命胜利的步伐，促进了社会主义事业的发展。

第一次国内革命战争时期，广东的妇女组织在发动妇女运动方面走在全国前列。1925 年 5 月 10 日，广东妇女解放协会在广州正式成立。该协会是中共广东区委领导下的革命妇女组织，是以工农妇女为主体的新型妇女组织，是广东妇女运动的战斗核心，主要职能是提倡女权、保障妇女地位，反对在伦理、婚姻、法律、教育以及劳工等方面压抑妇女的不合理制度，促进妇女自身解放。1926 年 3 月 8 日，在广东妇女解放协会汕头分会庆祝大会上周恩来发表了演说，阐述了马克思主义关于妇女受压迫根本原因的论断，指出了妇女运动不是联合女性向男性进攻而是要打碎旧时封建礼教的束缚，并强调妇女运动是制度的革命。[①] 其后，妇女解放协会积极组织群众革除封建婚姻制度，解放妇女同胞。同年 10 月，韦拔群[②]在广东东兰县开办妇女讲习所，招收女学员 50 人。妇女讲习所把马克思主义基本原理融入中国传统妇女文化中，提出了"婚姻自主、读书明理、继承产业、独立生活、打倒压迫、团结互助、参加政权、男女平等"的口号。此后，妇女讲习所的学员组成了宣传队，深入乡村开展革命宣传，足迹

---

① 潮汕妇女纪念三八国际妇女节情形 [J]. 妇女之声，1926（12）.

② 韦拔群：广西农民运动的先驱，百色起义领导者之一，中国工农红军高级将领，中国工农红军第七军和广西右江革命根据地领导者之一。1921 年开始领导农民革命，和毛泽东、彭湃并称"中国早期农民运动三大领袖"。

遍及东兰、乐业、凌云、凤山、百色等地。为了吸引这些地方的妇女，她们创作了许多具有地方特色的山歌，如《妇女痛苦歌》《婚姻自由歌》等，将马克思主义理论和革命道理融入其中，向妇女群众普及革除婚姻陋俗、解放自身的道理。① 全面抗战时期，在中共领导的抗日根据地内，妇救会对推动新婚姻政策起着很大的作用。妇救会积极宣传新婚姻理念，如在华北抗日根据地，妇救会就提出"反对买卖婚姻""反对虐待妇女"的口号，大力宣传新的观念，积极向青年男女宣传新婚姻观念，树立革除旧俗、婚姻自主的理念。妇救会干部还参与家庭纠纷的调解，特别是调解公婆或丈夫虐待（儿）媳妇的事件，妇救会召开家庭促和会、群众斗争大会对过错一方进行批评和教育，妇救会也对夫妻不和进行调解。处理妇女婚姻问题也经常召开家庭会议、村中座谈会、批评会，用调解的办法促使家庭和睦。

中国共产党组织专门力量来推行政策和法规。如中国共产党加强了对苏区农民妇女的宣传和发动工作，在苏维埃政府中建立了专门的妇女组织咨询机构——妇女生活改善委员会，同时在城乡建立了农妇代表会议制度。这些妇女组织将马克思主义的理论融入妇女参与生产劳动、文化教育、婚姻家庭、破除迷信等观念中，给予了苏区广大农民妇女以最坚强的支持，在千百万劳动妇女心中撒播下革命的火种，极大地激发起苏区妇女群众的革命积极性。例如：在婚姻方面，党的妇女组织很好地贯彻了中央颁布的《中华苏维埃共和国婚姻条例》和《中华苏维埃共和国婚姻法》的相关内容，在根据地内编印了大量的宣传材料，特别是利用群众喜爱的山歌形式将婚姻条例和婚姻法的好处传播到家家户户，在苏区广大农民妇女群众中引起了强烈的反响。② 新中国成立后，中央政府发动了贯彻婚姻法运动，以确保这一法令真正得以贯彻执行，并规定1953年3月为"宣传贯彻婚姻法运动月"。各级党委和政府深入群众宣传婚姻法，各级法院积极受理婚姻案件，妇联组织在广大城市和农村地区利用物资交流会、民校、黑板报、快板书、传单等形式向群众进行婚姻法的宣传教育。妇联组织帮助妇女解决婚姻纠纷、革除陋俗，积极支持她们争取自身婚姻解放的斗争，成为广大妇女争取自身解放的坚强后盾。妇联具有较强的组织能力，在实际工作运行中妇联可以做妇女群体和中国共产党的桥梁，利用好各方面的政治与社会资源，更好地为妇女服务，妇联的政治角色与社会角色决定了其双重职能。政治职能主要表现在妇联要协助执行党和国家的各项政策、方针，并向妇女群

① 中华全国妇女联合会. 中国妇女运动史［M］. 北京：春秋出版社，1989：233.
② 中华全国妇女联合会. 中国妇女运动史［M］. 北京：春秋出版社，1989：302.

众传达，最后转化为妇女群众的行动，还有就是了解、收集妇女群众的意见和诉求，将其反馈给党和国家，然后在政策制定中使决策体现男女平等，保障妇女权益，从而使上情下达、下情上传。妇联的社会职能主要是指代表和维护妇女权益，促进男女平等，保障妇女婚姻权益、妇幼利益等。在 1949 年以后，中国最大的、机构性的"社会母亲"就是全国妇联及其隶属组织，该组织覆盖了全国各层级，被称为"妇女的娘家"。从组织结构上讲，各级妇女主任正是国家范围内妇女组织的代表，体现了党领导的国家权力中女性的位置，在组织上为建立起同构性的家国关系奠定了坚实基础。基层妇女主任扮演了"社会母亲"的角色，将一名名妇女组织起来，并通过妇联，将她们连接进革命国家的政权网络中，在执行国家改革政策的运动中，如改造乡村产婆、推广婚姻法等各种与妇女权益有关的社会活动，都能见到妇女主任的身影。① 总之，妇联在维护妇女权益方面起到了非常重要的作用。

三、党员干部和文化青年群体是先锋力量

在党领导妇女运动和革除婚姻陋俗的实践中，正确引导青年群体是开展工作的有效方法。新民主主义革命时期，党在领导妇女运动的工作中把青年女学生和党员干部作为重要依靠力量，在当时社会背景下青年女学生是打破宗法社会思维习惯的主要动力，是解放婚姻的主要践行者，党员干部是解放思想和革除婚姻陋俗的先行者。

20 世纪 30 年代，在各革命根据地参加革命的青年是响应苏维埃政府婚姻改革的先锋队，他们的婚恋也和革命工作紧密地结合在一起。从当时苏区流唱的几首情歌可以窥探出来，如"不要郎的花花轿，要郎去把革命闹，不要郎的绸缎袄，要郎去操枪和刀，不要郎分手把泪掉，要郎胜利归来哈哈笑"体现出革命女青年响应号召欢送心上人参加革命的美好意愿，丝毫没有旧婚俗中"送彩礼"等"六礼"的教条束缚，反映出了恋爱自由、婚姻自主的观念。又如情歌"不爱金，不爱银，不爱官家有钱人，穷家哥儿爱穷妹，苦男苦女结深情，穷哥穷妹心连心，手拉手儿跟红军"② 体现出了当时革命青年择偶观念的巨大改变，他们对婚恋问题的思考，首先注重的是个人感受，而非门第、权势。还有"要脑袋，你就取，姑娘怎能把头低，山前山后去打听，谁不知姑娘我是红军妻"，

---

① ［美］丛小平. 自主：中国革命中的婚姻、法律与女性身份（1940—1960）［M］. 北京：社会科学文献出版社，2022：354.

② 赖万林. 川陕革命根据地的情歌［J］. 文史杂志，2000（3）：17.

讴歌了革命青年不怕牺牲，夫妻共赴革命事业的斗争精神。苏区的发展壮大、革命战争的胜利和社会生活的丰富是这些情歌创作和流传的客观条件，呈现了苏区青年男女摆脱封建礼教，摒弃"三从四德"，追求个性解放，实现婚恋自由、当家作主的斗争精神，展现出鲜明的时代特征，是党领导群众革除婚姻陋俗、解放妇女的生动实践。

党员干部尤其是妇女干部是推动妇女运动和婚姻解放的骨干力量。早在1948 年《中共中央关于目前解放区农村妇女工作的决定》中就指出："根据目前革命形势发展的需要，必须大胆培养、放手使用和提拔大批的党与非党的女干部，到各种工作岗位上去，并加强各级妇女组织的干部。男女干部同等能力者，应当分配同等工作，给予同等培养和教育的机会，不得加以歧视；并应按女干部的特殊情况，更加注意提高其政治理论、文化水平及工作能力，帮助其解决特殊困难，举办保育院、托儿所，或组织女干部变工互助带孩子，以减轻女干部的困难，而且可以作为开展社会上的儿童保育事业的起点。对农村新起的劳动妇女干部，特别要在原有的工作岗位上加强教育，耐心培养，逐步提拔，并注意发展女党员。在新区特别注意培养本地的妇女干部。"① 党员干部理应在婚姻文明化方面发挥好示范作用。党员干部是先进青年的代表，为构建先进婚姻文化、注重平等、婚姻自主做了很好的榜样。党内也有很多优秀夫妻和优秀家庭，被党内外称颂，如周恩来夫妇、邓小平夫妇等。

四、做好宣传工作是提高对婚姻解放认识的关键

妇女的婚姻自主和解放不仅要从经济层面发力，也要从人们的思想观念的改变上着手。"妇女解放的实现虽然有赖于一种经济基础对于另一种经济基础的改造，但同时也必须表现为一种意识形态对另一种意识形态的摧毁。"② 做好宣传工作是提高群众觉悟和坚定革命行动的有效方式。党领导的妇女报刊是宣传的重要阵地。1921 年 12 月 13 日，中华女界联合会出版了党领导下的第一份妇女刊物——《妇女声》，该刊以"宣传被压迫阶级的解放，促醒女子加入劳动运动"为宗旨，宣传了马克思主义关于妇女解放的思想和科学社会主义理论，成了中国共产党建党初期引导和教育妇女的主要阵地。妇女刊物在新民主主义革

---

① 中共中央关于目前解放区农村妇女工作的决定 ［R］//中共中央文献研究室，中央档案馆 . 建党以来重要文献选编（1921—1949）：第 25 册 . 北京：中央文献出版社，2011：733.

② 潘萍 . 论父权制意识形态及其对性别意识与女性历史主体性的影响 ［J］. 求索，2015（10）：19.

命中的重要作用逐步显现，中国共产党在中共二大通过的《关于妇女运动的决议》中提出："要在全国妇女运动中树立一精神的中心，应创办一种出版物，以指导并批评日常的妇女生活及妇女运动"①。在中国共产党三大通过的《关于妇女运动的决议案》中指出："为图本党妇女运动宣传工作之发展，本党应有一妇女定期刊物之筹办。本党女党员应随时随地指导并联合这种种运动，口号应是'全国妇女运动的大联合''打破奴隶女子的旧礼教''男女教育平等''男女职业平等''女子应有遗产承继权''男女社交自由''结婚离婚自由''男女工资平等''母性保护''赞助劳动女同胞'。"② 1933 年 12 月"南京新妇女社"创办了《新民报》的副刊《新妇女》，该刊共出版了 165 期，宣传了大量的抗日救亡图存的革命思想，并对当时社会存在的"新贤妻良母主义"给予了猛烈的批驳，成为唤起广大妇女觉醒的主要阵地。此外，还有 1935 年 7 月创刊并于同年年底成为上海妇女界救国会会刊的《妇女生活》，该刊以论述妇女自身发展规律、分析各种女性问题、引领妇女参与革命斗争为主要任务，唤醒广大妇女的自我解放意识，增强她们的历史使命感和社会责任感，树立她们的民主、进步意识。

五、参加生产是妇女婚姻解放的基础性工作

恩格斯指出："只有当双方在法律上完全平等的时候，才会充分表现出来。那时就可以看出，妇女解放的第一个先决条件就是一切女性重新回到公共的事业中去；而要达到这一点，又要求消除个体家庭作为社会的经济单位的属性。"③ 也就是说，女性解放只有在女性积极参与社会生产融入社会生活中，彻底消灭家庭作为生产单位的属性后才能实现，男女平等才能真正成为可能，但保障条件是以立法形式规定男女平等，只有这样平等才能真正实现。在这里，恩格斯强调消除经济不平等是前提，而如果否定或忽视法律制度对妇女解放的保障支撑作用，女性的解放问题依然是一个遥遥无期的愿望。在封建婚姻制度

---

① 中国共产党第二次全国代表大会关于妇女运动的决议案［R］//中共中央文献研究室，中央档案馆．建党以来重要文献选编（1921—1949）：第 1 册．北京：中央文献出版社，2011：160-161.

② 中国共产党第三次全国代表大会关于妇女运动的决议案［R］//中共中央文献研究室，中央档案馆．建党以来重要文献选编（1921—1949）：第 1 册．北京：中央文献出版社，2011：266-267.

③ 中共中央马克思恩格斯列宁斯大林著作编译局．马克思恩格斯文集：第 4 卷［M］．北京：人民出版社，2009：88.

中，妇女没有相关的经济权利，主要被束缚在家务劳动中，大部分妇女不直接参加社会生产，也没有财产权和继承权，正如《礼记》所言"子妇无私货，无私畜，无私器，不敢私假，不敢私与"。妇女作为妻子无法从丈夫那里得到和其他男性亲属相等的遗产，作为女儿也无法从父母处得到与兄弟相等的遗产，从根本上讲，经济地位的低下决定了妇女社会地位的边缘化。经济地位和妇女地位是密切相关的，这是唯物辩证法的原则。毛泽东曾言"夫权这种东西，自来在贫农中就比较的弱一点，因为经济上贫农妇女不能不较富有阶级的女子多参加劳动，所以她们取得对于家事的发言权以至决定权的是比较多些。至近年，农村经济益发破产，男子控制女子的基本条件，业已破坏了。最近农民运动一起，许多地方，妇女跟着组织了乡村女界联合会，妇女抬头的机会已到，夫权便一天一天地动摇起来。"①

1943 年 2 月的《中共中央关于各抗日根据地目前妇女工作方针的决定》，以党中央文件的形式保障了妇女参与政治、经济、文化等社会生活的权利。在中国共产党领导妇女婚姻解放的过程中，尤其是在法院处理很多婚姻纠纷的实践中发现，许多乡村妇女不幸的婚姻遭遇深深地根植在当地落后的经济发展状况中，妇女在经济上、人格上完全不能独立、自主。因此，要达到妇女真正的婚姻自由和自主就必须帮助妇女们实现经济独立和人格独立，以此改善她们在家庭中的地位，党积极制定相关政策，促进妇女参加劳动，改善经济条件。因此 1943 年 2 月，中共中央委员会发出指示，把妇女工作的重点转向组织妇女从事劳动生产。这年的"三八"国际妇女节，党的妇女工作领导人之一蔡畅同志发表文章强调了妇女赢得经济独立的重要性，鼓励妇女从事手工业和农业生产劳动。党和妇女干部们都相信，通过参加劳动生产，妇女能够赢得经济独立，不需要依靠男性来维持生活，最终可以改善她们在家庭中的地位，最后赢得婚姻自主。1948 年《中共中央关于目前解放区农村妇女工作的决定》指出："以生产为中心，并在生产过程之中，加强对于妇女的教育工作，提高妇女政治觉悟、文化水平，动员妇女参加民主建政，推进妇婴卫生，举办妇婴卫生干部训练班，组织中、西医药合作社，保护妇女特殊利益。对于阻碍妇女参加政治、经济、文化活动的封建思想传统习俗，必须有意识和有步骤地去消除之。不应以为只要妇女参加生产，在社会上存留的一些对于妇女的封建束缚，就会自然而然地消除，不必再去进行什么工作了，这种自流主义，不注意妇女特殊利益的观点，也是错误的。在生产过程中，应经过各种群众组织和会议，经常对全

---

① 毛泽东. 毛泽东选集：第 1 卷 [M]. 北京：人民出版社，1991：32.

体农民进行男女平等的思想教育，批评封建思想和传统习俗，指出一切束缚妇女的封建习俗，均必须废除。对于要保持旧的封建习俗、经常欺压妇女的少数落后分子，必要时尚需适当地进行斗争。但是必须了解，这种斗争是属于农民内部的思想斗争，与反对封建地主的阶级斗争应有严格区别。而且这种斗争的目的，是为了更有效地教育全体农民，更有利于动员妇女参加生产及其他建设事业，建立真正民主和睦的家庭，并更加巩固和加强农民内部的团结。"① 1949年《中国人民政治协商会议共同纲领》以纲领形式明确废除封建权力对女性的压迫，规定女性与男子享有同等的权利。此后的婚姻法、选举法、宪法等都将保障女性的平等权利写入相关法律中。女性获得了可以参与生产、可以参加政治、可以享受教育的权利。经济生产的社会化和政治法律赋予的权利保障使得女性第一次获得了与男性同等的权利，第一次拥有与男性一样的经济自由。②

实现婚姻自主、革除婚姻陋俗、促进妇女解放是一个长期的历史过程。在革命实践中，党的婚姻理论、革命策略的先进性和革命性与中国农民长期受封建伦理浸染导致的不配合之间的矛盾始终是存在的。中国共产党婚姻变革与现实推行的矛盾要通过改造农民思想、注重经济手段和管理手段综合施策来慢慢解决，不能操之过急。通过思想建党，中国共产党吸收大量农民出身的人入党也能够妥善处理无产阶级思想和非无产阶级思想间的斗争问题，成为一个马克思主义理论武装的政党。"我们应反对自流，同时也应反对急性病。对于缠足、溺婴、买卖婚、童养媳等，应由政府颁布命令加以禁止，同时进行教育群众，力求贯彻。在解放区，过去有些地区的婚姻法，其中若干部分，违反男女平等、婚姻自由的原则，应迅速加以修改。"③

第二节　新民主主义革命时期党领导的婚姻革命实践

新民主主义革命时期中国共产党在领导革命的历程中推动婚姻改革和治理，

---

① 中共中央关于目前解放区农村妇女工作的决定［R］//中共中央文献研究室，中央档案馆.建党以来重要文献选编（1921—1949）：第25册.北京：中央文献出版社，2011：731.

② 刘红梅.唯物史观视域中的中西方家庭文化对比研究［D］.上海：上海财经大学，2020：91-92.

③ 中共中央关于目前解放区农村妇女工作的决定［R］//中共中央文献研究室，中央档案馆.建党以来重要文献选编（1921—1949）：第25册.北京：中央文献出版社，2011：732.

在局部执政的条件下，积极宣传新婚姻观念、制定婚姻条例、推行新婚姻法，以解放妇女为目的，革除封建婚姻陋俗和制度，动员妇女参加生产活动和革命事业，广大妇女翻身做主人，大大推动了革命的进程，逐步确立起一夫一妻和婚姻自由自主的原则。

一、党领导下苏区的婚姻革命实践

本书所谓苏区是指中国共产党在土地革命时期领导人民建立的苏维埃政权的管辖区域。苏区是党独立领导人民进行社会建设和治理的尝试和实践，在婚姻建设方面倡导平等、民主精神，履行男女平等、一夫一妻制、婚姻自由、保护妇女、保护子女权益的婚姻原则。这在我国婚姻史上是一次巨大的变革。首先，党领导人民进行的婚姻革命突破了民国历届政府以城市为中心，以文化人士为核心的婚姻改革，把婚姻改革的范围扩展到广大中小城市和农村地区，改革内容更加彻底，惠及人数更多，具有更广泛的社会和群众基础。婚姻家庭是旧中国妇女的牢笼，土地革命时期，在党领导的各根据地内，首先把"解除封建婚姻""婚姻自由"作为口号和工作着力点，调动广大妇女参加土地改革运动，解除旧的婚姻的束缚。中央苏区对妇女的解放是开创性的，"江西苏维埃政权（1930—1934）把符合下列标准的妇女当作政治主体对待：十四岁以上的，被从童养媳、妓女和女奴隶制度中解放出来的，从家庭暴力中得到救援的，身上没有'封建主义'记号（缠足穿耳）的，以及在解放的政治实践中把自己称为'妇女'的。除了农村日常田间劳动和乡村社会交际，她按照计划和保护法从事劳作，妇女主体存在于整个政治范围之内。尚未发展完善的官方机构关心她的福利并保证她的婚姻自由。"①　其次是大力宣传新婚姻理念，宣传婚姻自由、自主，妇女也要当家作主。党和政府奉行保护军婚的政策，优抗优属，并发动"双拥"运动。党和政府对寡妇再醮的态度也十分明确，尊重妇女自身意愿。党和政府对婚俗中的彩礼控制在合理的程度，赢得了基层民众的好评。禁止女性早婚，尊重科学，提倡适婚年龄再结婚，以上都在基层组织实施得很好，妇联组织和政府人员通力配合，结合当地的实际情况逐步推行，取得了一定的效果。有一首反映苏区人民婚姻自由的《婚姻自由歌》唱道："青年妇女听我言，如今世界不比先，早先男女不平等，如今男女讲平权。好得红军来革命，几千年痛苦得解放，婚姻问题讲起头，结婚离婚要自由。不要顽固爹娘来做主，

---

① ［美］汤尼·白露. 中国女性主义思想史中的妇女问题［M］. 沈齐齐，译. 上海：上海人民出版社，2011：84.

不要媒人来话媒，媒人话成多不和，哪有自由的好处多。"① 中国共产党对中央苏区封建落后婚姻的治理，是其运用国家机器的力量和政治动员下的群众运动在农村地区开展的一场广泛的社会婚姻变革，它锋芒直指沿袭数千年的封建婚姻制度，一改近代以来新式婚姻改革以城市和社会中上层阶级为中心的惯例，使得婚姻自由首次在农村的土壤生根发芽，是中国历史上首次对旧式婚姻制度的全盘否定，也是首次对封建落后婚姻较为彻底的的治理试验。它将一夫一妻制、男女婚姻自由、保护妇女等先进主张以立法等途径在中央苏区变成现实，尽管法律条文还较为简略，用语也不甚规范，但取得的法律效果依旧令人震惊。在这一过程中，积累了诸多有益经验，为后来中共建立系统完善的婚姻制度奠定了蓝本；它也是一场深刻的妇女解放运动，帮助广大女性打破了四把枷锁的桎梏，赋予了她们前所未有的人身自由和婚姻自由，激发了广大妇女的生产积极性和革命热忱，为中国共产党赢得了广泛的群众基础，为革命胜利积蓄了力量。②

毛泽东在中央苏区施行新的婚姻法后称赞妇女的婚姻解放，"这种民主主义的婚姻制度，打碎了数千年束缚人类尤其是束缚女子的封建锁链，建立了适合人性的新规律，这也是人类历史上伟大的胜利之一。但是这一胜利，是附属于工农民主专政的胜利之后的，因为工农劳苦群众婚姻制度的解放，必须首先推翻地主资产阶级的专政，实行土地革命，男女劳动群众尤其是妇女第一有政治上的自由，第二也有了经济上的相当的自由，然后婚姻自由才有最后的保障。苏区中劳动妇女同男子一样有了选举权，并且分配了土地和工作，所以新制度是能够完全地实行了……这婚姻制度的实行使苏维埃取得了广大的群众的拥护，广泛群众不但在政治上经济上得到解放，而且在男女关系上也得到解放。就拿婚姻制度一件事来说，苏维埃区域与国民党区域也是两个绝对相反的世界"③。中共中央还发布了有关妇女的相关纲领文件，对妇女劳动、婚姻等权利进行了规定，提高了妇女地位和保障了婚姻权利。1930 年 11 月 8 日中共中央发布《关于劳动妇女斗争的纲领》，对婚姻家庭问题做出以下原则规定：一般劳动妇女的普遍要求就是婚姻的自由和男女平等，反对童养媳制度，反对多妻婢妾制度和买卖婚姻，反对封建势力的压迫与旧家庭的束缚等。对婚姻的自由和母性婴儿

① 谢济堂 . 中央苏区革命歌谣选集［M］. 厦门：鹭江出版社，1990：372.

② 李奎原，齐霁 . 中国共产党对中央苏区封建落后婚姻的治理［J］. 苏区研究，2017（1）：90-105.

③ 中华全国妇女联合会 . 毛泽东周恩来刘少奇朱德论妇女解放［M］. 北京：人民出版社，1988：42-43.

的保护是共产党关于妇女政纲的重要内容之一。在苏维埃区域，苏维埃政府必须制定更加详细而具体的执行办法，不能仍旧只是一种口号的宣传。在婚姻家庭方面提出以下立法原则：第一，苏维埃政府应当保障婚姻的自由，规定简单的婚姻登记手续。如 16 岁以上成年男女只要双方愿意，在当地苏维埃政府实行登记就可以结婚。第二，离婚的时候可以依夫妻双方的同意，或单方的声明书，向苏维埃政府登记而终止婚姻。第三，不管是结婚期间或者离婚之后，父母应当共同担负子女的生活费和教育费，父母要有劳动能力。第四，即使结婚未登记的父母，也应共同担负养育子女的责任，苏维埃政权之下无所谓私生子。第五，在结婚以前属于夫妇个人的财产仍为他们个人所有。结婚期内夫妇所取得的财产作为夫妇公共的财产。如离婚或分财产时发生争论，属于每一个人的部分之大小由法庭决定。结婚期内或离婚之后夫妻有一方不能自己维持生活如丧失劳动能力或失业时，另一方有给予给养费的义务。第六，苏维埃政府禁止重婚，禁止妻有两夫或夫有两妻，禁止蓄婢纳妾，禁止买卖婚姻，禁止抢掠婚姻，禁止诱拐婚姻，禁止强迫婚姻，禁止买卖妇女儿童，并在法律上不承认童养媳的制度。党及贫农团、雇农工会等要做广泛的宣传，反对童养媳等封建式的恶劣风俗，立刻完全消灭这些现象。①

二、党领导下抗日民主根据地的婚姻革命实践

全面抗战爆发后，中国共产党领导开辟了众多抗日民主根据地，在根据地内党以婚姻立法形式保障妇女婚姻权益。党中央非常重视妇女工作，"抗战建国大业，假使没有占人口半数的妇女积极参加，成功是不可能的"②。1943 年 2 月的《中共中央关于各抗日根据地目前妇女工作方针的决定》指出："五年余以来，我们在敌后建立抗日根据地，坚持抗战，与敌伪作艰苦的斗争，克服了无数的困难，获得了辉煌的成绩，主要是依靠着八路军新四军与广大的人民，而占人口半数的妇女是起了很大的作用，我们的妇女工作是有成绩的。"③ 所以，党在抗战时期重视婚姻法的制定和修订，在广大抗日根据地内进行了形式多样、内容丰富的婚姻立法工作。陕甘宁边区最先颁布了第一个婚姻条例，其基本原

---

① 中央档案馆. 中共中央文件选集：第 6 册 [M]. 北京：中共中央党校出版社，1982：420-425.

② 中央档案馆. 中共中央文件选集：第 12 册 [M]. 北京：中共中央党校出版社，1991：31.

③ 中共中央文献研究室，中央档案馆. 建党以来重要文献选编（1921—1949）：第 20 册 [M]. 北京：中央文献出版社，2011：126.

则是禁止包办婚姻和买卖婚姻，禁止童养婚，禁止纳妾，实行一夫一妻制。其后，山东、晋绥、晋西北、晋察冀、晋冀鲁豫、淮海等抗日根据地也颁布了婚姻条例，各地在实践的过程中对婚姻法规也进行了一些完善，除了制定婚姻法外，还有出台了条例、解释、细则、决定、通令等，构成了以婚姻法为主体的婚姻制度体系。比如，1939 年颁布的《陕甘宁边区婚姻条例》，1940 年颁布的《晋冀鲁豫边区优待抗战军人家属条例》，1941 年颁布的《晋察冀边区婚姻条例草案》《晋西北婚姻暂行条例》《晋绥边区婚姻暂行条例》《关于我们的婚姻条例》（1941 年 7 月 7 日晋察冀边区行政委员会指示信第 51 号），1942 年颁布的《晋冀鲁豫边区婚姻暂行条例》（1941 年 8 月 13 日临时参议会原则通过，1942 年 1 月 5 日公布实行）《晋冀鲁豫边区婚姻暂行条例实施细则》《山东省胶东区修正婚姻暂行条例》《晋察冀边区行政委员会关于堕胎溺婴案件均须依法科刑的命令》《陕甘宁边区政府关于严禁买卖婚姻具体办法的命令》，1943 年颁布的《修正淮海区抗日军人配偶及婚约保障条例》《山东省保护抗日军人婚姻暂行条例》《晋冀鲁豫边区婚姻暂行条例》（修订）《晋察冀边区行政委员会关于女子财产继承权执行问题的通知》《晋察冀边区婚姻条例》《陕甘宁边区抗属离婚处理办法》《晋察冀边区行政委员会关于婚姻登记问题的通知》《晋察冀边区行政委员会关于女子财产继承权执行问题的决定》《晋冀鲁豫边区妨害婚姻治罪暂行条例》《山东省战时工作委员会关于制止抢劫寡妇的训令》《山东省保护抗日军人婚姻暂行条例》，1944 年颁布有《修正陕甘宁边区婚姻暂行条例》，1945 年有《冀鲁豫行署关于女子继承等问题的决定》《晋察鲁豫边区涉县县政府通令》《山东省婚姻暂行条例》《山东省女子继承暂行条例》《晋冀鲁豫边区涉县县政府通令——关于修改婚姻暂行条例第五章第十八条与执行参议会关于妇女类提案第十五条》，还有《晋绥边区婚姻暂行条例》《淮海区婚姻暂行条例》《修正淮海区抗日军人配偶及婚约保障条例》等。[①] 抗战时期的婚姻立法比苏区时期更加完善，如规定了结婚的实质要件和形式要件，明确了离婚的具体原因，保护军婚的相关规定更加细分。解放了妇女，支援了抗战，可以说这个时期的婚姻立法是比较成功的。

除了陕甘宁边区的婚姻改革开展得有声有色外，晋西北抗日根据地的婚姻改革也进行得如火如荼。在抗日根据地建立之前，晋西北地区地理环境闭塞、经济落后、民众生活困苦，绝大多数民众的婚姻沿袭数百年来的习俗，男尊女

---

① 韩延龙，常兆儒. 中国新民主主义革命时期根据地法制文献选编：第 4 卷［M］. 北京：中国社会科学出版社，1984：804-874.

卑、守贞不嫁、女子物化等封建婚姻陋习比比皆是，婚姻形态十分落后，如买卖婚、包办婚、童养婚、纳妾、卖妻租妻伙妻、早婚、再嫁受阻现象等普遍存在，人民群众的婚姻生活亟待改善。全面抗战爆发以后，八路军开赴敌后，在晋西北一带建立抗日根据地，建立抗日民主政府，开始对婚姻进行改革。首先是宣传自主、平等的新婚姻理念，鞭挞封建婚姻陋习。各级组织积极宣传新婚姻思想。中国共产党领导的妇女组织成立，妇联会和妇救会不仅有力开展了支援八路军作战的行动，还积极宣传新婚姻理念，从妇女干部、党团员做起，学习新政策，摒弃旧观念，喊出了"男女平等""反对虐待妇女"的口号。通过座谈会、诉苦会等形式深入开展活动，如在贫农会、妇女会、青年会等座谈会上，组织干部以敢于主动追求平等、自由婚姻的女性为代表，用生动的案例控诉买卖婚姻和旧婚俗的罪恶，揭露旧式婚姻制度的危害，鼓励男女自由结婚，教育民众自觉摒弃错误的婚姻观念。各级地方行署、司法机关也通过各种方式努力向群众解说婚姻政策，在治理实践和民事纠纷中帮助民众明白新法令是为群众解决婚姻问题的。晋绥公署还设立了人民婚姻问事处，在解决具体婚姻问题时，充分考虑群众态度和意见，耐心处理民众遇到的各种疑难。各级行政组织还举办各种形式的会议，让百姓学习什么是自愿平等的婚姻、怎样正确处理婚姻纠纷和各种生活矛盾。① 宣传队采取把新观念融入民歌等通俗易懂的形式在各地宣讲新政策，反对公婆虐待媳妇，积极调解妇女受害的家庭纠纷。把易于传播的婚姻口号以条幅的形式悬挂在各地的门楼、戏台、墙壁、石板等明显的位置，有些县城还组织了大规模地反映"实行新婚姻、摒弃旧观念"主题的画展和活动，还大量展示宣传男女平等、婚姻自主的木刻画、大众画报等。中共领导的抗日民主政府还以文艺演出为载体，把"禁止重婚、早婚、纳妾、蓄婢、童养媳、买卖婚姻、租妻及伙同娶妻"等新婚姻观念融入进去，通过戏剧、秧歌、小调、街头诗、话剧等文艺活动开展婚姻政策宣传，演员们在演出间隙还穿插讲解新婚姻理念的优点、揭露旧式婚姻的弊端，号召妇女同胞团结起来，维护自己的权益。符合民众口味且植入新婚姻观的文艺节目很快就传遍了晋西北大地，有力推动了妇女的婚姻解放，起到了良好的效果。② 晋察冀边区政府还发出指示信《关于我们的婚姻条例》大力推动新《婚姻条例》在基层普及。另外，《晋察冀边区婚姻条例》《晋察冀豫边区婚姻暂行条例》《晋绥边区婚姻暂

① 雷承锋. 晋西北抗日根据地女性婚姻陋习变革初探［J］. 中北大学学报（社会科学版），2020，36（6）：88.

② 雷承锋. 晋西北抗日根据地女性婚姻陋习变革初探［J］. 中北大学学报（社会科学版），2020，36（6）：88.

行条例》中专辟《婚约》一章对婚姻缔结的约定进行明确规定，基层民众的婚约有了基本依据，避免了很多的婚姻纠纷。总体来看，抗日根据地实行的新婚姻政策是伴随民族救亡而兴起的，由此也决定了中共的新婚姻政策不免受到革命现实的制约。解放女性首先是为了积聚更多革命能量，维护抗日秩序和工作全局，现实中女性的个人诉求和福祉要服从于民族和革命利益，女性婚姻不得不让位于抗战全局与阶级利益，这是抗战时期的历史条件所限。①

三、解放区人民民主政权下的婚姻革命实践

抗战胜利后，中国共产党领导解放区人民民主政权，采取大刀阔斧的婚姻改革，革除婚姻陋俗，颁布施政纲领，积极发动群众，颁布婚姻法律法规，确立了解放区的婚姻原则和伦理。在抗战时期颁布的婚姻条例的基础上，澄清社会上对婚姻自由的误解，实行男女平等原则，保护妇女权益和军人婚姻。严肃离婚行为，反对以威胁、利诱、欺骗等手段制造离婚理由，离婚需要遵循法律程序，包括干部在内的人在未取得正式离婚手续时以任何形式结婚的，以重婚罪论处。纠正土改中漠视女性财产的行为，女子出嫁后可以带走财产和土地，妇女改嫁可以带走私产，分得的土地可以出卖或出租，不受他人干涉。明确规定保护军婚，双方离婚要经过一定程序和批准，服从解放大局。② 老解放区一般都沿用抗战时期的婚姻法律法令并进行修订，新解放区在借鉴老解放区经验的基础上也制定了婚姻条例和法令，比如，1948 年 5 月 9 日晋绥行署公布了新的《晋绥边区婚姻条例》，山东省在 1949 年制定了《修正山东省婚姻暂行条例》，新解放区通过了《辽北省关于婚姻问题暂行处理办法（草案）》《东北解放区暂行婚姻条例》（内部试行）、《关东地区婚姻暂行条例（草案）》（1948 年 3 月）、《旅大市处理婚姻案件办法（草案）》（1949 年 4 月）。另外，各解放地区还发布了与婚姻问题有关的行政法规，如《晋绥边区关于保障革命军人婚姻问题的命令》（1946 年 4 月 23 日）、《冀南行署关于处理婚姻问题的几个原则》（1946 年 7 月）、《晋察冀边区行政委员会关于在外工作人员申请离婚程序的命令》（1946 年 2 月 20 日）、《华中行政办事处关于孀妇带产改嫁问题的指令》（1948 年 12 月 27 日）、《关于切实保障革命军人婚姻的通令》（1949 年 4 月 5

---

① 雷承锋．晋西北抗日根据地女性婚姻陋习变革初探［J］．中北大学学报（社会科学版），2020，36（6）：89.

② 闫玉．当代中国婚姻伦理的演变与合理导向研究［M］．长春：吉林文史出版社，2009：102.

日)、《绥远省关于干部战士之解除婚约及离婚手续一律到被告所在地之县政府办理的通令》(1949 年 8 月 6 日)、《皖北人民行政公署关于婚姻问题的处理的指示》(1949 年 7 月 23 日)、《北平市人民法院请示诉讼当事人双方均在解放区但不在同一地区之离婚案件应如何处理及华北人民政府的指令》 (1949 年 9 月)、《华北人民政府民政部关于继承问题的解答》(1949 年 2 月)、《辽北省惩治关于婚姻与奸害罪暂行条例（草案）》等。中国共产党领导下的婚姻改革根据各地的实际情况制定相应的婚姻条令，从强调婚姻自由到婚姻自愿、婚姻自主、保护军婚，在法律实践中维护了妇女的社会和法律地位，使得她们基于自己意愿做出婚姻选择，婚姻革命中的司法人员在具体执行中也结合当地习俗和文化在维护法律原则的基础上尽力做出合理、合情、合法的判决，从中央苏区、各抗日根据地到各解放区的婚姻法律实践为 1950 年婚姻改革提供了丰富的法律和实践经验。

第三节　新中国成立初期新婚姻制度的确立和实行

新中国初期存在着方方面面的社会问题亟待解决，婚姻制度的改革同样迫在眉睫，国家颁布《中华人民共和国婚姻法》，废除封建婚姻制度，确立新的社会主义婚姻制度。全国范围的土地改革运动为新婚姻制度的确立提供了经济基础，经过新民主主义革命时期马克思列宁主义妇女解放理论的不断践行和完善，理论指导方面也在新中国成立时比较成熟。新颁布的《中国人民政治协商会议共同纲领》(简称《共同纲领》) 为新婚姻制度的确立提供了宪法性依据，其中规定："中华人民共和国废除束缚妇女的封建制度，妇女在政治、经济、文化、教育、社会等各个方面均有同男子平等的权利。实行男女婚姻自由……注意保护母亲、婴儿及儿童。"① 其实，此《婚姻法》的起草在 1948 年就开始了，一直持续到新中国成立以后，参与起草的机构包括中国妇女委员会、中共中央法律委员会、中央人民政府法制委员会、全国民主妇女联合会。主要负责人有邓颖超、康克清、罗琼、杨之华、帅孟奇、李培之、王汝琪。此《婚姻法》起草完成以后，经过多次修改、修正，提交政务院政治法律委员会通过，又经政务院全体会议讨论，后经中央人民政府几位负责人和政协全国委员会常委会联

---

① 韩延龙. 中华人民共和国法制通史：上册 [M]. 北京：中共中央党校出版社，1999：21.

席开会讨论，党和国家领导人毛泽东、刘少奇多次发布具体指示，指导起草和审议工作，总之，是集合了各方意见，遵循民主集中制的原则。最后，在1950年4月13日中央人民政府委员会第七次全体会议上通过了《中华人民共和国婚姻法》。

《中华人民共和国婚姻法》根据破旧立新的原则，确立起男女平等、一夫一妻、保护妇女权益、实行婚姻登记的新型婚姻制度，意义重大，影响深远。党在领导人民革命的各个历史时期确立的婚姻立法原则是此次《婚姻法》的历史渊源，废除了一切封建的、半封建半殖民的婚姻制度，确立起新民主主义婚姻制度，全国性土地改革的实行为《婚姻法》的订立和施行提供了经济基础和现实依据。其宪法依据就是《共同纲领》，理论指导就是马列主义关于妇女解放的理论、中共关于妇女解放的中国化理论成果。从实施《婚姻法》的过程中可以看出，党和国家不再把事关人民群众幸福的婚姻问题看作独立于社会国家公益的私事，而是视为社会国家的男女成员之间公私利益统一的大事。

全国各地结合本地实际贯彻《婚姻法》，开展了轰轰烈烈的运动。如西南地区贯彻《婚姻法》运动大致分为三个阶段：第一，初始阶段，时间大约为1951年9月—1952年10月；第二，高潮阶段，大约为1953年1月—1953年4月；第三，经常贯彻阶段，即1953年4月以后。宣传动员先行，采取现场报告会、宣传解释会、展览会、广播会、工厂演播会、川剧等曲艺、电影等形式集中宣传。还有各类角色会议、情感会议，如婆婆会、丈夫会、媳妇会、诉苦会等。基层在实际推行《婚姻法》运动的工作中，首先是建立领导运动的机构，调查研究各地实际情况，训练领导运动的干部，准备宣传工作等；其次是广泛向群众宣传，提高群众觉悟，促进合理解决家庭纠纷；再次是总结运动经验，群众自下而上总结或领导干部总结，选取模范、表彰先进、树立旗帜、深入推广。贯彻《婚姻法》运动的政治热潮过后，新法在具体执行和落实过程中最终要落在行政和司法层面上，在其范围内进行适当调适，使得新婚姻法成为人们日常社会生活的一部分。①

本节以新中国初期成都市为例，剖析新婚姻制度确立的过程。成都市有着特殊的社会历史特点，所以婚姻改革有着与其他地区不同的方向和方式方法。中华人民共和国第一部《婚姻法》颁布，根据国家婚姻改革政策，成都市开始进行婚姻制度改革，并废除封建社会婚姻制度、剔除资产阶级婚姻制度。

---

① ［美］丛小平. 自主：中国革命中的婚姻、法律与女性身份（1940—1960）［M］. 北京：社会科学文献出版社，2022：367.

一、推行新婚姻制度的背景

新中国的成立标志着新的上层建筑的建立，对旧中国的经济基础和上层建筑必须予以革命或彻底改造，党领导人民对社会进行改造和重新整合，贯彻《婚姻法》运动就是其中之一，《西南军政委员会关于进一步贯彻执行〈婚姻法〉的指示》指出："贯彻执行《婚姻法》是继土地改革后的一个反封建思想斗争的革命任务，是一项重大社会改革。"① 而成都属于战略大后方，属于新解放区②，解放后，大批党员干部南下，建立政权、完善政权体系、开展社会治理。在西南军政委员会的领导下成立西南区贯彻《婚姻法》运动委员会，各行署、市或地区、区县设立相应委员会领导贯彻《婚姻法》运动。委员会职能包括：训练基层干部、调查各地婚姻状况、宣传《婚姻法》、在各地选取典型试验点、推广普及及接待处理群众来访来信。其中，南下干部和南下服务团作为主力来培养当地干部，这些干部成为《婚姻法》向基层推动的干部力量和工作基础。

新中国初期，党和国家的建设经验十分匮乏，对于经济建设有很长的一段艰难曲折的路程要走。1950 年 6 月，成都市为了加强对工业、农业和商业等部门的经济恢复，组建了以宋应任为主任、米建书和廖家岷为副主任的成都市财经委员会，旨在恢复成都市经济，巩固和建设新生红色政权。新中国成立初期，大西南地区解放较晚，经济凋敝，百废待兴。成都市虽处于大西南经济中心，但是经济基础十分薄弱，重工业基础几乎为零，1950 年成都市 GDP 总量不足4.5 亿元人民币，占全国 GDP 比重极低。当时中国货币种类繁多，黄金白银流通，地下钱庄、黑市交易盛行，造成人民币发行受阻，让百姓生存困难。成都市自古以来被誉为"天府之国"，都江堰水利工程起着关键性作用。军阀混战、抗日战争、解放战争，连年战乱，导致都江堰水利工程修缮废弛，旱涝时有发生，粮食得不到保证，极大阻碍了成都市经济的发展，大量的工厂倒闭，大批工人下岗失业。面对如此局面，"政府实行以工代赈的办法，组织了 165000 多

---

① 张培田．西南档案：婚姻改革资料［M］．香港：国际文化出版社，2009：6.
② 根据中国共产党建立政权和社会治理的先后，新中国成立前后把全国分为几个区域：老解放区、新解放区、中心大城市。老解放区大致包括我国华北、东北、西北和华东地区的部分区域，人口占全国四分之一左右，这些地区党的政权体系较完善、党员干部质量较好、党员数量较多。新解放区指解放战争转入战略反攻后，陆续解放的地区，包括西北和长江以南大部地区。中心大城市包括新解放区内的特大城市，包含辐射区域的和平解放的大城市，一般人口数百万或以上。

失业工人参加疏浚市内河渠"①。大量修建基础设施，增加就业岗位，有效缓解了失业的压力，修复了都江堰水利设施。

（一）制度渊源及颁布《婚姻法》

中国共产党取得全国政权后，很快着手制定新的婚姻法。"影响中国共产党婚姻理论的来源主要有三个：马克思主义婚姻理论、中国传统婚姻制度、西方近现代婚姻思想，其中最直接、最重要的来源则是马克思主义婚姻理论。"② 每一种婚姻思想或理论都对成都市或全国有深远的影响，在特定的历史时期影响的范围和程度都不尽相同，其中马克思主义的婚姻理论对新中国婚姻制度改革起着关键性作用。"随着每一次社会制度的巨大历史变革，人们的观点和观念也会发生变革。"③ 1949 年 10 月 1 日以前，中国共产党带领全国人民进行新民主主义革命，新民主主义国家建立后，中国共产党的主要任务由革命转为新民主主义建设。但进行社会经济建设是十分困难的问题。当时的《人民日报》报道："只有婚姻自由了，才使天下从乱进到不乱。"④ 中国共产党推行和改革与发展经济相对应的制度，以此来促进国家经济发展、保障社会制度的健全。

自 1921 年成立以来，中国共产党就重点关注百姓的婚姻生活，在早期的土地革命时期和抗日战争根据地时期，陆续在苏区与抗日革命根据地颁布了有关妇女和家庭婚姻改革的文件，形成了早期新民主主义革命时期的婚姻思想观念，对封建包办婚姻在根据地范围内有了变革。随后的解放战争在全国范围内逐步取得胜利，新的自由思想在解放区内获得传播，土地革命也在轰轰烈烈地展开，男女都有一份属于自己的土地，在经济上获得了平等的权利，"但是，上层建筑的变化总是落后于经济基础，故封建婚姻制度仍然几乎完整地保留下来"⑤。这就让有进步思想的妇女饱受落后腐朽的婚姻制度的束缚，这使得原有的个体家庭婚姻矛盾重重。这种束缚不仅是对妇女，对男子也同样如此，导致家庭不和谐，制定婚姻法的呼声愈来愈高。

"1949 年 10 月，中华人民共和国成立后，起草婚姻法的工作改由新成立的

---

① 许蓉生. 建国初期成都市稳定社会的历史经验 [J]. 巴蜀史志，2006（4）：49.

② 敖天颖. 新中国成立初期中国共产党婚姻理论及其实践研究 [D]. 上海：华东师范大学，2016：27.

③ 中共中央马克思恩格斯列宁斯大林著作编译局. 马克思恩格斯全集：第 7 卷 [M]. 北京：人民出版社，1959：240.

④ 正确解决婚姻制度问题 [N]. 人民日报，1950-03-08（1）.

⑤ 张志永. 建国初期河北省婚姻制度改革研究：1950—1956 [D]. 上海：复旦大学，2003：60.

中央人民政府法制委员会继续进行，从而大大加快了立法的进度。"① 中共中央对中国婚姻状况进行调查，参考国外有关婚姻的法律法规，并结合中国实际的国情，起草了《婚姻法》，广泛地向社会征求制定和修改的意见，最终，在1951年4月13日颁布了新中国第一部《婚姻法》，并随之向全社会宣传。它废除中国传统的包办婚姻，倡导男女之间恋爱自由、婚姻自由，建立一个符合中国国情的新民主主义社会的婚姻制度。《中华人民共和国婚姻法》对结婚、夫妻之间的权利与义务、父母与子女之间的关系、离婚、离婚后对子女的抚养和教育及离婚后财产分割和生活都有相关规定，也可以说涵盖了婚姻的方方面面，为新中国成立初期的成都市婚姻制度改革提供了法律保障，减少成都婚姻制度改革阻力，《中华人民共和国婚姻法》的颁布使婚姻以法律的形式确定下来。

（二）成都市社会背景及婚姻观念

第一，新中国成立后，成都市面临社会治安和粮食问题。1949年4月，中国共产党与国民党谈判失败，最终国民党军队纷纷宣布起义，1949年12月成都市宣布和平解放，战火虽然没能蔓延到川蜀大地，但国民党的散兵游勇、地方势力和地方土匪相互勾结，与新生政权对峙，负隅顽抗，严重影响成都市社会治安和人民生命财产安全。民以食为天，粮食问题是当时成都市面临的最大问题，地方政权刚刚成立，没有充足的粮食储备，当时大多数的粮食掌握在私人手里，私商乘机囤积粮食，抬高粮食价格，再加上人民币刚刚出版发行，国民党地下反动派从中作怪，导致人民币不能短时间取得群众信任，人民生活极其困难，人心惶惶。

第二，社会婚姻观念及存在的问题。川蜀地区由于特殊的地理环境，孕育了独特的社会历史文化，所以地方家族势力根深蒂固，生命力很顽强，家长制的包办婚姻还保留着。1912年，《女界报》创办，该报纸是中国历史上第一张为妇女争取权利的报纸，让妇女联合起来，共同抗击封建伦理思想，当时"四川省第一届临时会议开会，虽准'女报'派记者参加，但不准同男记者混杂一起。议会每次开会，在会议楼上右侧，用红布围辟一室，专供女记者旁听"②。由此可见，虽然封建思想被打破，但仍在现实中残存，"男尊女卑""男权主义至上"和"三从四德"等封建伦理观念与新中国成立后所倡导的妇女人权自由和男女一律平等的观念相冲突。在抗战时期，川渝地区作为抗战的大后方，免

---

① 张志永. 建国初期河北省婚姻制度改革研究：1950—1956［D］. 上海：复旦大学，2003：61.

② 何承朴. 成都夜话［M］. 成都：四川人民出版社，1987：335.

受日本侵略，成都市大部分的城市基础设施没有遭受破坏，许多内迁的大型工厂和学校落户在成都市，不少的优秀人才也在这里落脚，这让成都市这个原本闭塞落后的地方，经济快速发展，让成都市保守的封建思想受到了强烈的冲击，保守的生活方式迅速地资本主义化，也有外国人在成都生活，资本主义思想的婚姻观念得到了传播，这也使一部分成都市的妇女受到资本主义婚姻观念的影响。神权主义的婚姻思想观念也毒害着成都市的妇女。神权主义思想和封建迷信存在着很大的相关性。当时底层的女性很少有或者是几乎没有机会受到教育，思想观念也处于低水平，这让当时成都市妇女的判断力也很低，使她们深受封建神权思想的捆绑和毒害，在这种思想的控制下，妇女只能任由他人摆布，这种思想损坏其自信，让其不能够自己改变自身的命运。

总的来说，新中国成立初期的成都市地区残存封建思想，土匪横行，国民党反动派活动猖獗，这让成都市地区并没有完全摆脱封建残余势力、资本主义反动观念和封建神权主义的影响，成都市社会依旧动荡不安，妇女连基本的人身自由都不能得到保证，更不用说参加社会性的组织活动和国家的政治性活动了，例如，自发性外出游玩和平等参与选举的权利。

二、婚姻制度改革的必要性

了解任何一个制度，都不能将其单独割裂来看，在这个制度实施之前的制度同样重要。同样地，了解一个社会当时的婚姻状况，需要去了解之前的婚姻制度。中国自古以来就受儒家文化体系的影响，儒家文化讲到"三纲五常"，其中就专门讲到了夫妻关系中"夫为妻纲"。同时也为妇女制定了"三从四德"，其中就讲到了"既嫁从夫"。这种夫妻观完全不同于现代社会夫妇平等的夫妻观。这种思想实际上是将妇女作为一种依附品，使妇女成为依附于丈夫的存在。在新中国初期的成都市，这种依附关系的存在十分明显。当时妇女的地位十分低下，在家庭中没有发言权，基本上是男人一言堂，丈夫也可以对妻子随意进行打骂，在当时男人尊贵、女性天生卑微的思想观念下，社会上的人群对这种打骂都不会过多关注。面对丈夫的打骂，女性甚至也觉得这是理所当然的。当然，不同社会阶层和社会群体的婚姻状况也表现出了差异性。新中国成立初期社会的贫富差距、阶层差异较大，当时，成都市的上流社会，由于受教育程度和开放程度较高，受西方近代男女平等思想的影响，对待婚姻已经展现出了夫妇平等观念。但是，在开放程度不是较高、家庭经济情况中等的家庭，表现出来的仍然是男女不对等的夫妻关系。在底层社会，由于生活困苦，大多数平民阶层夫妻之间形成了共同劳动的合作关系，还展现出了比较恩爱的情况。

除此之外，还受地域的影响，新中国成立初期的成都市下辖四个主要县，包括成都县、温江县、双流县、华阳县。成都县和华阳县的经济相对发达，在历史延续上，就是成都市的政治中心和经济中心所在地，开放程度高，受外界影响更大，在夫妻关系上也就表现出更和谐平等的趋向。由于当时的一些精明妇女善于交际经商，在家庭中经济地位高，因此，才有了四川话"耙耳朵"一词，意为丈夫害怕老婆，听老婆的话。但是在地域相对闭塞的郊县和偏远县，就表现出截然相反的一些状况，在夫妻关系上极为不平等，仍旧按照传统的夫妻观对待夫妻关系。《中华民国临时约法》提出了"一夫一妻"制，区别于"一夫一妻多妾"制，但是在实际上，约束力有限，在中上层社会仍然存在"一夫一妻多妾"制，直到1950年颁布《中华人民共和国婚姻法》，才真正废除。虽然"一夫一妻多妾"制在法律上被真正废除了，但是实际上仍旧存在，在法律地位上承认的妻子只有一个，在实际承担家庭责任和性关系上仍旧存在多个"妻"或"妾"。部分"夫妻"实际上是默认这种状况的发生，甚至对《婚姻法》的规定表现出了抵制情绪。

成都市婚姻制度改革很有必要性和重要性。"新中国的建设不啻一场翻天覆地的革命，新政权的稳固总是需要合适的政治用器和合理的革命义理，婚姻制度改革正是一场集器道于一体的破旧启新运动。"[1] 婚姻制度的改革适应中国的新生红色革命政权的需要，婚姻制度作为上层建筑的表现形式之一，其必然会作用于新民主主义经济基础的发展，加快上层建筑的构建，也有利于巩固新生红色革命政权。

成都市也同全国其他地区一样，都在1953年开始进行"一化三改造"，成都市想要恢复国民经济，促进社会的发展，就必须要解放生产力，当时的妇女地位低下，"男主外，女主内"直接导致一大部分妇女劳动力不能够得到很好的利用，想要经济快速发展就得加快解放成都市妇女劳动力，让其成为发展经济的一支重要力量。婚姻是社会人际关系构成中最重要的一部分。婚姻制度的改革可以逐步对旧式婚姻制度进行瓦解和消灭，加快社会观念的更新和进步，有利于代际关系的更新。成都市婚姻制度的改革就是要破旧立新，打破原有的代际关系，构建一种在家庭中妇女有妇女权的独立、自由和平等的代际关系。在新中国成立初期或以前，妇女在家庭中的经济地位处于弱势，几乎没有经济权利，妇女在嫁入男方后，由于"嫁出去的女儿如泼出去的水"，地位很低，无论

---

[1] 敖天颖. 新中国成立初期中国共产党婚姻理论及其实践研究 [D]. 上海：华东师范大学，2016.

是在生活物资还是在精神方面都不能够得到很好的满足，妇女因此备受折磨。妇女通常在传宗接代之后，在婆家的地位才有所上升，但依旧处于附属地位。所以婚姻制度的改革势在必行。

三、婚姻制度的改革历程

（一）婚姻改革内容

研究婚姻改革需要重点研究其改革内容，《婚姻法》的制定是根据现有的国情下家庭婚姻观念需要转变的情况而来的。经过前后的对比，解释为什么会这样改革，以及怎么样改革。因为有了改革婚姻制度的方法，才能更好向人民群众宣传并得到其认同、了解和支持。在《婚姻法》通过后，相应的国家机关制定出其他相应的婚姻政策和措施，逐步构建起新民主主义社会婚姻法体系，同时为地方司法机关裁定案件提供了法律上的指导。同民国时期的有关法律法规不同的是，《婚姻法》不仅仅对城市及上层人民有影响，还对农村地区的婚姻思想观念的转变有巨大的影响。

《婚姻法》第一章主要规定基本原则和基本思想，是指导正文的主要依据，反对封建婚姻制度是最根本的思想原则，目的是打破根深蒂固的原有婚姻观念。结婚与离婚：在古代或近现代的男女双方婚姻的成立，主要是依据双方家长的意愿，即有"父母之命，媒妁之言"之理，子女往往必须听从长辈的意愿，有些男女双方没有见过面，在成婚当天才见到。结婚还必须遵守门当户对，不能够超越阶级，成婚考虑的条件主要是姓氏和地位等级。在原有的封建婚姻制度中，女子适嫁的年龄普遍偏小，往往在 14 岁左右就要嫁出去，甚至离成都市较远的较偏僻、封闭的地区，10 岁左右就得嫁出去。此外，传统的婚礼过于注重礼节和形式，其过程烦琐，要求苛刻，拜完天地才正式获得婚姻认可。在《婚姻法》的规定中，倡导恋爱自由、婚姻自由，任何人或者第三方不得强求婚姻缔结。婚姻平等，近亲以外健康的个人可自由寻找配偶，无特殊的限制。禁止早婚，规定男 20 岁、女 18 岁以后才可结婚。另外，废除了传统婚礼繁缛礼节，只需一张结婚证明，获得国家法律的许可，即可成为法定夫妻。在新的婚姻制度中，男女除年龄限制、近亲和自身疾病以外，并无其他条件的约束，这是对恋爱和婚姻的极大解放。离婚也同样如此，在封建社会中，男方可以休妻，但是女方无任何的权利，不能主动离开婆家，而且被休掉之后，娘家以此为辱，认为其不忠不孝，大多数女方被休之后要么选择自杀，要么孤独终老，只有极少数的再嫁。《婚姻法》认为离婚只是双方不和谐，和平离婚。男方和女方都有离婚的权利，在离婚时，保障了双方财产的分割权利，婚前双方财产归自己所有，关于夫妻共同财产则是双方协定，当双方协议不可达成时，由相应的司法机关裁定，这和封建婚姻制度中女方只能净身出户，不能带走家中财产有本质的区别，极大地保障了妇女应有的和男人同等的权利。

离婚时，对于夫妻之间育有的子女该如何抚养的问题也做出了相应的规定。这极大地保障了妇女和子女的合法权利。家族内部关系方面，在传统的封建婚姻制度中，实行的是家长制，"家长"是由在本家家族中资格最老的男性长辈担任，承担起管理家族大大小小事情的责任，拥有家族中至高无上的权力，家中祖父和祖母在，晚辈擅自分割财产要受处罚，私自使用家中财物也受处罚，妇女作奸犯科或者是有违妇道偷奸者，会被严厉惩罚。在家族中，男方可以随意辱骂、殴打、凌辱妻子，不会受到官府的追究。妻子自杀，丈夫不会受任何处罚，但是丈夫自杀，妻子则要在被治罪后斩决等。在《婚姻法》中，明确规定了男女双方权利平等，夫妻之间拥有相同的权利，如双方都有选择自己生活的权利、处理家庭事务的权利、处理共同财产的权利，双方都有抚养子女的责任和义务，不得歧视不能生育的妇女，不得歧视异亲家庭子女，等等。这些规定从根本上打破了家长制，禁止了各式各样的陋习，促进了家庭关系的和谐和妇女家庭地位的提高。

（二）婚姻改革过程

中国共产党自成立之初就非常重视思想政治工作，把它作为一种基本的工作政策。"掌握思想领导是掌握一切领导的第一位。"① 要想减少婚姻制度改革的阻力，首先就需要对人民群众开展思想政治工作，让人民群众在思想领域上对婚姻制度改革有初步的了解，进而支持婚姻制度的开展。其次便是对《婚姻法》的广泛宣传，让人民群众对《婚姻法》有初步的认识。最后解决如何对现有的婚姻制度进行改革，人民群众该如何支持婚姻制度改革的问题。其中宣传的形式和内容是丰富多样的。

党和政府成立了一支针对不同层次民众的宣传组织，成都市在解放初期，不同阶层的人文化水平差距较大，这就需要针对各个阶层的人民群众开展不同的教育宣传活动。在城市，政府工作机关、工厂、学校等地方以举行大会演讲、开展报告会等形式对婚姻改革内容进行传播；在农村，对婚姻内容的宣传主要是以图片展览、歌舞话剧、相声和村会讨论等形式开展。报纸是社会舆论的风向标，当时成都市的报刊刊登婚姻制度，关于婚姻的内容约占报刊内容总量的百分之三十。刊登的内容丰富多样，如对婚姻制度的评论、婚姻制度改革过程

---

① 中共中央文献研究室. 毛泽东文集：第 2 卷［M］. 北京：人民出版社，1993：435.

的经验教训、典型婚姻纠纷案件、群众匿名举报信及回复人民信件的内容等，引发了社会各界对婚姻制度改革的热议。成都市在 1950 年开展婚姻制度改革，建设了一个讲解分析婚姻法的展览馆，大批市民前往参观，展览馆还发放相关书籍和宣传单，通过对市民调查，了解当时人民群众的婚姻存在哪些方面的问题，定期举办讲座，让不同层次的人民群众深刻了解成都市政府婚姻改革的基本精神，让新的婚姻制度获得人民群众的认同和支持，并为群众当面答疑和解决问题。

大力进行广播宣传。成都市在婚姻制度改革时期，每天会在固定时间段进行《婚姻法》的宣传和讲解，讲解的内容种类繁多，同时还会播放戏曲、音乐、讲解人物故事等，最终的成果是，"我们与电台联系，组织婚姻法广播讲座，共讲六次，有五千七百六十多人受到教育"①。这足以印证广播宣传极大地促进了人民群众对《婚姻法》的认同和理解。针对个别家庭存在的婚姻问题，成都市政府组织到户的婚姻宣传，目的是填补社会宣传的不足与空缺，加强婚姻制度改革的效果。有特殊情况未到现场听取座谈会的，政府宣传人员会在其家中或院坝对其进行摆谈，宣传《婚姻法》。对不太愿意甚至有些抵触婚姻制度改革的，政府宣传人员会把《婚姻法》"送上门"，耐心地一一讲解《婚姻法》和婚姻制度改革，甚至是边帮居民干活边交谈。针对不同的阶层对象，会用不同的方式方法对他们进行宣传和演讲，最终的目的就是让人民群众理解、认同和支持国家的婚姻制度改革。

在婚姻制度改革时期，成都市还专门开设了关于婚姻答疑的专门事务所。由于处在特殊的社会历史时期，不少的人民群众、包括一些干部对于婚姻制度改革或者说对于改革前后的个人生活或自身的婚姻状况差异产生一些不解和疑惑。因而为了具体地解决单个人的问题，专门答疑的专门事务所可以对其进行答疑，对于一些不愿意当面询问、通过来信的方式表达疑惑的也进行了一一回复。从这种形式上看，具体的答疑是最强有力、最直接的方式，它与大宣传相互补充，可以使群众工作达到更好的效果。另外，司法的审判也是婚姻制度强有力的推进者。对于成都市地区屡教不改、频频打骂妇女及子女的男子，司法机关对其中的典型案例进行公开审判和处理，用国家机器来强制推进国家婚姻制度的改革。在实际情况中，大多数是对其批评教育，调节双方的矛盾，对个别有困难的家庭进行援助和救济。

---

① 成都市档案馆藏．成都市民主妇联协助政府宣传贯彻执行婚姻法的总结报告 [A]．档案号 80-1-47-15，1951．

总的来说，成都市对婚姻制度的改革是全方位的、深刻的。在婚姻制度改革时期，各种宣传比比皆是，类型多、宣传广，成效显著。国家对婚姻制度的改革宣传无比重视，让婚姻制度改革深入人心，旨在打破旧有的婚姻制度和思想，建立新的、符合新生政权的婚姻制度。

（三）婚姻改革的意义及影响

"浪漫的爱情被人类赋予了对抗世俗世界的意义和功能，在这个层面上与革命产生了通感——两者通常都以打破现有秩序为目标，都被视为浪漫主义的标志。"① 在新中国初期，成都市旨在清除封建残余思想，家族婚姻的封建残留思想亦蕴含其中，婚姻制度的改革则被赋予对抗家长制的意义。新生的红色政权需要巩固，国家需要长治久安，社会需要稳定繁荣，家庭婚姻幸福可以对此起到积极作用。另外，婚姻拥有法律的认可，可以推动国家法制社会的建立，在两千多年的封建社会制度中，"礼制"是最重要的治国思想，是统治者用来统治下层百姓的工具，以"法制"代替"礼制"，摧毁这些封建传统，采用现代国家的治理模式，这也是社会的进步。成都市拥有浓厚的封建思想，一时间还难以清除，婚姻制度的改革正式向其发起挑战，并逐步对其进行淡化和清除。人们追求了婚姻的自由，转而会进一步追求其他的自由，为以后进一步改革成都市婚姻制度奠定基础，同时也为全国其他地区的婚姻制度改革提供了范例。简化了婚姻程序，出现了婚姻登记所，女方结婚只需要得到国家法律的认可，不需要担心男方"休妻"。

婚姻制度改革后有以下几方面的影响。第一，对经济的影响。经济的发展离不开劳动力，传统的婚姻制度下，妇女的劳动力得不到解放，成都市自婚姻制度改革以后，获得了充足的劳动力资源，妇女也成为社会劳动力的重要组成部分，成为社会生产的重要力量。随着农业合作社运动的开展，农村的生产关系也发生了根本性的变革，妇女获得了参与社会劳动的权利，劳动积极性很高，推动着农村经济的发展。第二，对政治的影响。婚姻制度改革以后，妇女的政治觉悟有所提升，主动参加政治学习和文化学习，政治地位提高了。妇女参与政治生活的比例有所增加，在家庭中的地位也有所提升，能够参加社会化活动，其中最明显的表现就是妇女参加农业合作化运动。第三，对思想观念的影响。打破了阶层固化，各个阶层的男女可以自由恋爱、自由结婚，在传统的社会模式下，妇女不能够通过后天的努力改变自身的命运，婚姻制度改革以后，妇女

---

① 敖天颖. 新中国成立初期中国共产党婚姻理论及其实践研究［D］. 上海：华东师范大学，2016.

可以通过后天的努力改变自身的命运，在新的婚姻竞争模式下获得更好的择偶条件和广泛的选择配偶的范围，让婚姻掌握在自己手里。在传统模式下，地主家庭往往在婚姻竞争中占据优势，这种优势是相对固定的，可以更好地获取配偶资源，现如今，家庭的富裕程度不能决定配偶资源的好坏，婚姻可以自主选择。第四，对妇女地位的影响。妇女实现对政治及社会化劳动的参与，就会进一步提升其在家庭和社会的地位，极大地冲击了社会上"重男轻女"的传统思想，挣脱传统的"男主外，女主内"的思想束缚。在家庭中，婆媳关系得到了极大改善，婆媳之间相互帮助，家庭关系正朝着和睦、自由、民主的方向发展。夫妻关系也得到了极大的改善，家庭婚姻冲突大多是通过离婚、邻里调解、司法调解等方式解决的。成都市婚姻制度改革之后，婚姻的平等观念已经深入人心，新民主主义社会下的新型的家庭婚姻关系得以确立，传统的家庭婚姻关系逐渐被废除。

综上所述，新中国成立初期成都市婚姻制度改革在党和政府的推动下取得了一定的成效，本节介绍了成都市婚姻制度改革的背景、成都市社会经济发展情况，阐述了成都市婚姻制度改革的必要性和重要性，介绍了成都市婚姻制度改革的过程以及改革的内容，对比分析了成都市婚姻制度改革前后的成都市民的婚姻状况，回答了成都市婚姻制度改革对妇女地位、家庭和谐和社会生活的重要作用。这样就可以便于我们窥探成都市婚姻制度的发展和改革，进一步为现阶段婚姻制度的改革研究提供经验。对前面有关研究的进一步补充，虽然回答了一系列问题，但还是存在诸多缺陷与问题，笔者会在未来的研究中进一步补充和完善。

总的来说，成都市对婚姻制度的改革是成功的，极大地推动了社会经济发展，解放和发展了农村和城市的妇女劳动力，妇女的社会地位和家庭地位有了提升，摧毁和破坏了封建腐朽的婚姻思想，建立了新型的家庭婚姻关系，促进了国家法制的建设。但是也存在一些问题，在改革时期，过分倡导自由，导致妇女对于结婚和离婚过于轻率，易意气用事，婚姻不稳定，过于轻浮化，婚外情泛滥，时常有弃婴事件出现，有的儿媳反过来虐待婆婆，欺负丈夫，要求"分居"，不想赡养老人，逃避自己的责任与义务等。

第四节　中国共产党推进婚姻革命与治理的实践评述

在中华上下五千年的悠远历史中，中华民族形成了具有自身民族特色的婚姻习俗文化。这些婚姻习俗文化在一定时期的社会经济发展状况下产生，并随生产力的发展而变化。但同时婚姻习俗具有相对稳定性，有些习俗会落后于时代，体现为婚姻陋俗。20世纪初，中国社会中还存在着不少历史延续下来的婚姻陋俗，尽管官方或少数先进知识分子倡导革除婚姻陋俗，但大多数措施收效甚微。中国共产党成立后，注意到革除婚姻陋俗的必要性，开始着手进行相关工作，通过土改运动、婚姻立法、宣传教育等措施，破除婚姻陋俗对广大女性的压迫，号召广大女性走入社会，加入革命的队伍。研究中国共产党革除婚姻陋俗的具体措施，探讨其经验与不足，则能为新时代中国政府治理社会提供启示，为中国政府改革婚姻陋俗提供解决方案。

中国共产党成立之后，注意到社会中延续下来的婚姻陋俗对当时广大妇女的压迫，在马克思主义妇女观的指导下开始着手婚姻陋俗的革除工作，将妇女解放与革命事业紧密结合，通过土改运动、婚姻立法、宣传教育等手段，成功将广大女性吸纳至革命队伍之中，女性对革命事业的胜利发挥着不可磨灭的作用。

一、土地革命

开展土地革命以提升妇女的经济地位。经济基础决定上层建筑，要想解决好婚姻陋俗问题，就必须先改变妇女的经济地位。旧社会里，绝大多数妇女在经济方面处于依附男性的地位而没有独立的经济能力，如妇女没有土地权和财产继承权。陈独秀在《妇女问题与社会主义》一文中表明解放妇女经济权利的必要性："妇女问题虽多，总而言之，不过是经济不独立。因经济不独立，遂生出人格的不独立，因而生出无数痛苦的事情……如果女子能够经济独立，那么必不至受父、夫的压迫。"[1] 针对农村妇女的经济权利问题，党中央在中华苏维埃共和国临时中央政府成立之后，进行了广泛的土地分配运动，妇女也被纳入其中。在之后的土地革命时期，党中央开展土地革命，"打土豪分田地"，在这过程之中，男女一律平等，妇女也平等享有分田地的权利。除此之外，党中央还颁布一系列法律法规，以保障妇女得之不易的经济权利，如《中华苏维埃共和国婚姻条例》《中华苏维埃共和国婚姻法》《土地法》等。1931年的《中华苏维埃共和国土地法》第一条就强调男女具有同等分配土地的权利，"所有封建地主、豪绅、军阀、官僚以及其他大私有主的土地，无论自己经营或出租，一概无任何代价地实行没收。被没收来的土地，经过苏维埃由贫农与中农实行分

---

[1]　陈独秀. 妇女问题与社会主义［J］//中华全国妇女联合会妇女运动历史研究室. 五四时期妇女问题文选. 北京：生活·读书·新知三联书店，1981：81.

配……雇农、苦力、劳动贫民，均不分男女，同样有分配土地的权利"①。当然，单单让妇女平等享有土地权是不够的，还需要鼓励广大农村妇女参与生产劳动。这里所说的生产劳动是指社会层面的生产劳动，而不是家庭层面的劳动事务。为了实现每个劳动妇女都能英勇地走上生产战线，党中央指挥各乡镇地区创办劳动互助社，并设立专门机构指导妇女学习犁田、耙田等农业生产知识。除了保障广大农村妇女的土地权益，党中央还注重保障城市女工的经济权益。大多数城市中，女工在与男工付出同等劳动的情况下，得到的薪酬却只是男工薪酬的一半甚至是三分之一。对此，党中央提倡平等分配机制，并对女工的经济权利进行法律保障，落实《中华苏维埃共和国劳动法》中要求男女工同工同酬的相关规定。而对于保障女工的劳动权的具体措施，党中央则提出要通过发动女工经济斗争、订立集体劳动合同、增薪等方式，来改变当前女工在工资方面的不平等待遇。

二、婚姻立法

为了解放在旧礼教和婚姻陋俗压迫下的广大妇女，党中央建立新的婚姻制度，着手婚姻制度改革。大革命期间，共产党就颁布过多条婚姻条例，但当时共产党自身还没建立起强有力的政权，党将工作重心放在城市的工人运动上而不是农村地区，并且这些婚姻条例受到农村封建思想的抵制，因此这一时期颁布的多条婚姻条例并没有起到多大的作用。在土地革命时期，我党建立了自己的政权，即中华苏维埃政权，并通过颁布两部婚姻法律《中华苏维埃共和国婚姻条例》和《中华苏维埃共和国婚姻法》，将婚姻自由以及妇女在婚姻、家庭中的平等地位以法律的形式确定下来，也彰显出党从国家统治阶级意志层面对婚姻制度改革的重视。这一时期的婚姻制度改革也是经过了不断的探索，如苏维埃政府成立之后，党在各苏区最先实行的是"离婚结婚绝对自由"政策，在这项带有激进色彩的政策影响下，各苏区出现了离婚热潮，各地区的妇女因之前受的压迫而一股脑儿地选择离婚，大大影响了各家庭和社会秩序的稳定。党中央和苏维埃政府在了解到这项政策带来的危害之后，于1931年11月28日颁布了《中华苏维埃共和国婚姻条例》，改变之前的"离婚结婚绝对自由"政策，而确定"离婚结婚相对自由"政策、离婚结婚须登记制度以及一夫一妻制。1934年4月8日党中央颁布的《中华苏维埃共和国婚姻法》对《中华苏维埃共

---

① 韩延龙，常兆儒. 革命根据地法制文献选编［M］. 北京：中国社会科学出版社，2020：1044.

和国婚姻条例》中不完善的地方进行修正。再比如，陕甘宁边区政府1939年颁布的《陕甘宁边区婚姻条例》（下称"《条例》"）是1934年《中华苏维埃共和国婚姻法》的改进版。在简略的文本中，1939年《条例》表达的普遍原则集中体现了中国共产党有关婚姻的理想模式。它不但强调了一夫一妻制是婚姻的唯一形式，还确定了婚姻的基础是"本人的自由意志"。《条例》的原则被简化为"婚姻自由"的口号，在当地村民间广为传播。《条例》也显示了政府决心取缔当地许多不法行为，如纳妾、重婚、早婚、童养媳、买卖婚姻、包办婚姻和强迫婚姻等。为了革除盛行于当地的早婚恶习，《条例》规定了婚姻的合法年龄：女性为18岁以上，男性20岁以上。边区政府要求婚姻的整个过程都在政府的监督之下，结婚和离婚都必须在当地政府办公室登记，此举试图改革当地以社会仪式认可婚姻的习俗。① 这些都体现了中国共产党领导下通过婚姻治理来革除婚姻陋俗的努力。婚姻是一种合乎伦理的制度，婚姻是家庭的基础，所以成为立法的对象。恩格斯曾提出，婚姻法只是调整婚姻关系，婚姻关系背后的事情，婚姻法应该不加过问。在婚姻关系上，即使是最进步的法律，只要当事人在形式上证明是自愿，也就十分满足了。至于法律幕后的现实生活是怎样的，这种自愿是怎样造成的，关于这些，法律和法学家都可以置之不问。但是，婚姻自由的前提是经济的自由。因此，党和政府调整婚姻的一个重要方面就是调整婚姻关系中的经济利益和财产关系，这一点是起根本作用的。

三、宣传教育

前文已提过，婚姻陋俗不仅体现在行为层面，也体现于人们的思想观念之中。想要解决好婚姻陋俗问题，就必须改变传统社会不合理的婚姻观念。一直以来传统封建社会都倡导"女子无才便是德""女子要守女诫""女子要三从四德""女子不从政"等诸如此类观念，实质上是夫权体制下统治阶级对女性思想精神的洗脑和禁锢，而宣传教育则是改变这种陋俗观念的最优选择。一方面，党中央从国家层面向广大妇女大力宣传婚姻平等、婚姻自由等先进思想，并联合各地民间妇女运动组织，鼓励妇女参与工农运动，成为革命的一员。宣传动员形式多样，有干部说服教育，集会诉苦，利用报刊、板报、传单、文艺晚会、歌谣等媒介对妇女群众进行动员等方式。如大别山地区革命歌谣《妇女赶快要觉醒》，"妇女，赶快要觉醒。汇入工农兵，参加闹革命。争自由，谋解放，还

---

① ［美］丛小平. 自主：中国革命中的婚姻、法律与女性身份（1940—1960）［M］. 北京：社会科学文献出版社，2022：66-67.

得靠自身，团体要结紧，万众一条心。推翻旧礼教，废除包办婚，自由恋爱，男女平等，建立新家庭。姐妹，你再听分明：脱掉自身苦，还得想他人。齐努力，尽所能，解放天下人。政治都有权，法律都平等，经济能过问，教育也有份。新的社会，新的制度，当家作主人"①。另一方面，党中央大力发展教育，开办女校，解放广大妇女的受教育权利。党成立之初就注重妇女的教育工作，在党的二大宣言之中，就提出要改良教育制度，普及教育，使女子享有平等的受教育权利。党的三大通过了《关于妇女运动决议案》，倡导男女教育平等。党的六大也提出："在一切党的与一切职工会的学校、训练班中，都应当吸收一定的百分数的妇女，而在教育大纲中，须研究妇女问题及工作方法，为工作者认识实际的工作。必须推动劳动妇女去积极工作，在党中、职工会中、农民的组织中，尽力帮助她们的工作。"② 但此时的教育工作未成体系，直至中华苏维埃政权建立后，才形成了集中统一领导的教育管理系统。教育体系包括国民教育体系的正规学校义务教育和社会教育，前者主要针对女童的受教育问题，后者主要针对成年妇女的受教育问题。其中，社会教育包括培训妇女干部的教育、培养各行各业专业技术人员的职业培训、扫盲教育。党和国家主要通过设立专门机构，并积极宣传鼓励广大妇女接受教育，以提升妇女的教育水平，如"设立成年妇女补习学校，训练她们参加政权和政府机关群众团体的工作能力，如政治军事及普通办事的常识和学习生产技能提高妇女职业地位"③。

四、婚姻陋俗治理

中国共产党领导的革除婚姻陋俗的历程解放了妇女、解放了生产力，推动了社会进步，深刻动摇了半殖民地半封建的婚姻制度和文化，形成了新民主主义婚姻制度，是社会主义婚姻伦理和制度的雏形，形成的男女平等、婚姻自主、保护妇女、保护子女、保护军婚、一夫一妻制等一系列原则和价值理念影响深远，具有深刻性、超前性、先进婚姻文化和婚姻法律法规并重等特征，但是，在开展婚姻革命的过程中也存在不彻底性、落实偏差较大、偏激性、政治利益主导等。

中国共产党领导婚姻陋俗治理取得了很大的成就。中国共产党领导的革除

① 黄文治．"娜拉走后怎样"：妇女解放、婚姻自由及阶级革命：以鄂豫皖苏区为中心的历史考察（1922—1932）［J］．开放时代，2013（4）：5-25.
② 中共中央文献研究室，中央档案馆．建党以来重要文献选编（1921—1949）：第5册［M］．北京：中央文献出版社，2011：504.
③ 全国妇联妇运史研究室．中国妇女运动历史资料：1927—1937［M］．北京：中国妇女出版社，1991：75.

婚姻陋俗，建立新民主主义婚姻制度的历程是近代以来社会变革的重要组成部分，极大改善了妇女生产环境，促进了婚姻解放。尤其是在党领导的根据地和解放区内产生了巨大反响，动摇了封建婚姻制度，一定程度上让广大妇女当家作主，提高了其经济地位、社会地位、家庭地位，妇女婚姻权益得到了有力的保障。婚姻陋俗的治理原则：第一，坚持群众观点、群众路线。近代以来，政府组织过关于婚姻陋俗的改革，都收效甚微，很大部分原因是没有群众基础，没有真正做到动员好广大人民群众。党中央在改革婚姻陋俗的过程中，发现了要想改变妇女和社会中传统的封建婚姻观，就必须先让广大妇女认识自己，从思想上解放自己，这样才能动员广大妇女参与改革运动。党中央决定通过各级妇女组织，统一广大妇女革命力量。党内恢复重建了妇委，包括共青团系统的青妇部、工会系统的女工部、农会系统的妇女委员会，这些妇女组织作为广大妇女的坚强后盾，不仅保护了受婚姻压迫的广大妇女，而且动员妇女们参与到军事斗争、生产建设、后勤保障等各项事业中来。第二，运用思想政治教育的方法。在党中央革除婚姻陋俗的各项宣传工作中，不可避免地会受到传统封建思想的阻挠。为了更好地开展动员宣传的相关工作，党中央强调要采用说服教育、个人谈心等思想政治教育方法。1929 年红四军政治部还就具体方法发布宣传须知："宣传要看清对象，看什么人说什么话，不要只知几句口头禅，呆板得不懂变化。步骤一是先用平常应酬与之接近亲密。二是再由家常事务如职业、家财、婚姻、子女等或新发明的故事、政府新闻、苛捐杂税、物价高涨、收获丰歉、战事等，谈到目前世界不好，以及他切身的痛苦。三是用切身的痛苦谈到革命的问题上来，指示他革命的出路。四是谈到革命的问题时，应站在第三者地位，提出党的主张及中国现时任务向他宣传。态度：一是态度要适当，不可过于口严，使群众不易接近，但亦不可过于表现轻蔑态度，使群众不专心听，反而被人轻视。二是要从容镇定和颜悦色，不可粗暴，致令人讨厌。三是服装宜群众化，对什么群众宣传便穿什么衣服。四是要保持平常态度，不可特别装腔作势令人怀疑。"① 第三，与革命事业紧密结合。党中央在革除婚姻陋俗的相关工作中，始终将其与无产阶级革命紧密结合，主张将民族、阶级解放和妇女解放相结合。以蒋介石为代表的大地主大资产阶级与帝国主义及封建军阀相勾结而背叛了大革命，大范围杀害中国共产党党员，两党之间的阶级对立也体现于妇女解放运动中。中共中央批判资产阶级性质的女权运动，认为资产阶级性质的女权运动希望以和平方法解放妇女是不现实的，妇女解放运动必须以革命

---

① 　赣州市文化局．红色印迹：赣南苏区标语漫画选［M］．北京：文物出版社，2006：23.

的手段才能得到真正实现。在中共中央革命旗帜的感召之下，长期遭受婚姻压迫的妇女们毅然奋力反抗压迫，投奔到革命的洪流之中。总之，在广大的抗日民主根据地，中国共产党革命的现代性带来了关于家庭、婚姻、性、爱情的新观念，这种现代性就体现在主张婚姻、性、家庭形成一个以爱情为圆点的同心圆。尽管共产党的主张与当地妇女自发地追求婚姻幸福的愿望有一致性，但是社会生活的现代转型和政权建设对社会的管制也会导致边区革命政权与妇女在某些方面的冲突。然而，通过这些冲突，革命政权既改变了妇女的一些传统陋俗，同时妇女的活动也使得革命政府在政策上做出补充性调整，以回应妇女的要求。①

　　中国共产党领导婚姻陋俗治理也存在一些不足。第一，在革除婚姻陋俗的过程中存在不彻底性。由于传统习俗的长期性和复杂性，人民群众受封建婚姻影响至深，加上新型婚姻理念深入人心需要一个过程，受经济因素、家族利益、文化差异等影响较大。因此，在推行过程中，新的婚姻观念没有被基层民众充分理解，很多人认为"婚姻自由"是绝对自由，可以随意提出离婚；又如党和政府提出破除包办婚姻、反对童养媳，但在基层执行中往往流于形式，父母对子女的主婚权依然如故，加上不少农村地区普遍存在早婚现象，使得包办婚姻不可能废除，买卖婚姻也没有根除。第二，新婚姻政策落实偏差大。由于民俗的惯性特征，民众对新的婚姻法律或婚俗变革的接受需要一定的过程，加上婚姻制度和婚俗的改变跟家庭家族密切相连，跟经济、政治、文化的发展程度密不可分，基层工作者的工作态度和方式也会影响新政策的落实。第三，新婚姻制度在推行中存在着以政治利益为主导的倾向。在革命年代，党和政府推行的婚姻政策是以服从革命中心工作为目的的，在实际执行过程中，政治因素必定会居于重要地位，在中国传统文化和习俗中，一般认为，婚姻属于私人领域，婚姻关系的政治化会造成对个人情感因素的忽视。土地革命战争时期的妇女解放运动带有"五四"色度，又深染苏俄色彩，十分强调劳动妇女进行阶级斗争的重要性和意义。因为新民主主义革命时期处在战争与革命年代，妇女解放事业只能是为阶级革命而服务，处于第二性的位置。这种时代背景下，妇女解放运动无可避免地带有一丝"工具主义"色彩，对于逃离宗法共同体三权侵压的妇女而言，在一定程度上革命并未给她们带来个性解放，相反是另一种宰制——国族共同体的开始。并且，最开始倡导革除婚姻陋俗的大多也是男性知识精英，他们对于女性角色的构建也或多或少带有主观色彩，是按内心的理想女性这个标准去衡量的。

---

　　①　[美] 丛小平. 自主：中国革命中的婚姻、法律与女性身份（1940—1960）[M]. 北京：社会科学文献出版社，2022：115-116.

五、新中国初期婚姻治理成就与反思

新中国成立以后，中国共产党成为执政党，开始大力推行新的婚姻制度，多措并举对婚姻领域进行改革和治理，取得了很大的成就，比如，把妇女从家庭中解放出来，促进了经济社会的发展，树立起自由、平等、自主的婚姻观念。妇女在家庭关系中的地位逐渐发生改变，一方面是婆媳关系改善。如《人民日报》1951 年刊载了对山西老区五个农村的家庭关系情况的调查，五个村子共105 对婆媳，其中"民主和睦、互相体贴者已占多数，不很和睦者约占百分之二十四，媳妇受婆婆虐待者约占百分之二"①。另一方面是开始建立平等的夫妻关系。随意打骂、虐待妇女的"夫权"压迫逐渐减少，在山西老区五个村 311 对夫妇中，百分之七十三的夫妇能够平等处理家务，百分之九的家庭由妇女当家作主，妇女在经济上仍然没有权利的仅占百分之十七点七，只有一个还经常挨男人的打。② 但是受历史条件所限，在婚姻治理过程中也存在一些不足，比如，法律执行的实效性不足、婚俗改革的"一刀切"等。这些成就与不足为党和政府在之后的改革和治理过程中提供了一些经验和反思。

（一）促进经济发展

新中国成立后百业待兴，党和政府面临着财政不足的严重局面，很多地区还没进行土地改革，很多妇女还深受封建婚姻制度的摧残，党和政府发动妇女积极参加恢复经济的活动，实行保护妇女权益的政策。1950 年 4 月，中央政府颁布《中华人民共和国婚姻法》并于 5 月 1 日在全国施行，从法律上彻底废除了半殖民地半封建的婚姻家庭制度，确立了新民主主义的婚姻制度。全国掀起贯彻落实《婚姻法》的群众运动，各地党和政府部门从法律、宣传、组织等方面有力开展工作，如党员干部组织大规模学习《婚姻法》的工作，消除重男轻女、包办和买卖婚姻的封建思想和陋习，在教育的基础上进行思想斗争，和旧封建婚姻决裂，划清思想界限。党和政府在群众运动中广泛开展教育宣传工作，提倡男女平等社交、自由结婚，营造了良好的社会氛围；各级司法机构及时审理离婚案件和家庭纠纷案件；妇联组织参加婚姻案件的陪审工作，切实维护妇女婚姻权益。广大妇女积极参加土地改革和经济建设活动，为新中国的经济恢复和发展做出了重大贡献。总之，婚姻解放促进了经济发展，大大解放了生产力。周恩来曾评价道："《中华人民共和国婚姻法》是中央人民政府成立后公布的国

---

① 王谦. 山西老区五个农村情况调查报告［N］. 人民日报，1951-11-11.

② 王谦. 山西老区五个农村情况调查报告［N］. 人民日报，1951-11-11.

家大法之一。这一国家大法的公布施行，是中国人民在赢得革命战争胜利之后和全国范围进行土地改革的同时，进一步肃清封建残余和建立新的社会生活的重大的社会改革。这一国家大法公布施行以来，已经获得广大人民的拥护，并取得了显著的成绩。封建压迫的旧家庭制度正在逐渐变革，平等和睦的新家庭正在不断产生。大批新中国的男女，特别是深受封建制度压迫的妇女群众，得到了婚姻自由和男女平等的权利，因而更积极地参加了新社会的各种政治活动和各种建设事业。"①

（二）树立婚姻新观念

通过开展贯彻《婚姻法》运动，人民群众受到了一次新的思想洗礼、普法教育，初步划清新民主主义婚姻制度与封建婚姻制度的界限，婚姻自由观念逐步深入人心，民众认识到了新旧制度的阶级本质，男女自主观念也传播开来。婚姻登记制度建立了新型婚姻家庭制度，有利于婚姻家庭关系的维系，也助力生产新气象的出现。中国共产党党员要带头树立婚姻新观念，摒弃旧观念，刘少奇就曾对此发表过谈话，他说："在男女婚姻问题上，有很多旧观点，大多数人的观点是旧的，我们共产党员要有独立的观点，不能跟着旧观点跑，并且要引导群众从旧观点中解放出来。道德是上层建筑，是适应经济基础产生的。促进生产力发展的就是好的道德，阻碍生产力发展的就是不道德，因此道德是不断变化的。道德有很大的阶级性，我们要从旧道德观念中解放出来。在这个问题上，很多人有唯心观点。"② 积极变化体现新的婚姻关系初步建立，如《人民日报》开始持续宣传《婚姻法》执行成效，表现出人民群众对于婚姻看法的转变。又如河北省定县（今定州市）小辛庄的青年男女在当地政府和青年团的帮助之下，有15对新人由男女双方自主订婚、结婚，遇到恐吓、威胁、打骂能够运用法律武器，"这种以男女爱情相结合为基础的新式婚姻，无疑地将建立起正常的幸福的家庭关系，这也正是男女家庭成员发挥高度劳动热情的重要条件"③。

在贯彻《婚姻法》过程中难免有不足，婚姻问题是新旧思想碰撞的焦点领域，引发的纠纷很多，到了基层体现出诸多不适应性。第一，基层干部思想观念落后，对《婚姻法》不愿学习，对群众婚姻权益漠不关心，以为"清官难断家务事"，害怕影响生产等，这是消极主义的一面；还有"左"倾主义的一面，部分干部，对有些婚姻纠纷、生活作风问题采取开批斗会、游街等形式，一边教育一边惩办；另外，部分干部有官僚主义作风、以权谋私现象甚至重婚现象。

① 周恩来. 周恩来选集：下卷［M］. 北京：人民出版社，1984：55.
② 中华全国妇女联合会. 毛泽东周恩来刘少奇朱德论妇女解放［M］. 北京：人民出版社，1988：102-103.
③ 许德珩. 正确执行婚姻法 消灭封建的婚姻制度［N］. 人民日报，1951-04-30.

第二，由于历史的惯性和基层民众的各种利益诉求，加上对《婚姻法》的了解不足，在部分地区人民群众中出现了思想认识落后于形势、旧式家庭的反抗等问题，不少人认为《婚姻法》是"离婚法""妇女法""自由法""斗争法"及"穷人法"。《婚姻法》在实行过程中，家族势力干涉婚姻自由、男子虐待媳妇、妇女自杀等现象屡有发生。第三，新中国成立初期废旧立新的大背景，婚姻关系被赋予一定政治意义，因此传统社会延续下来的作为日常生活的婚姻关系就有政治化倾向，在部分基层社会里就表现为把普及《婚姻法》当成政治任务，有标签化现象，融入了斗争意识、政治意识，而这些本该由说服教育、思想宣传逐步解决。运动式地开展新型婚姻家庭关系的重塑也激化了一些人民内部矛盾，这些矛盾由于新中国初期交织着土地改革运动、"三反""五反"运动，而呈现出复杂性。

各地在推行《婚姻法》过程中也总结经验教训，进一步优化方案、改正不足，比如，西南地区在《关于贯彻执行〈婚姻法〉的指示》中总结经验，完善工作准备。在推行新法的工作准备上强调加强对《婚姻法》的宣传和阐释工作，使广大干部群众了解新婚姻制度的实行虽是一种反封建改革，但和土地改革不同，它是人民内部的制度改革，是一种思想意识改革，是一种人民内部自我教育运动。虽然开展的是贯彻《婚姻法》运动，但在方法上要注意不能采取像对待阶级敌人那样作斗争的方式，而应耐心做说服教育工作，提高群众觉悟和认识，只有对极少数严重违法和造成恶果的人才采取法律惩办。由于旧思想、习俗的顽固性，要结合中心工作有计划有意识地根据中央要求把贯彻《婚姻法》常态化。中央政府和相关部委还发布了相关文件、指示，推动贯彻《婚姻法》，包括 1951 年 9 月政务院发布《关于检查〈婚姻法〉执行情况的指示》，1952 年 7 月内务部、司法部发布《关于继续贯彻〈婚姻法〉的指示》，1952 年 11 月中共中央和中央人民政府发布《关于贯彻〈婚姻法〉的指示》，1953 年 2 月中共中央又发布《关于贯彻〈婚姻法〉运动月工作的补充指示》；还有一些专门的具体指示，如 1951 年 10 月内务部发布《关于加强区乡（村）干部对〈婚姻法〉的学习，重视婚姻登记制度的指示》，1951 年 11 月最高人民法院、司法部发布《关于检查司法干部思想作风及对干涉婚姻自由杀害妇女的犯罪行为展开群众性司法斗争的指示》，最高人民法院还发布过《关于陪审婚姻案件办法的通令》，1954 年政务院发布《关于处理华侨婚姻纠纷问题的指示》，等等。各地根据本地实际制定了相应的落实文件加大推行力度。

六、婚姻陋俗差异和因地制宜治理

不同地区对新婚姻理念的理解不同。百里不同风，千里不同俗，中国共产党在治理各地婚姻陋俗时往往要因地制宜，不同地区要采取不同方式对待才能取得较好的效果。比如，涉及买卖婚姻的"彩礼"问题，在各地方文化中的理解不同，各家庭和民众受从众心理影响和文化熏陶，自然理解就不一样。如彩礼在江西是女儿的保证金，在河南是一种家庭财产的代际转移，而在甘肃地区被认为是代际偿付、代内转移。因此，在抗战时期各根据地中国共产党领导制定的婚姻法令也会根据各地的婚姻实际状况进行修订，根据执行的实际情况进行有原则性的改良，如1939年陕甘宁边区的《中华人民共和国婚姻条例》在执行过程中"婚姻自由"原则被一些穷苦农民家庭滥用，导致离婚率升高，影响生产和社会稳定，到了1944年的《修正陕甘宁边区婚姻暂行条例》对相关条款做了修改，比如，对离婚的条件增加了适应现实的几种情况，增加了不予离婚的几种情况①，在法律执行过程中除了法庭审判外，还要进行事前事后的调查，了解清楚当事人真实的离婚原因，在执行中把婚姻自由更多地理解为婚姻自主或自愿。1944年在修改条例时把订婚、彩礼作为婚姻之前的状态列入第六条里，规定已订婚的男女在结婚前若有一方不同意结婚可向政府提出解除婚约，双方要退还订婚时互相赠送之财物或礼物。这说明边区的高等法院开始承认当地的婚姻习俗，为婚约提供了法律基础，使得订婚或因此引发的财产纠纷等有了法律准绳和监管依据。② 婚姻"新"陋俗的治理也值得关注，除了历史遗留下来的婚姻陋俗外，在历史发展的动态中婚姻陋俗也有新的演变，如何治理历史条件下产生的新问题是党和政府社会治理和婚姻治理的一个重要课题。另外，在中国共产党推动婚姻解放的过程中，对婚姻纠纷的处理是婚姻治理的重要工作内容，在新民主主义革命时期的边区政府领导下，民众有了婚姻纠纷往往请求政府出面调解或者上诉至法庭，纠纷中就涉及旧婚俗、新的婚姻法律、社会稳定等问题，在推行新的婚姻法律过程中产生的各种纠纷往往围绕彩礼、家庭暴力等产生。在司法实践中，陕甘宁边区的马锡五审判方式较好地处理了边区的革命政府、村民自治、婚姻自主、赢得群众之间的关系，既解决了民众婚姻中出现的问题，又赢得了群众对党和政府的支持。马锡五审判方式通过翔实细致的调查工作、公平公正的调解工作、合情合理的判决方式来解决婚姻纠纷，既维护了婚姻自主等党和政府提出的革命和先进的原则，又使得婚姻治理达到了良好的效果，促进了家庭和

---

① 如有人从中挑拨当事人离婚，被父母主持离婚，因嫌贫爱富、嫌老爱幼而始乱终弃者，预先看妥更好条件的对象而提出离婚者等。总之，婚姻条令充分考虑了物质动因和家长强制等因素，维护婚姻自主原则。

② ［美］丛小平. 自主：中国革命中的婚姻、法律与女性身份（1940—1960）［M］. 北京：社会科学文献出版社，2022：244.

谐和基层社会的稳定。对婚姻治理中的有些纠纷采取调解的方式，在广大的乡村往往选取一个公共场所来调解婚姻纠纷，比如，村里的庙宇、祠堂、村公所甚至一棵大树下，革命政府的领导也会请当地有威望的人出面参与（如劳动模范、变工队队长、民兵连长、妇救会主任、开明地主等），在与基层民众互动的过程中做出合情合理的调解，党和政府人员也会在不违反法律原则的前提下尊重当地婚俗，这样既宣传了党的婚姻自主政策，使得群众受到了教育，又用新的婚姻观念和原则逐渐塑造民众的婚姻观。从某种意义上讲，党和政府在推进新民主主义革命的过程中就是通过婚姻治理实现了革命话语的构建，使得群众根深蒂固的旧婚姻习俗和观念发生了不小的改变。

改革开放以来，党和政府解决婚姻问题的实践是比较成功的。1983 年中国妇女"五大"召开，大会要求，未来五年妇女要正确处理恋爱婚姻问题，争创"五好"家庭①；1988 年中国妇女第六次全国代表大会提出，全面提高素质，做自尊、自信、自立、自强的新女性，要做文明、健康、科学生活方式的推动者。就是要坚持文明进步的婚恋观，保持诚挚的爱情，反对封建包办婚姻和资产阶级的"性自由""性解放"，坚守文明进步的家庭观，保持民主和睦、互助互敬的家风，消除重男轻女等封建残余思想。② 1995 年 9 月，江泽民在联合国第四次世界妇女大会上宣布，把男女平等作为促进我国社会发展的一项基本国策。成为我国男女平等基本国策确立的标志。

随着社会转型和市场经济的发展，不少婚姻问题出现了，如婚姻物质化出现的"天价彩礼"问题，婚姻中金钱因素超过爱情因素，夫妻忠诚度下降、婚外性关系现象增加的社会问题，婚姻中夫妻地位、家庭分工失衡问题，婚姻中暴力现象"抬头"，等等。出现这些问题的原因有很多，新时期社会发展过程中婚姻家庭结构的变化是重要原因，还有市场经济的交换原则侵入婚姻家庭领域衍生出很多问题，婚姻道德的下降也是导致婚姻新问题出现的重要诱因，加上社会风气的影响和多元文化、思潮的冲击。为此，党和政府采取了很多积极措施加以解决，宏观上以坚持马克思主义婚姻观为指导，制定了治理方案，结合行政、法律、宣传、群众自治等手段多管齐下进行治理，如提高经济发展水平、净化社会风气、提倡美德等。

---

① 指政治思想好、生产工作好；家庭和睦、尊敬老人好；教育子女、计划生育好；移风易俗、勤俭持家好；邻里团结、文明礼貌好的家庭。

② 全华，康沛竹. 马克思主义妇女理论发展史 [M]. 北京：北京大学出版社，2004：185.

第五章

中国共产党构建先进婚姻文化的历史自觉

婚姻文化是人们在社会实践中形成的具有普遍性和自发性的婚姻价值取向和行为规范，包括婚姻观念、婚姻行为、婚姻心理、婚姻习俗、婚姻模式和婚姻伦理等，既有制度的因素又有民众内化的自觉行为。婚姻制度是统治阶级制定的婚姻行为规范。婚姻文化与婚姻制度有着密切的联系，婚姻制度中的相关规定都是在吸纳、改造和整合婚姻文化的基础上形成的。婚姻文化也随着婚姻制度的改变而发生变化，两者都具有调整和规范人们婚姻行为的功能，并成为指引、评价人们婚姻行为的尺度，它们共同作用于婚姻领域，使得婚姻秩序得以稳定。婚姻文化是主流文化的微观层面。统治阶级所倡导的婚姻文化不仅制约、影响婚姻制度的内容，而且推动婚姻制度更好地实施，而婚姻制度则保护和传播统治阶级所倡导的婚姻文化，婚姻制度不仅体现统治阶级的婚姻文化精神，也直接赋予婚姻文化法律强制力。婚姻制度与主流婚姻文化相辅相成，共同服务于统治阶级的利益。总之，婚姻制度与主流的婚姻文化相互渗透、相互作用，婚姻制度与婚姻文化相互配合和补充，共同成为维护婚姻秩序的有力武器。① 文化对婚俗的制约主要表现为：婚姻本身就是一种文化，即为双方所共同具有的观念和准则，如举行礼仪才算成婚；文化背景的差异对婚俗产生影响；文化渗透于男女择偶过程中，不同的择偶习俗是不同文化水平、文化样式的反映。②

婚姻关系首先是男女关系，婚姻文化首要的是要厘清婚姻成立的方式、夫妻各自权利与义务、夫妻家庭权利与义务、社会权利与责任。男女之间的结合是一种必然的自然现象。人类婚姻将男女之间的自然本性关系上升到人的存在高度。人在历史中是怎样的存在，婚姻文化便在何种程度上得到最直接的社会

---

① 李慧波. 新中国十七年（1949—1966）北京市婚姻文化嬗变研究［D］. 北京：首都师范大学，2012.

② 鲍宗豪. 婚俗文化：中国婚俗的轨迹［M］. 上海：上海人民出版社，1990：21-22.

表达，人类的两性关系必然受到自然规律支配。起初这种结合是受本能的驱使，是杂乱无序的。但人的自我意识的觉醒，对两性中的自然本性进行约束，婚姻便是人自我约束自然本性不断社会化过程中的一个重要形式。婚姻是人在实践中理性认知水平和文明程度不断提高的结果，是人运用理性在自我社会化过程中不断变革自我、抑制动物本能，走向人化和社会化的关键点。在早期人类自我探索过程中，现代的"人"的概念是不存在的，人是在实践、学习、实践、再学习的过程中生成的。婚姻开始只是简单的两性禁忌，但在发展中，婚姻禁忌从简单的规定发展成婚姻风俗习惯，慢慢地从社会的约定俗成变为规范的制度规定，从家庭层面变为社会、国家层面，成为社会制度和文化的一部分，形成了具有社会性的婚姻文化。婚姻文化塑造人的社会本性，引导人的自然本性。婚姻文化使男女本能符合自然和社会规律，满足社会需求。一方面，婚姻文化是对男女关系的社会改造，另一方面婚姻文化也是从社会关系的角度，以礼仪制度、法律规范为规定性，要求男女对自己的行为负责，用社会性调节人的本能冲动。①

第一节　中国共产党引领先进文化的必然要求

中国共产党引领先进文化的必然要求，也是党引领先进文化的逻辑。婚姻陋俗反映了一种落后的陋俗文化②，婚姻陋俗反映了封建传统婚俗观念中的文化糟粕，传统婚俗文化糟粕也会形成陋俗，前者是内在起支配作用的观念形态，后者是外在被观念形态所支配的行为方式，两者是统一体中本质和现象的反映。近代中国婚姻陋俗文化的演变并非特定时期内孤立的文化现象，它既是中国人民精神进化中一个阶段性的主旨，又是实现自身觉悟和解放的重要途径，婚姻陋俗所反映的传统婚俗文化糟粕包括观念形态和行为方式，须分辨清楚，做好舍弃。真正的文化自觉是建立在对自我文化清晰认知基础上的，对糟粕文化的反思和对陋俗文化的治理是必要的。中国共产党始终代表先进文化的前进方向，始终有文化自觉的意识。要增强对自我文化的理性反思和对陋俗文化治理经验的总结，分析它的来历、特色、劣势、发展规律，用先进文化引领社会发展，

---

① 刘红梅. 唯物史观视域中的中西方家庭文化对比研究［D］. 上海：上海财经大学，2020.

② 梁景和. 近代中国陋俗文化变革的局限及其规律［J］. 辽宁师范大学学报（社会科学版），1998（2）：36.

传承优秀传统文化，抛弃落后陋俗文化。

一、近代婚姻陋俗文化的演变及特征

近代婚姻陋俗文化发生了深刻变化。落后受辱的基本国情、进化论学说的传播与吸收、开通民智的文化氛围、新的文化价值观念的影响决定了婚姻陋俗文化的走向。其变化的实质是围绕救国这个目标展开的，在国家衰败之时，人们不安于现状，为救国奋起，在各种历史因素的相互作用下，社会呈现出大动荡。这个时期国家的政治、经济、思想文化必将发生不同程度的变化，陋俗文化也将随之发生变化。把这一文化现象置于近代社会的框架内考察，就会发现其真谛所在，即国人正欲摆脱传统人伦文化的束缚，进而达到新层次上的自身觉醒和精神解放。① 人的自身觉悟、精神解放反映在个人相对摆脱传统人伦文化的束缚，看重和强调个体价值，确立个体的人身地位，从而获得个体间的相对平等和自由。生活习俗与人的价值观念是相互表里、相互依存、相互渗透、相互作用、相互促进的。② 中国传统婚姻陋俗具有无自主性、买卖性、抑女性、承嗣性、繁缛性的特征，同时婚姻陋俗文化有独立性、历史性、转化和轮回的特征。这些特征的形成有着诸多原因，如经济、政治、地理条件、民族文化及民族心理等。《易经》《诗经》《礼记》等元典文化中，均有对婚姻观念、婚姻行为、婚姻礼仪的详细阐述和严格规定，婚姻俗制也基本是依元典文化的要求而渐次形成的。传统婚姻摒弃了人们的情感欲求、自由意志、精神享乐而变为被动、机械、违心的僵死程序和过程，从而使中国传统婚姻俗制变成束缚人性的枷锁，其实质是对人性的压制和扭曲。③

近代以来，中国传统社会走到了尽头，传统文化观念发生了动摇，其中就包括对传统婚姻观的批判和否定。先由觉悟了的仁人志士渐次到更广泛的民众阶层，开始反对传统的婚姻方式而去追求新的婚姻生活，迎来了中国传统婚姻俗制发生变革的新时代。中国共产党领导人民进行的新民主主义革命和社会主义革命无疑是最重要的历史变量，中国共产党在革除陋俗，推动妇女解放方面走在了历史最前沿，是陋俗文化变革的倡导者和主体力量。社会心理学提供的

---

① 梁景和. 近代中国陋俗文化变革的局限及其规律［J］. 辽宁师范大学学报（社会科学版），1998（2）：36.
② 梁景和. 近代中国陋俗文化变革的局限及其规律［J］. 辽宁师范大学学报（社会科学版），1998（2）：78-80.
③ 梁景和. 论中国传统婚姻陋俗的特征［J］. 辽宁师范大学学报（社会科学版），1994（5）：82-84.

理论完全可以证明这一点。陋俗文化的变革是少数文化领袖率先作用的结果。改造陋俗文化必须有文化领袖敢于承受极大的心理压力去冲破重重阻力，充当英勇无畏的带头人，他们的率先行为成为陋俗文化变革的起点。社会陋俗变化的动态轨迹固然遵循着自身内部的发展规律，但产生这种变化显而易见的直接动因，是生活在社会群体中的某些人及他们积极的新异行为。社会要产生强大的变化和发展，尤其是观念形态的变化，就需要改革者对多数人施加压力，没有近代以来最先觉醒的以中共为代表的文化领袖的表率作用，也就不会出现婚姻陋俗文化的真正变革。近代陋俗文化的变革是通过采取多种方法和渠道展开的，要坚持内容与形式的辩证统一。中共主张变革陋俗文化，通过多方面的有效方式来展开变革陋俗的工作。其主张表现于组织团体、集会演说、创办报纸、发行书刊、散发书画、开设学校、创立报馆、开展教育、编演新戏、宣传民众。利用这些有效方式，因势利导，达到改造陋俗文化之目的。①

二、革除文化糟粕　建设先进文化

（一）建设新民主主义婚姻文化

五四新文化运动以来，早期共产党人以文化改造来救国救民，改造婚俗和抨击陋习是重要内容，破除神权和陋俗对妇女婚姻生活的压迫和危害，革除婚俗中的封建迷信陋习。"在清理古代文化的发展过程中，剔除其封建性的糟粕，吸收其民主性的精华，是发展民族新文化提高民族自信心的必要条件，决不能无批判地兼收并蓄，必须将古代封建统治阶级的一切腐朽的东西和古代优秀的人民文化即多少带有民主性和革命性的东西区别开来。"② 自五四运动以来的新文化就是新民主主义文化，它离不开中国无产阶级的领导，具体表现在中国共产党领导人民大众进行反帝反封建的思想革命、政治革命、文化革命。革命除了军事"围剿"和反"围剿"，还有文化的"围剿"和反"围剿"、农村社会革命和文化革命的深入结合。婚姻陋俗诸如纳妾、童养婚、典妻婚、买卖婚、指腹婚、交换婚、掠夺婚、冥婚等都是封建文化糟粕的遗存，是落后文化的载体，是新民主主义革命的对象。新民主主义文化是对过去一切标新或立异的新文化的扬弃，首先在苏区和抗日民主根据地掀起了真正惠及广大人民群众的文化创造浪潮。新民主主义革命把婚俗文化实践的群众化和革命化结合起来，解放了

① 梁景和. 论中国传统婚姻陋俗的特征 ［J］. 辽宁师范大学学报（社会科学版），1994（5）：83.

② 毛泽东. 毛泽东选集：第3卷 ［M］. 北京：人民出版社，1991：978-1048.

妇女，推动了社会进步，成为缔造新中国的精神力量之一。

中国共产党在苏区或抗日根据地领导文化事业，发展民族的、科学的、大众的文化教育，把妇女组织起来，保护她们的利益，让妇女以平等地位参加有益于抗日战争和社会进步的各项工作，实现婚姻自由。抗日民主根据地积极举办识字班、夜校，帮助妇女提高文化素养，提高思想觉悟，对婚姻解放有巨大的促进作用。"没有民族的科学的大众的文化即新民主主义文化的发展，没有几万万人民的个性的解放和个性的发展，没有一个由共产党领导的新式的资产阶级性质的彻底的民主革命，要想在半殖民地半封建的废墟上建立起社会主义社会来，那只是完全的空想。"① 中国共产党大力宣传先进婚俗文化，推动妇女婚姻解放，如运用报纸进行文化论战。1940 年，针对国民党鼓吹"妇女回到家庭去"的封建落后论调，《新华日报》副刊《妇女之路》《妇女生活》《现代妇女》《职业妇女》等通过专栏文章进行了批驳，在社会上引起巨大反响，维护了妇女自由、平等的婚姻权利和其他权利。

（二）构建社会主义先进婚姻文化

革除陋俗、弘扬先进婚俗文化是构建社会主义精神文明在婚姻领域的体现。社会意识作为社会存在的反映，包括了精华和糟粕两个部分，社会精神文明是社会意识中积极的、精华的部分。社会精神文明的独特内容决定了它对社会存在必然起推动作用，因此，加强精神文明建设不仅是必要的而且是重要的。在当代中国，先进文化就是中国特色的社会主义文化，其总体功能和作用是塑造社会主义新人，促进人的全面发展。建设高度的社会主义精神文明是文化建设的主基调，推动革除陋俗文化的实践，继承和弘扬优秀传统婚俗文化，摒弃落后陋俗文化，建构起中国特色社会主义先进文化创新的时空坐标。全社会在推行先进婚姻文化过程中可以设立婚俗改革实验区，采取极具针对性的婚俗改革措施，推动婚俗文明化、去低俗化，弘扬社会主义精神风尚，树立婚俗新风，实现精神小康。可以把社会主义婚俗文明写入村规民约、居民公约，建立"红白理事会"，促使人们解放思想，"用良币驱逐劣币"，为婚俗文化注入文明节俭的正能量基因，从根本上革除婚姻陋俗。

---

① 毛泽东. 毛泽东选集：第 3 卷［M］. 北京：人民出版社，1991：980.

第二节　中国共产党积极改造婚姻陋俗文化

随着近代以来社会的发展，新文化不断发展，旧文化不断衰落。随着"文化救国"浪潮的兴起，落后的封建旧文化成为先进中国人攻击的对象，在婚姻解放的历程中，革除陋俗文化和建立新型婚姻文化是同时进行的。在中国共产党领导的革命、建设、改革过程中，推动先进婚姻文化的建设，用新民主主义文化、社会主义先进文化来引领文明婚姻文化的发展。新中国成立初期，随着贯彻《婚姻法》运动的开展，新型的婚姻伦理和婚姻文化被构建起来，深深地影响了社会的发展和人们的家庭婚姻生活。

一、文化救国与封建陋俗文化

新文化运动后，中国社会进入了更明显的大变迁时代，各种新思潮互相激荡，人们的生活方式、习俗、思想、艺术等都开始发生巨大改变，其中个体的自我主体意识觉醒是当时最显著的特征之一。个体成为撬动旧社会的支点，原本平常的旧社会变得丑陋不堪，日益成为人们批判的对象。一方面，当人们主体意识觉醒后与个体联系最为紧密的婚姻家庭成为首要批判对象。另一方面，封建旧婚姻家庭是封建社会的重要堡垒之一，近代以来，尤其是新文化运动以后，封建伦理道德与新思想新文化格格不入，成为抵抗新思想的顽固力量。变革旧社会，也就必然会对保守的旧婚姻家庭文化进行改革，首要的是追求婚姻自由，新文化人士和社会先贤纷纷对封建社会延续下来的包办婚姻、买卖婚姻、门第婚姻进行激烈的抨击和否定，号召建立新式的自由的婚姻。

近代中国一步步落入半殖民地半封建的深渊，面对西方的文化冲击和文化侵略，一部分先进的中国人开始思考用文化救国的方式来帮助民族自强自立，实现"文化翻身"成为那一代知识分子的迫切愿望，他们面对西方资本主义文化形态和思潮的传入，从全盘吸收到"文化改造"，不断思索如何把我国落后的陋俗文化进行改造或革除，以适应极具变化的社会发展。中国共产党人倡导的革命文化和马克思主义文化就是其中的典型代表，他们用马克思主义先进文化抨击封建旧文化和资产阶级的文化形态。用马克思主义婚姻思想改造封建半封建的婚姻陋俗文化，抨击资产阶级的"买卖婚姻""依附婚姻"等形态，倡导和推行自立、自由、自主的婚姻，倡导平等的婚姻观和爱情观。

从新民主主义革命到社会主义革命时期，实现"文化翻身"，一方面使中国文化摆脱了西方殖民文化、本国封建文化的压迫和控制，另一方面也使中国人民享有文化教育权利，摆脱了文盲半文盲状态。① 中国人民也接受了新型的婚姻文化和婚姻形态、平等自主的一夫一妻制和在妇女解放事业中实现的自由婚姻。

二、用先进文化改造陋俗文化

中国共产党在局部执政时期和取得全国政权后，始终用新民主主义文化改造婚姻陋俗，以社会主义先进文化构建新型精神文明，推动文明家庭的建设和文明结婚的普及。中国共产党推动先进婚姻文化建设的主要特征是用先进文化引领婚姻发展思潮，在保护妇女儿童权益的基础上引导婚姻走向文明化，综合运用经济、行政、法律、宣传、基层治理等多种手段营造文化氛围。

（一）党推动婚姻文化改造的尝试

新中国初期，中国共产党在思想文化领域的主要任务就是"文化改造"，改造旧文化、建设新文化，以马列主义和毛泽东思想为指导，批判地继承和改造旧文化的同时，还要清除帝国主义文化、封建主义文化和奴化文化的残余。1949 年 9 月，作为临时宪法的《共同纲领》规定："中华人民共和国的文化教育为新民主主义的"，明确了"革故鼎新、除旧布新"的文化工作任务。1950 年 6 月，毛泽东在党的七届三中全会的书面报告中指出："有步骤地谨慎地进行旧有学校教育事业和旧有社会文化事业的改革工作，争取一切爱国的知识分子为人民服务。"② 1956 年 9 月，党的八大正式提出"努力创造社会主义的民族的新文化"，明确了进入社会主义阶段的文化建设目标和任务。

党和政府对婚姻的治理是全方位的，批判陋俗文化是重要的手段。比如，对婚礼中不合理彩礼的批判就是一例。彩礼是指缔结婚姻过程中男方向女方支付的若干物资或金钱。作为婚俗的一种，彩礼延续了传统社会中缔结婚姻时的聘礼和聘金习俗，在婚姻礼仪中普遍存在。在父系社会中，新郎家有权宣布妻子所生的孩子属于其家族成员，这是他们最主要的权利。另外，新郎家有权拥有新娘的劳动力，婚后新娘就成为丈夫家的生产成员。因此，在封建小农社会下，彩礼的存在具有一定的社会合理性。但到了近代，尤其是自由平等观念的逐步普及，使新民主主义革命时期经济和社会发展发生巨大变化，彩礼往往成为买卖婚姻的费用，违背平等原则、自主原则，把女子物化，违背伦理原则。

---

① 李萍，李增添. 中国共产党文化治理方略的历史探索 [J]. 广东社会科学，2020 (5)：8.
② 李萍，李增添. 中国共产党文化治理方略的历史探索 [J]. 广东社会科学，2020 (5)：7-8.

因此，在新民主主义革命时期的苏区或根据地内，中共领导的政府禁止结婚索要彩礼，如《晋冀鲁豫边区婚姻暂行条例》规定："订婚时男女双方均不得索取金钱或其他物质报酬。凡有买卖婚姻之行为者，除将买卖身价没收外，并处以六个月以下之徒刑。"① 新中国成立后颁布的《婚姻法》也明确规定，禁止买卖婚姻，禁止借结婚索要财物。高额的彩礼会加重男方的经济负担，影响家庭经济生产和家庭和睦。党和政府号召女性自立自强，不依附于男性，做新社会的新女性，体现男女平等，还号召大家反对旧社会的遗存——彩礼，增产节约，反对婚礼铺张浪费。

新中国初期，传统遗存的婚姻仪式和行为被批判，如旧社会婚礼习俗中的坐花轿、收彩礼、办酒席等习俗是由剥削阶级兴起的，也是为剥削阶级服务的。所以，移风易俗、破旧立新是一场兴无产阶级之风、灭资产阶级之风的大事。在政府移风易俗的政策下，全社会形成了改造旧婚礼、提倡新婚礼的风气。同时，党和政府组织干部和专门力量对群众进行说服教育，并利用媒介大力宣传。另外，对婚礼用品等提出限制，提倡婚礼要回归男女平等、隆重简约。新中国成立后，传统社会制度崩溃和经济体制瓦解，作为社会文化一部分的婚姻文化也发生了变化。婚礼也成为党和政府改造和诠释的客体，经过大力宣传与倡导，婚礼逐渐从家庭权威向国家权威转换，旧式的婚礼程序和仪式基本上被取消或者简化。人民群众也不用花时间来为婚礼做太多的准备，婚礼与日常生活已经没有太大的脱节。婚礼中所用的食品、服饰、交通工具、婚后居所蕴含的意义已经没有传统婚姻文化中的那么丰富了。人们在新的制度下积极地调整和适应，在顺应党的政策的同时，也积极建立与新民主主义文化和社会主义先进文化之间的象征联系。党和国家意识形态渗透到婚礼当中，并在相当长的一段时间内占主导地位。但婚姻文化有其特有的发展规律，新中国初期对婚礼移风易俗是在特定的时代、特定的思想背景下的婚姻文化的剧变，带有某种盲从心态和功利色彩，一旦党和国家政策推动不及时或被打破，婚姻文化中的某些成分很可能在人们的生活中不同程度地复原和回归。②

从新中国成立后婚姻文化的变迁可以看出，婚姻文化变迁背后的权力转移经历了从家庭权威到国家权威的变化，以家庭为主导的婚姻转到以国家和个人为主导，男女双方的婚姻权益也由男性主导逐步趋向男女平等。党和政府在运

---

① 北京市档案馆藏. 有关"妨害婚姻自由"的资料［A］. 档案号：14-2-79, 1953.

② 李慧波. 新中国十七年（1949—1966）北京市婚姻文化嬗变研究［D］. 北京：首都师范大学，2012：242.

用多种手段构建一种规范性婚姻文化。统治阶级会采取一些措施来构造文化、树立权威，通过建立社会制度和法律来调整和规范人们在社会生活中所形成的共识，进而形成规范性社会文化。这种文化一旦形成，不仅会对个人行为进行外部规范，还会把社会道德需求和标准内化为个体人格。制度控制是规范性文化的重要手段，通过权力运作使得规范文化合法化，从而加快了文化的传播。①新中国成立后颁布的《婚姻法》经过党和政府的推动很快在社会上形成了规范性婚姻文化，比如，禁止索要彩礼与铺张浪费、废除纳妾和童养媳等。封建婚姻陋俗受到重大冲击，新的婚姻文化在国家的推动下很快建立起来。在《婚姻法》的贯彻落实中，在革除封建陋习和落后制度的前提下，也要掌握传统习俗和法律规定的平衡，把握对婚姻私人领域干预与国家强制执行之间的"度"，这符合婚俗自身变迁特点和规律，也有利于规范性婚姻文化的良性构建。

　　构建良好的规范性婚姻文化需要从多方面努力。首先，要构建性别平等的婚姻文化。从择偶、结婚再到离婚，存在着种种性别不平等元素。在择偶过程中，无论是在群体范围内择偶还是在群体之间择偶，多数女性遵循的是上行路线，即男高女低模式，不仅男性认为如此，女性也认为理所应当。也就是说，全社会形成一种刻板印象，即认为这种模式合乎道德和规范，而且在择偶标准的层次上来说，多数女性还未摆脱物质需求，而一部分男性考虑的是精神和情感需求，比如，性格相合、年轻貌美等，说明男女在择偶方面存在着质的区别。再以婚后建立家庭为例，女性虽然取得与男性平等的地位，但是在家庭这个最为基本的社会单元内，女性承担的家务远远多于男性。这种现象的背后有着深层的社会原因，既有传统伦理道德的影响，又有社会赋予女性的权利远远低于男性的因素在内，同时还包含着人们的社会教育理念和性别差异。所以，促使政策制定者、执行者以及全社会成员树立社会性别平等意识非常必要。只有在承认生理差别的原则下，两性平等地进行社会活动，婚姻才会更加和谐。当然，民众并不是消极地迎合国家制度对个人生活的干预。以新中国成立初期的婚礼为例，首先，人们在简化婚礼程序的同时，积极与国家意识形态紧密结合，如邀请党的干部作为国家组织的各级代表参加并主持婚礼，鞠躬代替了传统的对祖先和神灵的跪拜，以唱革命歌曲代替传统的闹洞房等。说明人们对社会主流意识形态采取了一种积极的回应。其次，要注重社会资源的合理分配对构建婚姻文化的影响。党和国家运用法律、行政手段使得区域之间、两性之间、阶层

---

① 李慧波. 新中国十七年（1949—1966）北京市婚姻文化嬗变研究［D］. 北京：首都师范大学，2012：319.

之间的利益关系得到协调，使得人们能够在一个合理的限度之内共同拥有各种
社会资源，共同分配社会成果。从而使得人们在选择配偶和经营婚姻的过程中
精神和情感需求所占的比重多于物质需求。不会因为社会成员拥有的物质资源
差异过大或者物质需求达不到社会的平均水平，而引起单纯追求物质利益的心
态和行为，也会减少买卖婚姻等畸形婚姻形态的存在。① 还有，要做好对不同年
龄、不同群体、不同婚姻历程的人的阶段性婚姻教育和引导，以行政命令式推
行《婚姻法》会影响其实效性和针对性。

（二）从"文化建设"到"文化改革"

社会主义革命和建设时期，为了实现"人的解放"，使中国人民成为"享受
文明幸福的人"，中国共产党在婚姻文化建设上做出了巨大的努力，取得了巨大
的成就。确立了婚姻自由、一夫一妻、男女平等的婚姻制度，改变了社会风气。
在中国历史上根深蒂固的部分陈规陋俗被彻底消灭，人民群众的精神面貌焕然
一新，社会风气得到根本扭转，社会主义新风尚得到弘扬。② 改革开放新时期，
中国共产党用社会主义先进文化引领婚姻文化的发展，随着各个领域的改革推
进，文化改革也进行得如火如荼，对所有不适应中国特色社会主义文化发展的
陋俗文化、落后文化、外来文化进行了大力的改革。从各方面推动社会主义精
神文明建设和先进文化建设，全社会掀起了文化改革热潮。1982 年 9 月，党的
十二大报告从国家发展战略的高度论述了社会主义精神文明建设的基本理论问
题，建设高度的精神文明成为党在新时期的总任务之一。结合社会各领域的改
革进程，基层表现出来的落后婚姻文化也被纳入改革的范畴，如治理"天价彩
礼""无理婚闹""骗婚"及不规范的"事实婚姻"等。

三、用先进文化引领婚姻文化

整体性文化是指党和政府倡导的社会主流文化，在我国主要指以马克思主
义为指导的中国特色社会主义文化，在整体性文化的熏陶下建设先进婚姻文化
是必由之路。如果具体领域的文化与整体性文化存在抵触或者相悖，具体领域
的文化便不能被大众接受，更不会得到建立并存在下去，成为主流文化的构成
部分。如果整体性文化不深入具体的领域之中，整体性文化的传播和传承便会
受到阻碍，整体性文化也就不能发挥其稳定社会、规范群类的作用。具体的文

---

① 李慧波. 新中国十七年（1949—1966）北京市婚姻文化嬗变研究［D］. 北京：首都师
范大学，2012：325-326.
② 周海涛. 中国共产党文化理论的三重逻辑［J］. 学习论坛，2021（5）：7.

化既有自己的独特性，又与整体性文化保持一致。相比整体性文化，具体领域的文化更具操作性，更有可实践性，也更有利于受众的接受。① 婚姻文化作为具体领域的文化更能发挥文化传承的纽带作用。

婚姻文化在内容上更切合受众的需求。从小生活在家庭中的个体，对婚姻文化的生成土壤十分熟悉，因而婚姻文化内容更容易深入个体的观念中，融化成个体的一部分。婚姻文化中的礼仪、风俗、习惯更容易在日常的生活中被受众接受，形成文化传承的纽带，在代际中实现文化的传承。文化本身是一种价值观念、心理认同和行为同构，它不是以知识存在的，也不是通过强制性就能被接受的。文化的传播和传承是在生活中反复练习形成的无意识的一种习惯，是一种无意识文化自觉。婚姻文化让生活其中的人不知不觉便被同化成文化传承的载体和纽带。婚姻文化具有完整的文化传播场。所谓传播场就是传播的环境、传播主体、受众、传播途径。家庭本身就是一个传播场，更是一个传播点。由于家庭之间的血缘关系，代际延续本身就是一种天然的传承关系。血缘代际传递更具有长久性和稳态性，它们共同构成了文化传播和传承发展的纽带。从婚姻文化与文化之间的互动关系中可以看出，婚姻文化在个体生活、社会生活中发挥重要的纽带作用。因此，婚姻文化具有价值同化作用、秩序构建作用及文化传承纽带作用。②

对我国优秀传统文化中蕴含着的婚姻文化要批判地看待和吸收。家国同构的古代政治社会体制和宗法制的延续造就了婚姻伦理与社会伦理的同构性，社会伦理是婚姻伦理的延展。家族利益是婚姻伦理的首要考量，加上封建礼教长期对女子的教化和压制，造成夫为妻纲、男尊女卑、女子有"三从四德"，形成了保守狭隘、个性压抑、愚昧落后的婚姻陋俗文化。但也形成了夫妻和谐、以理制情、相敬如宾的传统婚姻文化，传统婚姻文化中蕴含的这些文化心理已融入中国人的内心深处。传统文化造就的这些民族心理和文化品格值得科学分析和利用。在新的历史条件下要对传统婚姻文化进行科学分析、批判吸收，取其精华去其糟粕地利用，充分发挥优秀传统文化中的积极因素，为推动新时代婚姻文化的建设做出贡献。

新时期发展条件下，构建先进婚姻文化要注重先进性别文化的构建。建设先进性别文化是建设社会主义精神文明和发展社会主义先进文化必不可少的内

---

① 刘红梅. 唯物史观视域中的中西方家庭文化对比研究［D］. 上海：上海财经大学，2020：52.

② 刘红梅. 唯物史观视域中的中西方家庭文化对比研究［D］. 上海：上海财经大学，2020：53.

容。建设先进的性别文化，首先，要在全社会广泛深入地宣传马克思主义妇女观，引导人们树立文明进步的男女平等观念，形成尊重妇女、关心妇女、保护妇女的社会风尚。其次，要关注社会文化环境对性别文化的塑造，宣传健康、文明、优美的性别形象，反对扭曲妇女形象的言行，倡导正确恋爱观和平等、和睦、文明的婚姻家庭关系，鼓励有利于男女平等协调发展的性别分工。再次，大力推进性别文化的研究，为建设先进性别文化的实践提供科学的理论指导。最后，要依靠全社会的力量，通过法律、宣传、教育等手段协同推进先进性别文化的构建。①

第三节 新中国初期社会主义新型婚姻伦理的构建

婚姻形态和变革是随着经济基础的发展变化而变化的，当社会生产力发展要求变革旧的生产关系、旧的经济基础时就会引起婚姻的变革。封建社会的婚姻制度、婚姻伦理、婚姻文化是维护统治阶级利益的，是和封建地主土地所有制相适应的上层建筑，在婚姻目的上是排除个人爱情成分的，其目的是家族繁衍，而非个人情感，性欲也"非为色也，乃为后也"，因此男尊女卑、包办婚姻是常态。婚姻伦理受到政治因素的制约，政治因素指导和规范婚姻伦理的形成，婚姻伦理是实现政治要求的重要工具，婚姻伦理的内容必须体现政治要求，体现统治阶级利益和意志。《婚姻法》是与主流婚姻伦理相辅相成、相互作用的。婚姻伦理源于婚姻习俗，二者互相影响，都对婚姻方式起规范作用，社会性别文化、教育因素甚至宗教因素都对婚姻伦理有重要影响。

"以史为鉴，可以知兴替。我们要用历史映照现实、远观未来，从中国共产党的百年奋斗中看清楚过去我们为什么能够成功、弄明白未来我们怎样才能继续成功，从而在新的征程上更加坚定、更加自觉地牢记初心使命、开创美好未来。"② 只有用历史的大视野才能读懂历史的大逻辑，只有从中国共产党百年奋斗史中汲取智慧，才能找到前进的正确方向。中国共产党构建新型婚姻伦理就是推动妇女解放，促进男女平等和婚姻自由。现代社会出现了许多婚姻问题，其中一个重要原因是人们的婚姻伦理思想发生了变化，存在与社会主义新时代

---

① 仝华，康沛竹. 马克思主义妇女理论发展史 [M]. 北京：北京大学出版社，2004：189-190.

② 习近平. 在庆祝中国共产党成立 100 周年大会上的讲话 [N]. 人民日报，2021-07-02 (1).

婚姻伦理相违背的地方。中国共产党要构建符合当代的婚姻伦理思想就应当从新中国历史上构建新型婚姻伦理的实践中去汲取经验。新中国成立初期，在党的领导下我国在 1950 年制定了《中华人民共和国婚姻法》，并开展了贯彻《婚姻法》运动来推动其落实。而贯彻《婚姻法》运动的过程就是党通过法律手段构建新型婚姻伦理的过程。这是党领导人民构建新型婚姻伦理的重要阶段，为党解决当代婚姻伦理思想问题积累了历史经验。

就研究角度而言，学界一般将贯彻《婚姻法》运动与婚姻制度改革联系起来，但很少将贯彻《婚姻法》运动与构建婚姻伦理联系起来。其实，新中国初期贯彻《婚姻法》运动的过程就是构建新型婚姻伦理的过程，因此，强调贯彻《婚姻法》运动对构建新型婚姻伦理的作用是十分必要的。目前学界对新中国初期贯彻《婚姻法》运动的研究虽然较多，但大部分侧重宏观研究，从微观角度对某一时期或某一地域进行具体研究的相对较少，本节选取四川地区作为研究地域，重点研究新中国成立初期中国共产党领导该地区贯彻《婚姻法》运动从而构建新型婚姻伦理的历程，这是十分有必要的。党领导四川地区开展贯彻《婚姻法》运动具体可以分为三个阶段：贯彻《婚姻法》初期阶段、贯彻《婚姻法》运动月阶段和经常贯彻《婚姻法》阶段。在不同阶段，四川地区存在着不同的具体问题，也采取了不同的方法去解决问题，每个阶段取得的成就和存在的不足也有所不同。研究这一时期党领导四川地区构建新型婚姻伦理的实践，不仅可以获得贯彻《婚姻法》运动和构建新型婚姻伦理的具体经验，也能为党解决当代婚姻伦理思想问题和构建当代新型婚姻伦理提供借鉴和指导。需要指出的是，为了聚焦研究范围，本研究的四川地区主要指当地汉族地区，没有涉及少数民族地区。少数民族地区从 1958 年才开始逐步推行婚姻改革，由于历史原因和少数民族地区的复杂性，方式与汉族地区的改革方式有较大区别，故本节未涉及四川少数民族地区的婚姻改革。

一、中国共产党的婚姻伦理思想

伦理在社会不同阶段有着不同的内涵，但其总体是维护社会稳定的规范和准则。而婚姻伦理就是伦理在婚姻关系中的一种体现，最初体现为血缘禁忌，后又逐渐成为调节婚姻关系和行为的一种道德规范。它具有历史性、继承性、区域性等特点，具有规范价值、教育价值、预测价值、评价价值等。它与婚姻法律有着密切的联系，构建婚姻伦理离不开婚姻法律的制定和实施。中国共产党的婚姻伦理思想来源于马克思主义婚姻伦理思想，它坚持唯物史观的指导原则，以两种生产理论、人的本质理论、人的解放理论三个部分作为婚姻伦理思想的哲学基础，在此基础上进一步揭示出婚姻伦理思想的内涵。它有其自然基础，要求男女有责任意识，基本价值取向是婚姻自由和男女平等。

（一）伦理与婚姻伦理

伦理在人类社会的不同阶段，有着不一样的内涵。中国传统社会把伦理的产生归因于"天威"。西方古希腊时期人们把伦理和道德结合起来，认为伦理与城邦有关。中世纪的人则认为伦理并非形成于人类社会，而是造物主上帝的先天安排。启蒙学家则从理性的角度来分析伦理，形成了多个伦理学流派。还有一部分流派以心理学为基点，通过意志、潜意识等非理性手段来解释伦理。但无论是我国传统社会对伦理的解释，还是西方各时期对伦理的认识，都是从抽象的层面去理解的。从唯物史观的角度说，我们应将伦理放在历史背景下去认识和把握。早期的人类社会生产力落后，人们还无法正确认识自然界，将其视为一种神秘力量。由于自然界的灾难影响人类的生存，于是他们就用巫术、图腾、祭祀等来表达对大自然的敬畏，希望大自然能保佑他们的生存，这便是伦理产生的萌芽。与此同时，人们要生存，就需要以狩猎、种植等方式获取食物。当时生产工具落后，人们只能采取集体劳作的方式去获得食物，在集体劳动中就产生了人与人之间的关系问题，无论是个人与个人的关系，还是个人与集体的关系，都是伦理内涵的相关要素。后来随着社会生产力的发展，社会中人类的关系变得更加复杂，伦理的内涵也由此变得更加丰富。总体而言，伦理是人类于社会发展进程中，形成的一系列维护社会秩序、个人生存的规范准则。它以社会存在为基础，是一种能调控个人与他人、个人与社会之间关系的集体规范与社会自觉。

婚姻伦理也是随着人类社会的发展而产生的。"婚姻伦理最初表现为乱伦禁忌。"① 人类诞生之初，生产力低下，人类尚未从动物的愚昧中彻底解放出来。在这个时期，人们的婚姻混乱无序，没有固定的婚姻关系，也没有结婚的禁忌。这种混乱的婚姻会对人类的生育产生许多不利的影响。为了让族群能健康繁衍，保证族群能在恶劣的自然环境中生存，人们开始有了婚姻禁忌。首先出现的就是祖宗与子孙、父母与子女之间的婚姻禁忌，以这种婚姻禁忌为依据，形成了血缘家庭。同时，低下的社会生产力不能满足混乱婚姻状况下家庭的不断扩张，由此结婚的禁忌变得更多，出现了兄弟姐妹等有血缘关系的人之间的结婚禁忌等。后来婚姻伦理随社会发展，又逐渐成为"婚姻关系所应遵循的道德准

---

① 闫玉 . 当代中国婚姻伦理的演变与合理导向研究 [D]. 长春：吉林大学，2008：12.

则"，① 它贯穿于婚姻的结成到解除等一系列过程中。婚姻伦理无论是作为保证族群健康繁衍而生成的结婚禁忌，还是作为随着社会发展而形成的各种道德准则，其在社会中调控和规范个人婚姻行为、维护社会安定与秩序的作用并未发生变化。婚姻伦理的特点主要有三个：一是历史性。不同历史阶段的婚姻伦理有着不一样的内容。以血缘禁忌来说，在血缘群婚时代，姐弟是可以直接通婚的。但到了母系氏族晚期，这种情况就被禁止了，要求与外族人才能通婚。二是继承性。作为一种社会意识，婚姻伦理的影响是长久的，通过代代相传的方式延续。三是区域性。由于各地的经济基础、风俗民情不一样，各地的婚姻伦理存在着差异。这也包含着民族性，因为各地往往居住的是不同的民族，其民族文化、宗族信仰等进一步影响了该地域的婚姻伦理。婚姻伦理主要有以下几种价值：一是规范价值。婚姻伦理虽然是一种道德层面上的自我约束，不如法律的强制约束力大，但其对人的总体规范作用不容忽视。二是教育价值。正确的婚姻伦理会让人们在不知不觉中改变自己落后的婚姻观念，形成正确的婚姻伦理思想，并做出符合当代婚姻伦理的婚姻行为。三是评价价值。婚姻伦理可以在人们心中树立一个评价的标准，让人民群众能正确评判自己婚姻行为的好坏。四是预测价值，这是评价价值的延伸。人们知道了什么是正确或错误的婚姻行为后，就能做出正确的选择，规范自己的婚姻行为。

（二）婚姻伦理与婚姻法律

婚姻伦理与婚姻法律之间有着紧密的联系。构建婚姻伦理不能仅从思想上去规定，更要用实际行动去实现。所以，国家一般会通过制定和实行婚姻法律来构建婚姻伦理。婚姻伦理和婚姻法律，在本质上是不同的，它们的差别主要有三个：一是形成方式的差异的。婚姻伦理是一种精神上的自我规范，是在婚姻日常生活中积累形成的，没有专业性的限制。但婚姻法律作为一种强制性的规范，它要考虑诸多因素，需要有相关方面专业知识的人员来制定。二是影响大小的差异。婚姻伦理不是一种强制的思想规范，只能以舆论或道德约束来影响人，但婚姻法律就不同，它有强制的政府力量作为保证。三是调节范围的差异。婚姻伦理与婚姻法律都可以调节婚姻关系，但它们的调节范围还是有细微的差异的。总体来说，婚姻伦理的调节范围更为广泛。婚姻伦理与婚姻法律相互关联的地方主要体现在各个国家的婚姻法律与主流的婚姻伦理是基本一致的。这是为了保证国家的基本意识形态的统一，维护社会的稳定。新中国成立初期党和国家制定的婚姻法律就是婚姻伦理的法律化形式，它为构建婚姻伦理提供

---

① 王歌雅. 中国婚姻伦理嬗变研究［D］. 哈尔滨：黑龙江大学，2006：8.

了强制力，而婚姻法律的实施也有利于宣传和构建婚姻伦理，让人们逐渐改变封建的婚姻伦理思想，逐步接受更适合当代发展的新型婚姻伦理思想。可以说，新中国成立初期贯彻《婚姻法》运动的过程就是构建新型婚姻伦理的过程。

（三）中国共产党婚姻伦理思想

在中国共产党的领导下，我国坚持以马克思主义婚姻伦理思想为指导。马克思主义婚姻伦理思想坚持唯物史观，从两种生产理论、人的本质理论和人的解放理论上解开了婚姻的秘密，并进一步对婚姻伦理的内涵进行了科学说明。马克思主义婚姻伦理思想的哲学基础具体阐释如下：一是两种生产理论。"两种生产是指物质生活的生产和人自身的生产和再生产"①，它们对应着社会关系和婚姻关系。其中，物质生产决定着人自身的生产，决定着生产关系，也决定着婚姻关系，包括婚姻伦理。二是人的本质理论。生产实践对婚姻伦理有决定作用，故研究生产实践的主体也十分有必要。人和人的实际生活是人类社会和婚姻家庭生存与发展的根本，而生产关系又对社会关系有决定作用，所以要研究人和婚姻的本质，一定要从现实社会中的生产关系去把握。三是人的解放理论。马克思主义的目标是实现全人类的解放，其中就包括女性的解放。回顾人类历史，女性在家庭中一直处于被支配的地位，所以只有在追求全人类解放中打破旧式的婚姻制度，挣脱传统婚姻观念的束缚，才能实现女性的自由与解放。

马克思主义进一步揭示出婚姻伦理的实质，主要包括以下几方面：一是婚姻伦理有自然基础。结成婚姻的男女都是自然界的产物，离开自然，人无法存在，也无法进行各种生产活动，更不会在交往过程中形成婚姻伦理。二是婚姻伦理的基本要求是有责任意识。良好的婚姻关系，首先要依赖爱来维系和延续。但是想要让婚姻稳定，让家庭成为人类情感的寄托，就必须依靠婚姻伦理的核心责任意识。夫妻双方有责任意识，才能避免做出不利于对方和婚姻的事，保持长久稳定的婚姻关系。三是婚姻伦理的价值取向是婚姻自由、男女平等。促进人的自由全面发展是马克思主义的追求，在婚姻伦理中，自由的第一个表现就是婚姻自由，而婚姻自由一定要建立在男女平等的基础上。旧社会中国妇女受政权、族权、神权、夫权的压迫。只有反对妇女受夫权的压迫，实现男女平等，才能真正实现婚姻自由。

---

① 中共中央马克思恩格斯列宁斯大林著作编译局. 马克思恩格斯选集 ［M］. 北京：人民出版社，2012：13.

二、新中国初期中国共产党构建新型婚姻伦理概况

以毛泽东为代表的中国共产党人继承和发展了马克思主义婚姻伦理思想，并与中国实际相结合形成了新的婚姻伦理观，包括妇女经济上要独立、男女要平等和婚恋要自由三点。在中国共产党的婚姻伦理思想的指导下，新中国成立初期党制定了符合新社会的婚姻法律，并顺利开展了贯彻《婚姻法》运动并推动其落实，成功构建了新民主主义新型婚姻伦理。就新中国成立初期的婚姻伦理而言，虽然每个地区的具体情况不一样，但是全国有着共同的历史背景和主要发展方向。这一时期，全国各地基本存在着婚姻不自由、男女不平等和婚前论财等婚姻问题，这显示出构建新型婚姻伦理的必要性。党领导人民建立全国政权，大力恢复和发展生产，为新中国成立初期党构建新型婚姻伦理提供了基本条件。这一时期构建新型婚姻伦理应主要从婚姻自由、男女平等、淡化婚姻关系的政治意义和转变离婚观念等方面入手。

（一）构建新型婚姻伦理的指导思想

在马克思主义婚姻伦理思想指导下，中国共产党人结合我国实际形成了新的婚姻伦理观，为党构建新型婚姻伦理提供了指导。党的新型婚姻伦理观主要包括以下三方面：一是妇女经济上要独立。毛泽东指出，"不能在生育期内工作是女子被压制不能翻身的总原因"①，意思是女子是要生育才不得已失去了平等工作的权利，失去了经济上的独立地位，导致自己依附男子，在婚姻中处于弱势地位。旧社会生产资料私有制导致妇女被剥削和压迫，她们基本没有经济地位，也不直接掌握生产资料。二是男女要平等。毛泽东提出，妇女"没有政治地位，没有人身自由，她们的痛苦比一切人都大"②，"全中国二万万女子一字不识"③。以此来说明男女除了经济上的不平等，还有政治权利和受教育权利的不平等。参政和受教育是让女子拥有独立人格和思想的必要途径，此方面的不平等让女子无法在婚姻中改变自己的地位。三是婚恋要自由。毛泽东指出，"婚姻的中心在恋爱，人生恋爱的要求，其势力比任何要求都要大"④。他主张男女的结合应是由纯粹的感情结成的，反对家庭包办，反对以繁衍为中心的封建婚

---

① 中共中央文献研究室．毛泽东早期文稿［M］．长沙：湖南出版社，1995：300．
② 江西省文化厅革命文化史料征集工作委员会．中央苏区革命文化史料汇编［C］．南昌：江西人民出版社，1994：240．
③ 江西省文化厅革命文化史料征集工作委员会．中央苏区革命文化史料汇编［C］．南昌：江西人民出版社，1994：547．
④ 中共中央文献研究室．毛泽东早期文稿［M］．长沙：湖南出版社，1995：319．

姻观念。

（二）构建新型婚姻伦理的历史背景

新中国成立初期，国家还存在着诸多封建婚姻伦理思想，这些思想是建立在小农经济和父权制之上的，在中国占据了几千年的统治地位，对民众产生了深刻的影响。因此，中国共产党要改变封建婚姻伦理思想，构建新型婚姻伦理是有难度的，需要仔细分析其必要性和可行性。那时社会上存在大量旧的封建的婚姻伦理思想和婚姻陋俗，主要包括以下几点：一是婚姻不自由。包办婚姻占据主流位置，男女的个人意愿不受重视。二是男女不平等。当时由于传统封建观念的影响，女性仍然要受到父权夫权的双重压迫，男尊女卑的现象十分严重。三是婚前论财现象。婚前论财有两种方式，一种是明示的买卖结婚，一种是暗含的巨额彩礼。

新中国成立初期党有构建新型婚姻伦理的必要性，同时也有其可行性。第一，共产党成为全国执政党。这为社会全面进步和新型婚姻伦理的构建提供了根本的政治条件，党可以运用法律、行政等手段来积极构建新民主主义新型婚姻伦理。第二，党的实际行动和历史经验。新中国一成立，党就把制定全国性的婚姻法律提上日程，针对婚姻法律实践开展了深入的社会调查和文献研究，结合党在苏区、抗日根据地等局部执政时期的婚姻法律来进一步完善相关条款。还有，党有力推动《婚姻法》的落地和执行，积极调动了国家行政力量去推动《婚姻法》的实施。第三，从经济基础上看有其可行性。通过土地改革，大部分农民获得了土地。马克思主义婚姻伦理思想认为，真正自由、平等的婚姻只有在男女都拥有财产权和工作权的条件下才能实现。首先，男女享有同等的土地分配权利。在农村社会，土地是家庭的收入来源，它的所有权关系到男女的家庭地位。土地改革的结果是"产生旧婚姻制度的经济基础崩溃了"①。在土地革命后，女性不再受旧婚姻制度的压迫，她们在家族中的地位和话语权得到了提升。其次，男女享有同等的工作权利。乡村经济权利的均等体现为土地的所有权，城市则体现为平等的劳动权益。封建社会中的男女分工导致女性一直被限制在家庭中，社会地位低下。在党的领导下，妇女到社会上从事生产劳动的权利逐渐被落实。伴随着女性经济收入的增加，她们在婚姻中也有了更多的主动权和发言权。

（三）构建新型婚姻伦理的理念

婚姻法律体现着婚姻伦理的要求，因此以《婚姻法》为基础，我们可以感

---

① 敖天颖. 新中国成立初期中国共产党婚姻理论及其实践研究［D］. 上海：华东师范大学，2016：90.

受到党要求构建的新型婚姻伦理的基本内涵。总体而言，党构建新型婚姻伦理主要应从以下几个方面进行：一是婚姻自由。马克思在与燕妮的通信中，曾提到"只有以爱情为基础的婚姻才是合乎道德的"①。由此可见，自由是新型婚姻的第一要求。婚姻自由的主要特征就是简单的择偶观，即男女在选择配偶时不以财产为主要依据，而以自己的喜好、对方的品德、才干和思想等为主要衡量标准。《婚姻法》就明确规定了这一点，在法律上保障人们的婚姻自由。新中国要真正地实现婚姻自由，首先就要反对和废除包办婚姻。二是男女平等。马克思曾批判资本主义社会的男女不平等现象，比如，男人私下可以有多个伴侣，但女人被要求时刻守妇道。恩格斯进一步提出"互爱"观念，强调要重视"婚恋中妇女的弱势地位"②，要求男女在爱情和婚姻中保持平等。《婚姻法》明确规定了这一点：在社会生活的各个领域，妇女与男子享有平等的权利。新中国构建男女平等这种新型婚姻伦理，一定要"承认她们在家庭生活各方面有着与男性平等的资格与机会"③。只有在平等观念的指引下，夫妻双方才能彼此体谅，结成美好婚姻。三是淡化封建等级制的婚姻关系。马克思、恩格斯曾在《反克利盖的通告》中提到，把恋爱结婚同政治斗争对立起来是错误的，把追求美好婚姻和共产主义理想等同一样是错误的，婚姻和政治可以相互促进，但也要保持界限。新中国成立以后，党带领人民废除封建等级制，实现了人民当家作主，大部分人的等级制婚姻观念遭到了冲击，择偶意识朝着民主平等方向发展。因此，新中国成立初期党要构建新型婚姻伦理就应当淡化封建等级观念，追求平等、本真、民主的爱情和婚姻。四是转变离婚观念。马克思认为爱情死亡则意味着婚姻死亡，明确赞同离婚自由；恩格斯曾提出不合适的男女离婚其实是一件幸事；列宁则进一步认为离婚自由是实现妇女解放的必要一环。由此可见，马克思主义非常重视离婚自由这一思想。而新中国在《婚姻法》中也提出了相应的规定，体现在女性离婚后拥有再婚的权利，且女性同男性一样享有对婚姻财产的处置权。

---

① 中共中央马克思恩格斯列宁斯大林著作编译局. 马克思恩格斯选集 [M]. 北京：人民出版社，2012：94.

② 敖天颖. 新中国成立初期中国共产党婚姻理论及其实践研究 [D]. 上海：华东师范大学，2016：33.

③ 薛宁兰. 新中国婚姻立法的男女平等价值观衡量 [J]. 山东女子学院学报，2018（1）：85-92.

三、新中国初期党领导四川地区构建新型婚姻伦理历程

四川地区在贯彻《婚姻法》运动之前，存在着许多不合理的婚姻行为，如包办婚姻、买卖结婚等。鉴于这种情况，党领导四川地区构建婚姻伦理主要从提倡男女平等、主张男女婚姻自由等方面进行。党领导四川人民构建新型婚姻伦理的实践是具体的、恢宏的。从具体实施情况来看，四川地区贯彻《婚姻法》运动分成三个阶段，即贯彻《婚姻法》初期、贯彻《婚姻法》运动月和经常贯彻《婚姻法》阶段。随着各个阶段的推进，四川地区构建新型婚姻伦理取得了巨大的成功。

（一）贯彻《婚姻法》初期：开始构建

四川地区贯彻《婚姻法》运动的初期阶段是从 1951 年 9 月到 1952 年 12 月，这个阶段主要存在着包办婚姻现象严重、男女不平等、早婚等问题。面对这些问题，党领导四川地区灵活处理，在纳妾问题上采取"不告不理"方针、在婚前同居问题上宣传婚姻登记制度、在离婚问题上采取和解策略，最终四川地区开始构建起新型婚姻伦理，出现了自由的婚姻，也提高了妇女在家庭和社会上的地位，但还存在着党员干部执行不认真、群众思想认识落后等问题。

第一，封建婚姻问题严重。四川地区在贯彻《婚姻法》运动初期阶段面临的婚姻问题较多：一是包办婚姻现象严重。新中国成立初期，许多人的婚姻都是父母包办的，这不但不利于夫妻之间建立感情，而且往往会造成不幸的事件。据四川地区 1952 年 1 月到 9 月的统计，因包办婚姻产生家庭纠纷被杀、自杀的妇女就超过 1400 人。① 如川东熊家乡古城村的余某，本来心有所爱，却被家里人要求嫁给一个比自己大二十几岁的男人。婚后两人没有感情，丈夫和婆婆还经常虐待她，半年后愈演愈烈，甚至将她扒光衣服在村民面前吊起来打。结婚不到一年，她已经跳水自杀过两次。② 二是早婚的情况较多。据达县 1951 年 1 月至 1952 年 10 月的统计，早婚的夫妻超过 2000 对。③ 早婚的原因主要有两个：一是新中国成立初期我国改革了土地制度，但不少民众对此了解得不够深刻，误以为多生育就可以多分土地，于是不少人就出现了早婚的情况。二是父母家

---

① 成都市档案馆藏. 两年多来宣传与贯彻执行婚姻法的情况 [A]. 档案号 54-1-107，1952.

② 张培田. 新中国婚姻改革和司法改革史料：西南地区档案选编 [M]. 北京：北京大学出版社，2012：76.

③ 成都市档案馆藏. 两年多来宣传与贯彻执行婚姻法的情况 [A]. 档案号 54-1-107，1952.

庭经济情况不好，担心孩子以后娶不上媳妇，于是给孩子买童养媳结婚。比如，川东熊家乡包办的二十几对婚姻中，近一半都是早婚，其中最小的女生才十二岁，最小的男生十三岁，这些早婚的女生基本都是童养媳。① 三是男女不平等。在四川地区的婚姻中，妇女在家没有独立地位和权利的情况非常普遍。婚内的事情一般都由丈夫做主，即便没有了丈夫，妇女也需要听儿子的，一直处于被动和附属的地位。这甚至导致了虐杀或逼死妇女的现象。

　　第二，灵活处理婚姻案件。新中国成立初期我国人员和机构的设置十分有限，而在《婚姻法》出台后，婚姻案件数量激增，这难免会造成人员不够，机构无力承担的情况。因此，在贯彻《婚姻法》运动初期，执行的重点主要是宣传《婚姻法》和探索处理婚姻案件的灵活对策。主要有这几种策略：一是在一夫多妻问题上采取"不告不理"方针。一夫多妻是一种典型的封建婚姻，这种封建婚姻思想在人们心中已经根深蒂固，成为我国贯彻《婚姻法》运动必须突破的一个领域。但是，由于一些一夫多妻家庭的女性缺乏生存能力，所以这些女性并不会产生很强的离婚倾向。如果强制其离婚，不但不会促进新婚姻观念的普及，反而会产生负面影响。鉴于上述情况，相关部门采取"不告不理"的方针，但是这并不代表对一夫多妻家庭的保护，只是给类似家庭一个缓冲的时间，根据实际情形决定夫妻是否离婚。如果后续夫妻双方有离婚意愿，相关部门会立即批准，并再次向其宣传男女平等、自由自主的新型婚姻观念。在帮助重婚家庭离婚时，相关部门也会格外重视妇女的生存情况，保证这类妇女离婚后能独立生活。② 二是在婚前同居问题上实行婚姻登记制度。新中国成立之前，未办理结婚登记手续就同居或结婚的情况比较常见。即使是在婚姻登记制度成为法定条件后，许多人仍将办结婚仪式视为结婚的象征，而忽略了结婚登记。在这方面，民政机关主要采取宣传手段，逐步说服民众，让他们了解婚姻登记的益处，循序渐进地接受婚姻登记制度。对于那些不愿办理或补办结婚登记的民众，为了避免激起他们的反抗情绪，相关部门也没有采取强制措施，而是默许他们目前的结婚情况。③ 三是在离婚问题上主张和解策略。面对新中国推行《婚姻法》后离婚率暴涨的情况，执法部门一般会采取劝说和好的方式。④ 即使

① 四川省档案馆藏．婚姻法贯彻执行情况报告［A］．档案号 044-1-1649，1952.
② 成都市档案馆藏．成都市人民法院一九五一年一至六月份婚姻案件总结［A］．档案号 80-2-4-5，1951.
③ 成都市档案馆藏．为转发关于婚前检查的补充通知［A］．档案号 80-1-55-8，1951.
④ 敖天颖．新中国成立初期中国共产党婚姻理论及其实践研究［D］．上海：华东师范大学，2016：148.

是婚姻中存在夫妻打骂、辱骂等行为，部门人员也会采取和解策略，尽量使双方重归于好。这些具体实践一方面体现了相关部门人员执行《婚姻法》的灵活性，另一方面也存在没有固定执行标准、办案随意化等问题。总体而言，贯彻《婚姻法》运动初期总体坚持了实事求是的原则，采取的谨慎保守的策略也有利于减轻群众的抵抗情绪，为以后彻底扫清封建婚姻思想奠定了基础。

第三，新型婚姻伦理开始构建。在贯彻《婚姻法》运动的初期阶段，随着《婚姻法》的不断推行，新型的婚姻伦理开始构建，这主要表现在：一是各地法院审理的婚姻案件日益增加，许多女性在法律的保障下从封建婚姻的桎梏中解脱出来，不再受旧家庭关系的奴役和迫害，有了新的婚姻家庭关系。根据1952年1月到9月的不全面数据，全国共有12万多对夫妻，其中离婚的有4万多对。寡妇们也重新享受了婚姻的快乐，有3万多个寡妇再婚。[1] 二是开始出现没有包办、强迫和封建迷信成分的自由婚姻，男女可以凭借自己的喜好选择配偶。三是婚姻中压迫和虐待妇女的现象逐渐减少，妇女在家庭和社会上的地位有所提高。具体体现为童养媳回娘家、尼姑还俗、寡妇再嫁等现象。其中，寡妇在摆脱封建婚姻伦理思想后，不仅获得了自由的婚姻生活，还提高了生产的热情。比如，新津县（今新津区）邓双乡的寡妇余某再婚后，就与其丈夫积极研究增产的方法，仅仅一年就将大米的产量提升了五分之一。[2]

但是，初期阶段也遗留下了不少问题：一是封建婚姻思想的残余。由于《婚姻法》的宣传不够深入，所以四川地区的封建婚姻观念和行为还没有完全被消灭。尤其在边远地区，《婚姻法》的实施情况不理想，因婚姻问题而遭受虐待和被迫自杀的女性人数仍然很多。根据四川地区统计，仅1952年1月到9月被杀害的女性就接近1500人。[3] 比如，中江县象龙乡的张某，一直被丈夫虐待，最后无法忍受而带着两个儿子跳江而死。四川部分地区还存在重男轻女等封建思想，比如，永川县（今永川区）的杨某，就对自己刚出生的女儿不满意，直接残忍地将孩子淹死。[4] 二是干部问题。负责实施和宣传《婚姻法》的干部，在执行过程中存在着许多问题：有的干部对《婚姻法》的实施漠不关心，对残

---

① 四川省档案馆藏. 四川地区宣传与贯彻执行婚姻法的情况［A］. 档案号 29-1-217, 1952.

② 成都市档案馆藏. 两年多来宣传与贯彻执行婚姻法的情况［A］. 档案号 54-1-107, 1952.

③ 四川省档案馆藏. 四川地区宣传与贯彻执行婚姻法的情况［A］. 档案号 29-1-217, 1952.

④ 成都市档案馆藏. 两年多来宣传与贯彻执行婚姻法的情况［A］. 档案号 54-1-107, 1952.

害女性的罪行睁一只眼闭一只眼；有的干部认为合法自由的爱情是有伤风化的行为，他们封建思想浓厚，不仅没有促进《婚姻法》的实行，反而采取各种手段对男女合法结婚的行为进行干预。例如，在结婚时，干部会强调双方父母尤其是女方的父母到场，对父母安排的婚姻不满意而离家出走的女性，有的干部还会对她加以处分；有的干部帮助重婚纳妾的男子登记，继续延续男尊女卑的封建传统；① 有的干部对《婚姻法》的了解程度不够，给群众讲解得似是而非。还有一些干部对主动求助的童养媳、被家暴的妇女漠视不理，甚至把其直接送回男方家里继续遭受虐待。② 三是群众思想认识的落后。这具体表现在：第一，自由恋爱的思想没有建立。绝大多数群众仍然没有把自由恋爱看作自身应有的权利，没有在心里真正认可新型婚姻伦理思想。因此，包办婚姻在现实中依然存在。第二，寡妇的守节思想。很多寡妇仍然认为自己应该从一而终，再婚是不守妇德、遭人唾弃的行为，又或者是认为自己不需要改嫁，有儿子和土地改革中分到的土地就够了。普通民众大多也对寡妇改嫁持反对态度。第三，歪曲《婚姻法》中的思想。如有不少妇女基于报复思想，认为男女平等就意味着可以随意打骂男人。有的妇女对《婚姻法》中规定的男女结婚年龄进行歪曲，认为婚姻中男人最多比女人大两岁，因而一些结婚多年的妇女，就以男方年龄为借口提出离婚。③

（二）贯彻《婚姻法》运动月：取得重大进展

贯彻《婚姻法》运动月阶段是从 1953 年 1 月到 1953 年 4 月，四川地区在这个阶段面临的情况有了一些新的改变：人们已经初步具有新型的婚姻伦理思想，但封建婚姻思想并没有完全消除。因此，四川地区实行了多种制度进一步推进贯彻《婚姻法》运动，包括结婚登记制度、婚姻调解制度、离婚救济制度、干部负责制度、妇联陪审制度和舆论监督制度等。运动月后，四川地区构建新型婚姻伦理取得了较大进步，大部分人都有比以前更为自由平等的新型婚姻观，但仍存在新型婚姻伦理思想不够全面深入的问题。

第一，封建婚姻问题残留较多。运动月面临的情况具体如下：许多年轻人，尤其是女性，摆脱了封建婚姻的桎梏，有了自由平等的新型婚姻观念。还有一

---

① 张培田. 新中国婚姻改革和司法改革史料：西南地区档案选编［M］. 北京：北京大学出版社，2012：121.

② 四川省档案馆藏. 四川地区宣传与贯彻执行婚姻法的情况［A］. 档案号 29-1-217，1952.

③ 张培田. 新中国婚姻改革和司法改革史料：西南地区档案选编［M］. 北京：北京大学出版社，2012：121.

部分妇女从家庭中挣脱出来，开始到社会上从事生产劳动，这为促进社会建设提供了新力量。但是，封建婚姻思想并没有完全消除，贯彻《婚姻法》运动需要继续推行。对四川地区来说，农村最大的问题是包办婚姻和婚姻买卖，主要表现在童养媳现象严重、结婚时男女年龄悬殊上，比如，剑阁县一个村平均200对夫妻，其中男小女大的夫妻就占了二分之一，甚至有8岁男孩娶亲的情况。① 出现这种情况主要是由于长辈想增加家里的劳动力，提前为家中的男丁买媳妇。包办婚姻和婚姻买卖的现象与自由平等的新型婚姻伦理背道而驰，它虽然只是出现在少部分偏远地区，但其影响仍然不可忽视。城市最大的问题是女性的地位仍然与男性不平等，尤其是经济地位上的悬殊。城市经济发展水平高，有很多适合女性工作的岗位，但由于婚姻伦理中男女平等的观念还未完全普及，女性的社会劳动权仍然被限制。另外，无论是在城市还是在农村，婚姻中女性被家暴的情况也还时常发生。保障女性的生命权、劳动权仍然是当时社会的重大课题。为此，党中央决定在全国开展贯彻《婚姻法》运动月，促进妇女解放。

　　第二，多种制度推进贯彻《婚姻法》运动。在执行过程中，相关部门贯彻《婚姻法》运动月阶段相较于初期阶段已经有了更多处理婚姻问题的经验。因此，这一阶段的执行重点在于扩大推行新型婚姻伦理思想的范围，让新型婚姻伦理能够普及。为此，这个阶段实行了许多可以规范人们婚姻行为的制度，主要分成以下几个方面。

　　一是大力宣传和推行结婚登记制度。这是保证婚姻安全的第一步，也是政府了解人民群众婚姻状况的一种有效手段。结婚登记制度在实践中的作用是巨大的，它可以掌握群众的婚姻信息，保障群众的婚姻权利，树立起严肃对待婚姻的风尚，也在一定程度上节约了结婚费用。只有登记过的婚姻可以受到国家强制力的保护，而未登记的男女往往无法保障自己的权益。比如，未登记结婚的男女在脱离同居后，如果孕育有孩子，那么这个孩子不能享有同已登记结婚的夫妻的孩子同样的财产权利，最多能补贴一部分基本的生存费用。② 此外，结婚登记制度还规定了结婚双方必须本人到登记所来表示自己愿意和对方结婚的意愿，这就防止了婚姻是被迫由父母、家族等决定的情况，减少了封建婚姻现象。由此，群众对结婚登记制度的认同和接受程度逐步提高。但是在我国的结婚登记制度的实施过程中，仍存在着少数人不愿去登记结婚、部门过度干涉群

---

① 四川省档案馆藏．四川地区宣传与贯彻执行婚姻法的情况［A］．档案号29-1-222，1952.

② 成都市档案馆藏．成都市一九五三年上半年度婚姻登记工作简报［A］．档案号80-1-55-6，1953.

众感情生活等问题。由此可见，结婚登记制度还需要进一步完善。

二是实行婚姻调解制度。对于婚姻内部的纠纷，调解人员只有充分掌握信息，才能有科学正确的判断。因此，国家大力增加调解人员的数量，不断培养其调解能力，注重对调解人员内部管理上的监督。经过培训后，调解员们基本能在掌握信息过程中运用各种技巧，从各阶层的人身上了解事情真相，最终获得足够多而准确的信息。就婚姻调解来说，起初大家认为婚姻问题应该由家庭内部解决，政府不应该插手，但随着政府介入的好处逐渐显露后，群众越来越愿意接受政府的调解。事实上，新中国成立初期的家庭矛盾主要来自经济方面。由于贫穷，不少夫妻会因为柴米油盐而争吵，产生"贫贱夫妻百事哀"的现象。针对这种情况，政府会在就事论事的前提下，额外给这些家庭一些物质上的帮助，给予各个家庭一些调解的动力及和睦相处的经济条件。不过，在调解过程中也出现了一些部门过度干涉群众婚姻，或者公布群众婚姻隐私的情况。①

三是实行离婚救济制度。在众多的离婚案件中，很少有夫妻双方的离婚意愿达到高度一致。即使是通过协议离婚的夫妻，也存在着当事人被动离婚的情况。离婚救济制度就是为了保护那些处于被动状态的当事人，让其能维护自己的各项权利而制定的。有许多妇女即使在家里忍受着丈夫的殴打和虐待，也不愿意提出离婚，就是因为结婚对她们来说是一种生存的方法。她们没有文化，没办法找到工作养活自己，便只能保持这种处于弱势地位的婚姻状况。离婚救济制度让夫妻双方在离婚后继续履行一定的责任和享有一定的权利，即经济上占优势的一方要保证另一方的基本生存。这让婚姻中弱势的一方得到了基本的生活保证，其中对优势一方施加的经济压力也避免了其产生动机不纯的离婚意愿。在实践中，党也重视救济的程度，并没有让救济成为一种终身制。这就要求被救济者能充分发挥自己所获得的有限救济金的作用，提高自己的独立意识去自主生活，不再因为经济原因而放弃自己的婚姻权益。

四是实行干部负责制度。汲取了上一阶段的经验，中国共产党这次非常重视干部问题。为了确保党员干部能树立榜样，积极贯彻《婚姻法》，党中央还设计了主要针对干部的监察机制。这套机制主要由上对下的监管、平级监察和下对上的监督构成完整体系，以最大程度地保障各项婚姻法规能够正确、健康执行。② 这项制度可以确保各种婚姻法规的正常运行。干部队伍的思想素质和执行

---

① 成都市档案馆藏. 川西区检查婚姻法执行情况总结报告：草稿［A］. 档案号 81-1-16-6，1951.

② 敖天颖. 新中国成立初期中国共产党婚姻理论及其实践研究［D］. 上海：华东师范大学，2016：168.

力是影响我国婚姻制度改革成效的重要因素，为此，中央要求各级领导干部特别是党政领导要进行自查，并向上级汇报，切实履行好宣传《婚姻法》的职责。总体来说，视察和报告是上级领导落实政策、反馈民众、监督下级的重要途径，取得了较好的效果。

五是实行妇联陪审制度。尽管婚姻由男女结合而成，但是在传统的婚姻中，女性是弱势群体，因此，在离婚案件中，女性所提出的离婚请求占了很大比重。为了加强对妇女权益的维护，党和国家专门建立了妇联陪审制度。妇联人员的任务主要是调查清楚案件的情况、给当事人提出合理的建议、帮助当事人达成一致的意见。比如，处理重婚案件时，许多女性其实都是弱势群体，都需要给予帮助，但最后的判决很难使每个人都满意。这时，妇联就可以对当事人进行劝说，对两人进行调和，让他们接受判决结果。由于立场与工作方式的差异，法官难以履行劝导责任，而妇联则更加灵活，可以很好地劝说双方。且实践证明，女性更倾向于向妇联倾诉心声，而妇联的劝说也较易为当事人所接受。妇联的陪审制实质是并行监督，即与人民陪审团一起监督执法，维护妇女的合法权利。实际表明，这样的做法是正确的。对法院来说，这让其能更加具体地了解案件真实的情况，做出不偏不倚的判断；对妇联来说，这帮助它能依法处理更多的婚姻纠纷，避免让群众内部的婚姻矛盾越闹越大，到难以解决的地步。同时，加强妇联的监督作用也可以有效地推动司法公开，减少司法腐败。

六是实行舆论监督制度。舆论监督制度要求人民群众监督部门，而在新中国成立初期，由于我国的信息技术不发达，人民群众一般只能采取写信和打电话两种方式来发表自己的意见。舆论监督制度也对部门提出了要求，让其充分重视人民群众的意见，真正地从人民群众的利益出发去改进相关的问题，并提高自己的办事能力。总体来说，舆论监督制度促进了人民群众与部门之间的交流，也激发了广大人民群众参与社会事务的热情。通过这些相关的制度，干部态度不够端正、对群众关心程度不够、残留封建思想、有急躁情绪等问题已经被解决。但也有部分地区没有认真落实这些制度，导致在实际进行贯彻《婚姻法》运动时没能正确宣传新型婚姻伦理思想，也未能改变人民群众的不合理的婚姻行为。

第三，新型婚姻伦理构建取得较大进步。经过这些制度的实施，新型婚姻伦理的构建取得了很大的进步，人民群众对新的婚姻伦理已经逐渐接受，大部分人都有着比以前更为自由平等的新型婚姻观。这主要表现在：第一，婚姻自主观念基本普及。人们不再把经济看成第一位，在选择伴侣时有了更多自主权，包办婚姻的情况大大减少。如自贡市一个月里，自由结婚的数量就占了百分之八十以上，自由恋爱的风气也逐渐形成。① 第二，大家对于轻率的结婚离婚行为有了批判意识。第三，男女平等意识更加普及。政府不仅禁止男性殴打女性等行为，保证女性的人身安全，而且从精神上鼓励女性有自己的意识，积极参加社会劳动，摆脱家里的束缚。第四，家庭中婆媳关系缓和，婆媳之间能够和睦相处。第五，寡妇再嫁得到了广泛的认可。

但是这个阶段还是遗留了一些不足：一些民众没有真正从心底接受新型婚姻伦理思想，只是在运动月里做做样子，等运动月一过去就恢复了原样。比如，自贡市的张某，运动月之前就喜欢打骂女人，在运动月中稍稍收敛，但后来又恢复了原样。他不仅让刚生孩子的妻子去做重活，甚至在吃穿上也克扣她。② 这便说明部分男性依旧将自己放在主导地位，并不尊重女性的基本权利。虽然最后干部对此进行了处理，帮助两人离婚，但也说明想要完全构建新型婚姻伦理思想，还需要进一步的努力。

（三）经常贯彻《婚姻法》时期：逐步成型

经常贯彻《婚姻法》时期是 1953 年 4 月以后，四川地区在这个阶段仍面临着少数封建婚姻问题：部分地区包办婚姻、干涉婚姻自由的行为仍然存在。这一阶段需要将工作重心转移到使新型婚姻伦理思想常态化上。此阶段需要采取的措施主要包括加强宣传工作、对婚姻案件的处理更加细致化、建立各机关间的经常性的工作关系和深入发动群众等。经常贯彻《婚姻法》运动后，四川地区的新型婚姻伦理构建初步成型，各种封建婚姻现象基本被扫清，但执行期间也暴露出部门处理案件不及时、配合力度不够等问题。

第一，遗留少数封建婚姻问题。经常贯彻《婚姻法》运动阶段仍面临着少数的封建婚姻问题：部分地区包办婚姻、干涉婚姻自由的情况仍然存在。相比之下，城市较农村干涉和包办婚姻的行为少，但也残留部分封建婚姻陋俗，且大家对正确的婚姻伦理思想仍存在一定误解，如有的妇女把两性平等简单理解为吃穿上的平等，由此产生过激行为。如自贡市贡井区有一位妇女因为丈夫不回家帮忙，认为男女还是不平等，选择了自杀。③ 有的妇女认为婚姻自由就是不受限制，不接受来自丈夫和婆婆的任何意见，芝麻大的事情也闹到了离婚的地

---

① 四川省档案馆藏. 四川地区宣传与贯彻执行婚姻法的情况［A］. 档案号 29-1-222，1952.

② 四川省档案馆藏. 四川地区宣传与贯彻执行婚姻法的情况［A］. 档案号 29-1-222，1952.

③ 马克敏. 新中国成立初川北地区贯彻《婚姻法》运动考察［J］. 党史文苑，2014（2）：26-27.

步。有的妇女认为男女平等，就必须是由女性掌握主导权，要求必须掌握家里的经济大权，否则就自杀。还有的群众片面理解婚姻自由，认为自由就是自己可以随心所欲，于是对结婚、离婚、谈恋爱的态度都十分不认真。①

第二，新型婚姻伦理思想常态化。经常贯彻《婚姻法》阶段需要使新型婚姻伦理思想常态化，让人民群众能完全理解其内涵，真正达到新型婚姻伦理"家喻户晓，人人皆知"。且只是有这种婚姻伦理思想还不够，部门还要积极督促和监督广大人民群众有正确的婚姻行为。在各部门的商议下，干部们在这一阶段主要把工作重心放在以下几点：一是要继续加强宣传工作，使新型婚姻伦理更加普及。相关部门要把宣传《婚姻法》作为工作常态，在日常培训民众的过程中不断地传递新型婚姻伦理思想。各部门还要联系各大学校开设相关课程，让新型婚姻伦理思想能普及高中生、大学生，让新一代青年都能有新型的婚姻伦理思想。另外部门也要深入偏远地区宣传《婚姻法》，做到不漏掉任何一个还存在封建婚姻思想的人民，不漏掉任何一个落后的地区。二是对婚姻案件的处理要求更加细致化。婚姻案件越来越多，但各部门不能只重速度、不顾质量，必须以更加认真负责慎重的态度，去解决人民群众实际的婚姻问题。在具体处理婚姻案件时，部门也要避免出现之前的"治标不治本"的问题，不仅要在当下解决好群众出现的婚姻问题，而且要考虑其后续发展，给予群众一些建议与指导，保证群众的婚姻能长久和睦。三是各机关要建立一种经常性的工作关系。在具体贯彻《婚姻法》的过程中，由于各机关的合作关系，所以有时会出现机关之间互相推卸责任的情况。但完成构建新型婚姻伦理的任务，需要各个机关团结合作，积极地分配任务，发挥自己的独特作用。其中，妇联作为一个深入群众尤其是女性群众的新兴组织，可以发挥更大的作用，不仅可以与群众更亲近地交流，也能帮助各机关间建立、加强联系。四是更深入地发动群众，将贯彻《婚姻法》运动变成一场广泛的自觉的群众性运动。新型婚姻伦理思想的普及，不仅需要各部门加强宣传，更主要的是要让群众主动学习和理解新型的婚姻观念，并将其运用在实际生活中。具体来说，部门需要发动群众自主宣传，让群众能主动给身边人普及新型婚姻伦理，甚至让群众能够主动检举违反《婚姻法》的违法分子，以便营造良好的社会氛围，在全社会真正构建起新型婚姻伦理思想。五是健全婚姻保障制度。婚姻调解、婚姻登记等各项制度的制定与实施应该贴近实际情况，不断调整其具体规定以适应社会的发展形势与人民群

---

① 四川省档案馆藏. 四川地区宣传与贯彻执行婚姻法的情况［A］. 档案号 29-1-217, 1952.

众的需要。在具体实施过程中，也要重视制度实行的效果，重视干部的作用，尽可能多地吸纳干部中的积极分子进行培训工作，保证让干部对制度有全面的理解。好的干部也可以进一步推进制度的落实，从而更好地贯彻《婚姻法》运动，构建新型婚姻伦理。六是要巩固成果和查漏补缺。在经常贯彻《婚姻法》阶段，新型婚姻伦理已经基本完成构建，这一阶段应该巩固已有的成果并查漏补缺。这就要求那些已经构建好新型婚姻伦理的地区，不仅要坚持现在的工作，还要推广自己的经验，带动其他落后的地区进步。各部门也要加大对落后地区的宣传和指导力度，争取早日实现新型婚姻伦理思想的全面普及。七是要有合理的奖惩制度。在工作的过程中，要表扬那些办事负责的工作人员，让他们起模范作用，从而带动其他人员积极工作。而对那些工作经验不足或是在工作中表现不佳的干部，需要让他们主动反省自己，积极地提升自己的能力素质，培养其为人民群众服务的负责态度。对于那种屡次违背《婚姻法》原则，不按指示行动还拒绝改正的工作人员，要给予严厉的惩罚。

第三，新型婚姻伦理构建初步成型。经过这一阶段的努力，新型婚姻伦理的构建已经初步成型，主要表现在：一是基本扫清了残余的各种封建婚姻样态。如三台县龙树乡已经将乡里四十几个童养媳解放。阆中黄泥乡五村的刘某，以前一直把妻子罗氏看作奴隶，现在两人改变了思想商量好离婚，罗氏有了一个重新追求幸福的机会。① 二是调解了家庭纠纷，让夫妻间的婚姻关系更加和谐。如三台县太林乡的杨氏夫妇，过去天天吵架打架，在新型婚姻观念的熏陶和干部的帮助下，他们召开家庭会议，从自身找问题，并以实际行动来改进。现在两人关系十分好，不再出现吵闹的情形了。② 三是基本纠正了人民群众对《婚姻法》的错误思想。比如，三台县槐树乡的群众主动反映说："过去以为《婚姻法》就是离婚法，现在才知道也是可以帮助我们婚姻更和谐的。"③ 四是妇女组织的进步。妇女组织不断改善自己的工作方式，使妇女解放运动有了更多依靠，这不仅有利于从内部解决妇女的思想问题，也有利于《婚姻法》运动的进一步推行。

这一阶段遗留的不足主要体现在这几方面：一是处理案件不及时。根据各

---

① 张培田．新中国婚姻改革和司法改革史料：西南地区档案选编［M］．北京：北京大学出版社，2012：146.

② 张培田．新中国婚姻改革和司法改革史料：西南地区档案选编［M］．北京：北京大学出版社，2012：147.

③ 张培田．新中国婚姻改革和司法改革史料：西南地区档案选编［M］．北京：北京大学出版社，2012：146.

县贯彻《婚姻法》的运动总结可以看出，有不少案子没有工作人员负责处理。二是各部门配合程度不够，处理案件时有推卸责任的情况。三是仍有少数的群众对《婚姻法》还不够了解或者是不愿遵守，需要干部加强教育。

四、新中国成立初期党领导构建新型婚姻伦理的实践思考

新中国成立初期中国共产党领导构建新型婚姻伦理的实践主要从历史贡献、历史局限和重要意义三个方面去总结。历史贡献主要分为两方面：一是改变了人民群众的封建婚姻伦理观念；二是从社会发展上来说，它促进了中国从新民主主义社会向社会主义社会的变革，体现了党治国理政的历史自觉。中国共产党领导构建婚姻伦理实践过程中留下的不足，也暴露出当时的历史局限性。总体来说，新中国成立初期党领导构建新型婚姻伦理的实践不仅给党领导各地区构建婚姻伦理提供了具体借鉴经验，也为党解决当代婚姻伦理问题、推动家风建设等起到了指导作用。

（一）历史贡献

党领导构建新型婚姻伦理改变了人民群众的封建婚姻伦理思想，如择偶观的转变、婚姻更加自由、寡妇不被限制改嫁、男女关系变平等、婆媳关系发展等。从社会发展上来说，它促进了中国从新民主主义社会向社会主义社会的变革。

整体上来看，新中国成立初期，四川地区在贯彻《婚姻法》运动后，取得了一些成就，逐渐构建起新型的婚姻伦理，主要体现在以下几个方面：一是择偶观的转变。人们传统的择偶观念是门第相当，但在贯彻《婚姻法》运动后，人们的择偶观念发生了改变，不再把门第出生当成必要条件，更多的"以共同劳动、生产、学习为择偶的标准"①。二是结婚自由。过去的婚姻，一般都是家长做主，年轻人无法自由选择结婚对象。贯彻《婚姻法》运动结束后，人们普遍接受了结婚自由的观念，青年男女之间的爱情也得到了大众的拥护。如新都（今新都区）县外东乡的15对年轻情侣，以前只敢在私下里谈情说爱，现在直接公开恋情，还收到了家里人的祝福。② 总体来看，家长干预子女婚姻自由的情况已经大为减少。三是离婚自由。这主要表现在寡妇不被限制改嫁上。新中国成立之前，人们普遍认为女人改嫁是对丈夫的不忠。新中国成立以后，党和国

---

① 韩军强．婚姻法与建国初期婚姻制度改革研究［D］．成都：四川师范大学，2009：47．
② 四川省档案馆藏．四川地区宣传与贯彻执行婚姻法的情况［A］．档案号29－1－222，1952．

家尽管制定了《婚姻法》，从法律上保证了寡妇改嫁的合法性，但是人们的封建婚姻思想仍然存在，人们对寡妇改嫁的行为依旧存在偏见。在贯彻《婚姻法》运动后，许多寡妇已经摆脱了封建思想的桎梏，勇敢地追求自己的幸福，人们也对寡妇改嫁的行为从厌恶到赞同。如自贡二区有位姓杨的老太太，她的儿子已经去世多年，但她仍然不允许自己的儿媳妇改嫁。经过新型婚姻伦理思想洗礼后，她竟然鼓励儿媳与他人相亲，赞同其改嫁。① 四是男女平等。封建婚姻关系中，男子往往占据有利地位，"重男轻女""男尊女卑""夫权为上"等思想已经延续千年。新中国成立前，妇女被打骂、被虐杀的现象依然十分普遍，这对妇女的生命安全、家庭的和谐、国家的生产和建设都造成了很大的影响。在贯彻《婚姻法》运动后，夫妻关系发生了转变，人们逐渐改变了自己的封建婚姻思想，建立起民主、和谐、团结的新型家庭关系。到《婚姻法》运动结束后，人民群众的夫妻关系有了很大的改善。如开县（今开州区）有一对夫妻，吵了十几年，在贯彻《婚姻法》运动后，彼此都能更加体谅对方，生活得甜甜蜜蜜了。② 五是促进了婆媳关系的发展。在传统的家庭中，婆婆总是处于比儿媳更高的地位。所以当女人受到虐待和压迫时，常常会产生希望自己能从儿媳变成婆婆的想法。当女人变成婆婆后，她们又会为自己以前在婆婆那里受的苦而心怀不满，于是将不满发泄到自己的儿媳身上，这就形成了一个恶性循环。在贯彻《婚姻法》运动之前，这种封建的婆媳关系并未发生变化。在贯彻《婚姻法》运动结束后，家长制影响减弱，婆媳关系则有了很大的改善。比如，石柱大歇乡的婆媳关系之前一直不好，现在经过"尊婆爱媳"的新型婚姻伦理思想的洗礼，很多婆婆都主动地表示不会再欺负自己的儿媳了。③

　　新型婚姻伦理的构建反过来也推动了社会的变革。新中国成立初期，党领导人民以《婚姻法》的颁布为起点，在全国开展了贯彻《婚姻法》运动。这不仅是革新人们婚姻观念的一次运动，更是一场改变中国传统婚姻制度的深刻革命。以这场改变传统婚姻制度的变革为号角，中国才开启了由新民主主义社会向社会主义社会变革的重大历程。在贯彻《婚姻法》运动的过程中，人们改变了封建婚姻观念，有了自主、独立、平等的观念，促进了全国人民奋斗的热情。

---

① 四川省档案馆藏. 四川地区宣传与贯彻执行婚姻法的情况［A］. 档案号 29-1-222，1952.

② 四川省档案馆藏. 四川地区宣传与贯彻执行婚姻法的情况［A］. 档案号 29-1-217，1952.

③ 四川省档案馆藏. 四川地区宣传与贯彻执行婚姻法的情况［A］. 档案号 29-1-222，1952.

正是在新型的婚姻伦理思想和平等独立意识的影响下，新中国成立初期党才能调动广大人民群众尤其是妇女的生产积极性和政治参与积极性，为中国的社会经济发展和政治稳定贡献巨大的力量，为社会其他领域的变革奠定坚实的基础，体现了党在治国理政中的历史智慧和历史自觉。

（二）历史局限

中国共产党领导四川地区构建新型婚姻伦理取得了成就，也遗留了一些不足。对其不足主要从改革内容、改革对象和改革区域三方面来分析，四川地区存在着残余封建婚姻观念、农村受新婚姻理念影响较小和普及范围不够全面这些问题。造成其不足的历史原因主要是新中国成立初期政治经济基础不牢固和传统婚姻观念的影响。

就婚姻改革的实效性而言，四川地区尽管落实了《婚姻法》的基本精神，但仍然存在着一些违背《婚姻法》的婚姻陋习。在婚姻自主性上，四川地区只做到了"半自主"状态，部分地方仍然存在着包办婚姻、买卖婚姻、离婚和再婚不自由等落后现象。① 这不仅违背了《婚姻法》的要求，损害了《婚姻法》的权威性，对群众自身的生产和生活也造成了一定的影响。就婚姻改革的对象而言，四川地区对《婚姻法》接受程度较高的主要是有文化水平的干部和经济水平较好的城镇居民，而很多文化水平程度较低的工人和农民依旧保留着传统的婚姻观念。对城市对象来说，他们虽然在《婚姻法》运动后改变了自己的一些旧式婚姻观念，但也产生了一些新的婚姻伦理问题，比如，子女缺乏责任感不想供养老人以及一些人追求物质享受的资产阶级婚姻观。② 从婚姻改革的区域而言，四川地区宣传和实施《婚姻法》的地方很不均衡，一些处在偏远地区的人们的婚姻观念并没有改变。相比于农村，城市构建新型婚姻伦理进行得更加彻底，这与基层人民的接受程度有关，也与基层党员干部落实《婚姻法》的程度有关。实践表明，只要是《婚姻法》落实得好的地方，人们的婚姻伦理也构建得更好。反之，人们的婚姻伦理构建也不彻底。

四川地区构建新型婚姻伦理受历史条件的限制，其存在不足有多重原因，有四川地区自身在执行过程中的各种问题，但分析存在不足的原因不能仅从四川地区自身出发，更应该联系当时的历史背景去分析党在新中国成立初期领导各个地区开展《婚姻法》运动所具有的普遍的历史原因。一是新中国成立初期

---

① 四川省档案馆藏.四川地区宣传与贯彻执行婚姻法的情况［A］.档案号29-1-222，1952.

② 成都市档案馆藏.两年多来宣传与贯彻执行婚姻法的情况［A］.档案号54-1-107，1952.

政治经济基础不牢固。新中国成立初期是我国社会的大转型大变革时期，当时我国政治经济基础处在奠基阶段，尚未形成强大的政治经济保障。由于新的政治经济基础尚未完全形成，新婚姻关系必然会在旧的基础上共存，从而造成我国婚姻体制改革中的二元对立，使得我国的婚姻改革不够彻底。二是传统婚姻观念的影响。传统婚姻观念已经延续了两千多年，所以想要凭借短期贯彻《婚姻法》运动去改变人们传统的婚姻伦理思想、构建起新型的婚姻伦理思想是很难的。传统婚姻伦理思想对我国贯彻《婚姻法》运动和构建新型婚姻伦理产生了无形的、潜在的冲击，使我国贯彻《婚姻法》运动难以进行，构建新型婚姻伦理的任务难以完成。婚姻伦理思想作为一种意识形态，具有相对独立性，不一定和社会发展进步同时同向，全面构建起新型婚姻伦理需要以经济、政治、社会、文化等方面的高度发展和全面进步为前提，需要经历一个较长的历史阶段才能实现。

（三）重要意义

无论是党领导四川地区贯彻《婚姻法》运动取得的成就，还是遗留的不足，都给新时代党构建新型婚姻伦理留下了具体的借鉴经验。研究党在新中国成立初期领导四川地区贯彻《婚姻法》运动的情况，对解决当代婚姻家庭问题也有重要指导作用。第一，提供了具体经验。党在领导四川地区贯彻《婚姻法》运动的三个阶段中，采取了各种各样的对策，借鉴其中发挥积极作用的措施，避免采用其中产生消极作用的做法，有利于党以后领导各地区更好地贯彻《婚姻法》运动和构建婚姻伦理。四川地区的具体借鉴经验主要有如下几点：一是注重宣传工作。无论是贯彻《婚姻法》运动初期，还是贯彻《婚姻法》运动月，党一直重视宣传工作，要求将婚姻法律中蕴含的新型婚姻观念宣传到每个人的心中，逐渐构建起新的婚姻伦理。二是注重干部的培训工作、关注干部的态度和执行力。贯彻《婚姻法》运动初期暴露出来的干部素质不够、态度不端正等问题影响了《婚姻法》运动的推行。后来党在贯彻《婚姻法》运动月中对这一点给予关注，贯彻《婚姻法》运动明显取得了重大的进步。因此，注重干部问题是十分有必要的。三是注重妇联、法院、政府等部门的联合作用。在贯彻《婚姻法》运动月阶段，党开始重视妇联组织，这对处理婚姻案件起到了很大的作用。在后来的经常贯彻《婚姻法》运动阶段，党发现不仅要重视妇联和政府的分工，更要把妇联、法院、政府等联合起来共同发挥作用，才能把婚姻问题处理得更好，避免出现各部门推卸责任等情况。四是注重人民群众利益，为人民群众办实事。党贯彻《婚姻法》运动，构建新型婚姻伦理的出发点就是让人们拥有更美满的婚姻、更幸福的家庭。因此，贯彻《婚姻法》运动不是一场形式上的运动，而是一场真正深入群众中，帮助群众解决婚姻实际问题的运动。党领导贯彻《婚姻法》运动，是以人民群众利益为核心的，正是因为这样，贯彻《婚姻法》运动后，新型婚姻伦理的构建才能成功。

第二，观照了当代现实。由于市场经济的发展，世界进入了全球化与信息化时代，人们的婚姻家庭观念有了重大的变化，一些婚姻伦理观的问题开始暴露出来。一是功利主义的婚姻伦理观。受市场经济的影响，部分人对金钱和现实的关注度越来越高，在选择配偶时往往会注重对方的经济实力，而很少在意纯粹的感情因素。二是个人主义的婚姻伦理观。部分人会忽略婚姻中另一方的感受，仅从自己的主观感受出发，从而导致冷战婚姻、无爱婚姻等。三是缺乏责任意识的婚姻伦理观。随着人们更加重视自己的自由度，传统婚姻观中强调的责任意识逐渐被淡化。部分人会采取闪婚、试婚等新型婚姻形式，还有人婚姻道德观念不强，出现重婚、婚外恋等情况。

当代社会出现的多种婚姻伦理思想问题，需要统筹解决。党的十八大以来，以习近平同志为核心的党中央十分重视家庭和家风建设，习近平总书记对家风建设做出重要指示。国是由家组成的，只有形成良好的家风才能营造出健康的社会风气，才能展现出中华民族的良好精神面貌，让我国显示出欣欣向荣的生机。而要形成良好的家风，首先就要求人们构建起良好的婚姻伦理观，有和谐的婚姻才能建立美满的家庭。具体做法就是以习近平新时代家风建设相关论述为指导，借鉴历史经验，构建符合新时代的新型婚姻伦理观。研究新中国初期党领导《婚姻法》运动构建新型婚姻伦理的实践，不仅可以给党构建符合新时代的婚姻伦理提供具体经验，还能让党从当代的实际情况出发，实事求是地去展开构建新型婚姻伦理的过程。这一过程，离不开婚姻法律的理论规定，也离不开各地区的执行实践。

五、小结

综上所述，新中国成立初期在中国共产党的领导下，全国各地都掀起了贯彻《婚姻法》运动。而贯彻《婚姻法》运动有助于中国共产党构建新型婚姻伦理。党领导四川地区贯彻《婚姻法》运动和构建新型婚姻伦理取得了一些成就，也遗留了许多的不足。其成就主要在于择偶观的转变、婚姻更加自由、寡妇不被限制改嫁、男女关系变平等、婆媳关系变和谐等方面。其不足主要从改革内容、改革对象和改革区域三方面来分析，即存在着残余封建婚姻观念、农村受新型婚姻伦理观念影响较小和普及范围不够全面这些问题。造成其不足的原因主要是新中国成立初期政治经济基础不牢固和传统婚姻观念的影响。尽管四川地区贯彻《婚姻法》运动有不足，但其对宣传新型婚姻伦理还是起到了不小的作用。在贯彻《婚姻法》运动的过程中，党领导四川地区注重初期的宣传工作，注重干部的培训工作，关注干部的态度、执行力等问题，注重妇联、法院、政府等部门的联合作用，同时也注重把人民群众的利益放在第一位，为人民群众办实事。党在新中国成立初期构建新型婚姻伦理的这些方法为党以后领导《婚姻法》运动和构建新型婚姻伦理留下了具体经验。

从全国范围看，新中国成立初期党领导四川地区开展贯彻《婚姻法》运动的实践，蕴含着新中国初期贯彻《婚姻法》运动和构建婚姻伦理的历史规律。其中蕴含的历史规律主要有以下两点：一是新中国成立初期的新型婚姻伦理构建和贯彻《婚姻法》运动有着相似背景，那就是把构建新型婚姻伦理同贯彻新《婚姻法》运动紧密结合起来。贯彻《婚姻法》运动的推进同新型婚姻伦理构建的进程是基本同步的。随着贯彻《婚姻法》运动的初期动员、开展运动月到常态化阶段，各地新型婚姻伦理逐步构建、基本成型，取得了前所未有的成就。二是由于每个时期历史条件的限制和婚姻伦理的滞后性，其贯彻《婚姻法》运动和构建婚姻伦理都会有一定的历史局限性，构建新型婚姻伦理不可能一蹴而就。构建新型婚姻伦理必须以经济的快速发展、社会的高度文明及人民精神素质的普遍提高为前提。遗留的封建婚姻伦理思想有一定的独立性和滞后性，只有在党的领导下经过长期的社会治理才能剔除。

从党的历史看，在中国共产党的领导下，我国在新中国成立初期坚持以马克思主义婚姻伦理思想为指导，并通过法律手段去推动构建新型婚姻伦理。中国共产党在领导贯彻《婚姻法》运动时，不仅革除了封建婚姻伦理思想，构建起婚姻自由、男女平等的新型婚姻伦理，推动了妇女的解放，还以婚姻领域的改革为号角，为新中国成立初期社会其他领域的变革奠定了坚实的基础，开启了我国由新民主主义社会向社会主义社会过渡的重大历程，在促进中国共产党巩固新生政权，维护社会稳定等方面起了重大的作用。党领导四川地区贯彻《婚姻法》运动的过程也显示出了党坚持一切从实际出发，具体问题具体分析的工作方法，以及以人民为中心，全心全意为人民服务的初心和宗旨。党在新中国初期探索出来的治国理政的经验方法，是中国共产党人宝贵的财富，显示出共产党人以马克思主义为指导，带领人民走社会主义道路的坚定信念。就当代意义而言，新中国成立初期党领导四川地区构建新型婚姻伦理的实践也给党解决当代婚姻伦理思想问题、推动家风建设提供了指导，有助于推动国家治理能力现代化。

第六章

中国共产党领导婚姻革命与治理的历史意义及当代启示

中国共产党领导婚姻革命及治理也是革除婚姻陋俗的过程，不仅有助于倡导新式的自由婚姻，将男女双方从包办婚姻的禁锢中脱离出来，而且利于妇女解放，使女性从家庭走向社会，获得女性应享有的人格尊严和平等地位。这些以往为家庭琐事劳苦的广大妇女，也能投身革命事业，为无产阶级革命事业而奋斗。废除封建婚姻制度，实现真正意义上的一夫一妻制，促进了婚姻自由和自主，解放了妇女，促进了社会进步和生产力发展。一夫一妻制是健康的婚姻形式。第一，婚姻的自然属性决定了，若纵容自我、只满足性欲必然破坏婚姻。现代社会随着经济发展和文化思想的多元化，婚姻主体被不少偶然性激情和偏好因素所影响，婚姻关系也变得越来越脆弱，离婚现象越来越多。婚姻家庭关系的稳定性下降还表现在性关系趋于开放，这是婚姻过分自由带来的反面影响。第二，夫妻平等是维系健康婚姻的基本要求。由于长期受浓厚的封建伦理的影响，很长一段时间内社会文化中一直保留着"男主外，女主内"的两性分工模式，但随着现代市场经济的发达，人们的平等、独立的契约意识日益增强，女性人身依附意识大为减弱，日益独立，逐渐达到实质意义上的解放。健康的婚姻建立在纯粹的自愿、自由和平等的"爱"的基础上，以个体的爱慕为前提。中国传统婚姻文化主张媒妁之言，排斥自由恋爱，往往使婚姻双方成为财产、门第、政治的附属品。在当代社会中，婚姻的缔结或解除多以男女双方自愿为基础，人们对婚姻自由逐渐达成了真正的认同。①

---

① 侯志菲. 论马克思主义对黑格尔婚姻观的超越 [J]. 华北水利水电学院学报（社会科学版），2010，26（1）：32-34.

第一节　中国共产党领导婚姻革命及治理的历史意义

中国共产党领导妇女婚姻解放和治理取得了巨大的历史成就，基本实现了婚姻自主和自由，废除了不平等的婚姻制度，实现了妇女的婚姻解放，同时加快了中国革命的胜利进程，也取得了基本的历史经验，如妇女婚姻解放事业必须围绕党的中心工作，在推行新型婚姻制度和普及新婚姻观念时必须尊重各地的民情风俗，必须认识到婚姻治理是社会建设的一项长期任务，是一个长期的历史动态过程，要尊重社会和风俗的发展规律，只有社会整体进步才能带动风俗文明化的改革，多管齐下、综合施策才能更好推动婚姻治理。

一、实现婚姻自主

正如恩格斯认为的："起初，人们一出世就已经结了婚——同整个一群异性结了婚。在较后的各种群婚形式中，大概仍然存在着类似的状态，只是群的范围逐渐缩小罢了。在对偶婚之下，通例是由母亲给自己的子女安排婚事的；在这里关于新的亲戚关系的考虑也起着决定的作用，这种新的亲戚关系应该保证年轻夫妇在氏族和部落中占有更牢固的地位。当父权制和一夫一妻制随着私有财产的分量超过共同财产以及随着对继承权的关切而占了统治地位的时候，婚姻的缔结便完全依经济上的考虑为转移了。买卖婚姻的形式正在消失，但它的实质却在愈来愈大的范围内实现，以致不仅对妇女，而且对男子都规定了价格，而且不是根据他们的个人品质，而是根据他们的财产来规定价格。当事人双方的相互爱慕应高于其他一切而成为婚姻基础的事情，在统治阶级的实践中是自古以来都没有的。至多只是在浪漫事迹中，或者在不受重视的被压迫阶级中，才有这样的事情。"① 自私有制出现，阶级社会产生以来，婚姻便被打上了阶级的烙印，经济方面成了男女缔结婚姻的首要考虑，婚姻自由变成了稀有甚至难以出现的现象。但这并不能压抑人们对爱情和婚姻自由的向往，全世界的人都在为这种纯粹的美好事物而斗争着，正如追求着平等、和平那般奋不顾身。

传统封建社会家族制下，"父母之命，媒妁之言"的包办婚姻是最为普遍的婚姻形式。父母长辈对子女的婚姻有决定权，而子女自己对婚姻反而没有话语

---

① 中共中央马克思恩格斯列宁斯大林著作编译局. 马克思恩格斯全集：第 21 卷［M］. 北京：人民出版社，1995：91.

权，男女之间的婚姻并无爱情基础，甚至有些男女婚前并未见过面，这种状况造成不少婚姻悲剧，婚姻确确实实成了一个禁锢男女的牢笼，不仅影响家庭和谐，还影响社会秩序的稳定。党中央从国家意志层面确立了婚姻自由的原则，男女之间的婚姻由自己做主而不再由别人决定。婚姻自由的原则并不单指结婚自由，还包括离婚自由。离婚的权利不再只由男方享有，妇女在婚姻中也享有离婚的权利，且无须公公婆婆的同意。妇女在婚姻中逆来顺受的地位得到了转变，也能依据法律而保护自身追求爱情的权利。新民主主义革命时期中国共产党革除婚姻陋俗的相关工作，改变了传统的婚姻模式，提出了新的婚姻自由观，构建了新的婚姻伦理，使得青年男女追求婚姻自主的权利得到了法律的保障。

新中国历史上出现过三次离婚高潮，第一次是 1950 年中央政府颁布《婚姻法》后的短短几年全国离婚案件猛增，据不完全统计，1951 年各地受理离婚案件共 106 万余件，1953 年达到 117 万件。第二次离婚高潮是 20 世纪 50 年代末到 20 世纪 60 年代后期，除了正常的离婚诉求外，政治运动导致的阶层和个人政治身份的改变引发了婚姻的不稳定，出现了大量离婚案件。第三次离婚高潮则是改革开放后的 20 世纪 80 年代初期，由于人们思想解放和经济社会大发展引起离婚潮，据统计，1980 年全国离婚案约 27 万件，1981 年约为 34 万件，比前一年增长四分之一，1982 年和 1983 年约为 37 万件，1984 年约为 41 万件，1986 年约为 45 万件。三次离婚高潮固然有社会经济发展的众多原因，但与民国时期妇女离婚自由相比还是有巨大的进步，一定程度上体现了婚姻解放的程度。

二、实现妇女解放

新民主主义革命开始之前，妇女解放大多是先进知识分子和上层贵族阶级提倡的，是针对贵族女性而不是针对全国广大劳动妇女群众的，因此也就缺乏群众基础。而新民主主义革命时期中国共产党认识到以往妇女解放运动的不足，党中央在开展革除婚姻陋俗的工作时，深入底层贫苦妇女群众之中，通过调查了解各地区婚俗的具体情况，实事求是地针对婚姻陋俗问题探讨改进办法。中国共产党改变了广大妇女在婚姻和社会中的不平等地位，传统社会中的"夫为妻纲""三从四德"已成为历史，妇女的思想、人格和身体得到了解放，在婚姻中获得了应有的尊严和平等的地位。并且，广大妇女获得了与男性一样的政治、经济、文化、社会等各方面权利，并受到国家法律的保护。党中央对婚姻陋俗的革除使广大妇女不只是局限在家庭之内，而是走向社会，走向独立。在思想观念上，经过党中央的大力宣传，"男女平等"观念也逐渐得到了广大群众的认同。对女子来讲婚姻是人生中的一件大事，她们本应该高高兴兴、快快乐乐地出嫁，去追寻自己憧憬的美好未来，可正是诸多的婚姻陋俗打破了她们的美梦。她们在婚姻面前基本无自由可言，更不能由自己做主，双方素未谋面，全由父母一手操办。而那些因经济条件不好，被地主阶级、官僚阶级强行买卖婚姻的女性，她们追求婚姻自由和幸福的权利被严重扼杀。各种各样的婚姻陋俗把女性捆绑在家中，让她们无法真正地走出家门去争取自己的权利。而中国共产党目睹了在各种婚姻陋俗下努力挣扎的女性，在中国共产党成立之初，便把革除婚姻陋俗、解放女性同胞作为工作之一。这些伟大举措既解开了对广大女性同胞的束缚，解放了广大的女性，帮助她们摆脱了各种婚姻的噩梦，也为革命的胜利增添了源源不断的动力和储备军。总之，持续不断的移风易俗使革命的新文化和新思想得到了传播，不仅把广大妇女从封建礼教与陈规陋习的束缚中解放出来，保证了革命所需的力量，而且改变了根据地的社会风气，广大军民面貌焕然一新，加速了革命胜利的进程。另外，值得一提的是新民主主义革命时期在党的领导下制定的婚姻法律和条例为新中国成立后《婚姻法》的制定和实施提供了丰富的历史经验和实践价值。在婚姻解放过程中，一夫一妻、婚姻登记、婚姻自由原则的确立，实质在于以婚姻家庭为突破口，切断个人与封建大家族的过度关联，不断缩小家庭的规模，"核心小家庭"得以成为社会最基础的细胞，由此将个人从封建势力中解放出来，削弱封建家长对人的"统治"强度，减少旧婚姻制度所带来的革命阻力，促使普通民众由"家族人"向"社会人"转变，使得党可以与个人建立起直接联系，最终在所进行的各项社会改革、改造运动中，重塑社会秩序。妇女的平权运动更是推动妇女走上革命舞台，释放出巨大的劳动妇女力量，在革命和建设中产生积极正向的人口效应。①

三、助力革命成功

没有革命事业的胜利，也就没有妇女解放运动的成功。换句话说，是妇女解放运动成就了革命事业，也是革命事业的胜利成就了妇女解放运动。正如列宁所强调的，革命事业与妇女解放运动是紧密联系在一起的，"目前的革命是依靠农村的，它的意义和力量也就在这里。从一切解放运动的经验来看，革命的成败取决于妇女参加解放运动的程度。苏维埃政权正竭力使妇女能够独立地进

---

① 应雁．解放·自由·法治：中国共产党推进婚姻制度嬗变的百年历程及经验启示［J］．中共四川省委党校学报，2021（5）：19-20.

行自己的无产阶级社会主义的工作"①。中国共产党革除婚姻陋俗的相关工作，解放了深受婚姻陋俗压迫的广大妇女，具有广泛的群众基础，得到了群众的认可，对于激发广大群众的革命热情以巩固当时并不稳定的苏维埃政权和进行无产阶级革命斗争具有重要意义。广大妇女脱离了婚姻陋俗的压迫，从家庭走向社会，积极地参加生产、扩红、支前等革命运动。一方面，广大妇女积极参加生产劳动，推动生产发展，也为前线减轻生产负担。革命年代，青壮年男子大都奔赴战争前线，乡村里大多是儿童妇孺。这时，妇女也就成了乡村地区生产劳动的主力，而且她们也并不比男子做得差。另一方面除了生产劳动，苏区妇女还积极参加洗衣队、慰劳队、宣传队、运输队、担架队、救护队、向导队等支前工作团体，服务于当时战争的需要。妇女也是扩红运动的重要推动力，不少妇女舍小家为大家，劝说教育丈夫、儿子加入红军，为革命事业献出一份力。实际上，妇女所做的贡献并不只限于幕后工作，有些妇女甚至直接参加战斗，自觉拥护革命事业。

第二节　中国共产党领导婚姻革命及治理的局限和思考

中国社会的发展有其自身规律，历史主体在发展过程中可以充分发挥自主性、能动性、创造性，但也会受到历史条件等因素影响。中国共产党在长期奋斗历程中，以人民根本利益为导向，推进社会各项事业发展，在领导婚姻革命和推进婚姻治理中取得了重大历史性成就，但在具体的措施实行过程中也会受历史条件的局限，有些是客观条件所限，有些是工作不足所致，有些是由于基层社会的复杂性。男女平等和人的自由发展是人类社会的美好愿景，需要一个长期的历史过程才能实现，需要有坚强的领导力量、高度发达的经济社会，综合运用多种治理手段。

一、推进妇女婚姻解放中的局限

中国共产党在新民主主义时期在各苏区和根据地推行妇女解放政策，促进了妇女的婚姻自主和自由，为革命事业和社会发展注入动力，起到了巨大历史作用。由于早期推行婚姻自由政策时，大部分民众包括基层党员干部封建思想

---

① 中共中央马克思恩格斯列宁斯大林著作编译局. 列宁全集：第28卷［M］. 北京：人民出版社，2017：163.

根深蒂固，因此在具体推行过程中也存在着"对婚姻观念理解偏差""婚姻实践的无序性""婚姻权益保障不足与妇女破坏性反抗"等问题，有的干部在执行新婚姻政策时干涉妇女的婚姻自由，有的提出了"婚姻绝对自由"的口号，给根据地的革命事业造成了不良影响。如王明主持中央妇女运动委员会工作时，妇女和婚姻工作存在主观主义和形式主义的问题，苏区放足运动"一刀切"，伤害了群众情感，在宣传婚姻自由时，鼓励妇女与封建势力进行激烈斗争，家庭矛盾因此加剧，破坏了当地经济和社会稳定。后面，经过革命政府的政策调适和社会治理，婚姻解放逐步走上了正轨。

　　部分地区出现了婚姻自由绝对化的观念倾向。在革命政府发布解放妇女的相关政策后，大力宣传婚姻自由和自主观念，很多人认为婚姻自由和自主就是可以随意结婚离婚，以至于出现不经过任何手续就结婚和离婚的现象，"有些媳妇稍感不如意就要求离婚，甚至将离婚作为威胁家人的手段。有的离婚仅是人云亦云。更有些女性并未理解《婚姻法》的具体条款，以自我利益诉求为主导。如北岳区康庄一妇女离婚用完赡养费后要求复婚"①。离婚案剧增，也影响了家庭稳定，出现了"夫慌"现象。如寻乌县"各处乡政府设立之初，所接离婚案子日必数起……十个离婚案子，女子提出来的占九个……城郊一乡跑了十几妇人，他们的老公跑到苏维埃去哭诉"②，个别地方也出现无序性解放现象，男女关系混乱，家庭矛盾增加，影响社会稳定。"一般青年男女，误解自由，黑夜逃跑，纷纷找爱。原配未弃，新爱复来。似此养成，似驴非驴，似马非马，偷偷摸摸，不伦不类。"③ 这是在革命政府推行自由婚姻政策，废除封建包办婚姻，直接赋予女性在婚姻上的自主权利，给女性婚姻家庭生活和男女关系带来了变迁与重塑的同时需要警惕的问题。

　　在实际生活中部分地区出现的离婚纠纷中妇女遭受暴力的不良倾向增多。如 1933 年 1 月，中共湘赣省委妇女部的报告就严厉指出了离婚纠纷中存在的妇女被家暴乃至杀害事件，如"永新打死逼死妇女的十五个惨案和莲花逼死妇女的惨案"④ 等，同时妇女在丈夫打骂下，被逼自杀的也不在少数。同年，湘赣

① 王微. 传统、革命与性别：20 世纪 40 年代华北乡村女性婚姻探析 [J]. 山西师大学报（社会科学版），2018，45（3）：71.

② 毛泽东. 寻乌调查 [R] //江西省妇女联合会，江西省档案馆. 江西苏区妇女运动史料选编. 南昌：江西人民出版社，1982：428.

③ 中共中央文献研究室. 毛泽东文集：第 1 卷 [M]. 北京：人民出版社，1993：242.

④ 江西省妇女联合会，江西省档案馆. 江西苏区妇女运动史料选编 [G]. 南昌：江西人民出版社，1982：278.

省内务部通令上指出，在吉安同样有一妇女被丈夫打死，莲花路口区的前山乡有男子下毒药将老婆毒死。此外，买卖、虐待童养媳的现象也不乏存在。1933年12月，中共湘赣省委宣传部发文，对以平江县黄金洞村的钟立秋"家里有个七八岁的小媳妇被她的家娘桃华打死了"① 为代表的、接连出现的几起虐待童养媳的现象进行了揭露。②

婚姻自主和自由在实践推行中往往会遭到巨大的阻力，封建婚姻伦理的禁锢不是短期可以冲破的。由于现实阻力和其他原因，在婚姻自主落实不到位时，不少妇女为了维护自身权益会"破坏式"反抗，如包办婚姻下的妇女，对配偶不满意又碍于家庭反对等原因无法自由离婚，长此以往夫妻感情不和，在流动性较小的社会环境中，发生婚外性关系成了她们排解对婚姻不满的途径。还有一些妇女选择与丈夫不同居、破坏财产甚至杀害丈夫和孩子等多种报复行为挑战旧有的婚姻与伦理体系。如一些妇女因不满婚姻而浪费粮食和生活物资。档案记载，20世纪40年代在山西新绛县义泉村，金某婚前因丈夫长相不佳，遂心生厌恶。婚后此种态度依旧未变，但又离婚不成，索性断了离婚的念想。为发泄不满，丈夫每天打多少柴她就烧多少，做饭也很浪费。③ 不与丈夫同居是另一种反抗方式。档案记载，介休一区一父母主婚的女子为了不和丈夫同房，"晚上睡觉裤子还结上疙瘩"。伤害孩子和丈夫也是一种方式，最为极端。如汾城南杨耕地村刘某多次提出离婚，男方都不同意。后来区里接受了她的离婚请求，但到县里又未得到准许。她悲愤难耐，遂将男人砍了几刀，后去自首。④ 在抗日革命根据地内部，一些基层干部的能力不足和认识水平不高等，也会导致党的新婚姻政策执行不彻底或衍生其他问题。如华北革命根据地一些村干部在执行新婚姻政策中存在诸多问题，如包庇买卖婚姻，包庇包办婚姻，对推行新婚姻政策持质疑态度，无视女性个体人身权利，甚至将女性作为参军动员的筹码，凭借自己主观意愿来解决村民婚姻问题，为解决妇女外嫁造成本村"光棍"增多的问题，严格限制妇女出村找对象，并对寡妇再嫁百般阻挠。一些村干部持单纯照顾贫雇农的观点，在处理婚姻问题时往往偏向贫雇农的男方而牺牲女方的

① 江西省妇女联合会，江西省档案馆. 江西苏区妇女运动史料选编［G］. 南昌：江西人民出版社，1982：464.

② 宋庆伟. 革命、传统与婚姻：论土地革命战争时期根据地的"婚姻自由"现象［J］. 上海党史与党建，2018（3）：13.

③ 山西省档案馆. 婚姻问题宣传教育材料.［A］. 档案号 A37-5-1-8，1949.

④ 王微. 传统、革命与性别：20世纪40年代华北乡村女性婚姻探析［J］. 山西师大学报（社会科学版），2018，45（3）：73.

利益，一些村干部在处理婚姻问题时无视边区政府颁布的婚姻法令，以封建伦理和个人主观标准任意评判。对敢于反抗旧式婚姻、提出离婚诉讼的妇女极力压制，不准离婚。① 这些问题虽然不普遍，但有危害，因此很快引起边区政府的注意，在修订的新婚姻条例中完善保障寡妇权利等条款，高等法院在司法庭审中给予实事求是的调解和判决。

另外，从新婚姻制度的实行范围和彻底程度而言，新民主主义革命时期，由于时常处于战争环境和中共领导的政权不稳固等因素，新的婚姻制度往往执行不彻底，譬如，婚姻登记制度直到 1949 年 10 月还有很多边区没有实行，订婚和彩礼等习俗也不同程度地存在和延续，党和政府很多时候迫于政权不稳固、机构不完善、传统风俗根深蒂固等原因，往往只能做积极宣传民主、平等、自由、自主等先进婚姻观念的工作，而无法挨家挨户去强制执行或检查新婚姻政策的执行。对当时广大的根据地或解放区基层社会而言，往往是发生婚姻纠纷的时候，老百姓才找政府去评理或上诉，政府很多时候也是持"不告不理、非亲告不理"之态度，这中间有诸多历史原因和现实条件的因素。

新婚姻政策在苏区或根据地的乡村社会实践过程中，不断与基层磨合，这期间充溢着法律与习俗、新旧婚姻观念、男女关系、家庭利益等多方的冲突与博弈。女性婚姻状态折射出旧有习俗势力的根深蒂固，在大部分地区，维系家庭与农业生产的传统父权观念和传统伦理一直占据主导地位。加之婚姻变革的复杂性，致使新婚姻政策在推行过程中产生了一些矛盾与问题。② 实行婚姻充分自由的妇女解放政策任重道远，要随着经济发展、政权建立、社会治理的综合推进才能有所进步。

二、男女平等是一个历史过程

中国共产党领导妇女婚姻解放的过程破除了"四权"对妇女的压迫，促进了男女平等。在中华大地上，从"男女平等"理念的提出到当今社会的不断实践已逾百年，总体来讲，取得了巨大进步，尤其是新中国成立后，广大妇女积极投身生产，为国家建设和促进家庭和谐做出了巨大贡献，我国妇女事业取得的成就在人类历史上是空前的，"男女平等"无论在法律上，还是在社会生活中

---

① 张玮，崔珊珊. 中共华北抗日根据地新婚姻政策实践中的基层干部 [J]. 日本侵华南京大屠杀研究，2022（4）：52-53.

② 王微. 传统、革命与性别：20 世纪 40 年代华北乡村女性婚姻探析 [J]. 山西师大学报（社会科学版），2018，45（3）：74.

不断成为现实。

但是，我国目前处于并将长期处于社会主义初级阶段的基本国情，是世界上最大发展中国家的国际地位并没有改变，经济、政治、文化、社会、生态等方面的发展还不充分、不平衡，社会主义制度的优越性还没有充分发挥出来。我国曾经历过两千多年的封建社会，百余年动荡、贫弱的近代社会，因此，实现婚姻的男女平等和完全革除婚姻陋俗是一个长期的历史过程，需要在克服封建婚姻陋俗文化的惰性和生产力高度发达的基础上才能实现，在社会各方面的发展水平提高的条件下才能实现。中国特色社会主义进入了新时代，我国社会发展站在了新的起点上，经济、政治、文化、社会、生态文明等各方面已有明显进步，在中国共产党的坚强领导下，社会治理水平越来越高，男女平等和婚姻自由的意识也会越来越深入人心。从哲学上来讲，女性作为历史主体走过的历史进程是曲折的，从自在的初级状态到自立的中级状态后，要经过漫长的历史过程才能走向自为的高级状态。女性历史主体性的自为发展就是实现男女平等的过程，它作为一种客观具体的历史过程始终必须也只能表现为作为女性生存和发展条件的生产力、社会关系和思想意识的全面解放与进化。这只能以女性的外部世界为对象并必须在这种对象中获得切实的印证认可，并在事实上始终不能超越两重规定性：其一，不能超越对象世界的规定性，即不能超越作为女性历史主体活动舞台的社会规定性；其二，不能超越自我世界的规定性，即不能超越女性基于生理性别而获得的自然规定性。女性历史主体的发展既要遵循对象世界的性质和规律，又要适合自身生理的存在状况，与自身实际拥有的本质力量相一致，努力实现外在尺度与内在尺度的内在统一。这不仅是在坚持历史唯物主义方法论基础上所必然得出的科学结论，同时也是实现女性历史主体性自为发展的唯一途径。①

三、促进人的现代化

我国的现代化进程是被迫开始的，第一次鸦片战争以后，西方现代化思潮对中国传统观念造成冲击，以儒家思想为主导的传统观念认为，人首先是"道德人"，仁者爱人的思想首先被西方"经济人"的思想冲击。现代化在不同时期的内涵不同，与工业化、近代化等类似，早期的现代化是由西方主导和源发的。马克思主义的人学向度主张现代化的核心是人的现代化，是人民逐渐摆脱人身依附关系走向自由的过程，是由依靠自然的恩赐走向依靠劳动的过程，劳动逐

---

① 潘萍. 唯物史观视域下的女性历史主体性 [J]. 浙江学刊，2009（3）：199.

渐成为人的需要，人的需求由自给自足到和社会交往和交换的过程，人的权利从可能性到现实性的转变，地域性历史的个人向世界的历史的人转变的过程。从这个意义上讲，革除婚姻陋俗，实现妇女婚姻自由和解放就是人不断走向全面发展的过程，就是实现人的现代化的过程。20世纪我国革命的最重要特点就是社会和政治革命运动伴随着现代化的过程，而革命本身就是一场现代化的运动，中国革命包含了现代性又推动了现代性的建构。[1] 中国共产党领导人民进行革命的过程就是"发现人"的过程，旧社会最底层的是体力劳动群众，尤其是妇女群体，在革命过程中，通过各个时期的诸如妇女解放运动、大生产运动、劳模运动等激发了基层劳动者的积极性和创造性。对"人"的改造过程也是社会的发展过程，中国共产党在苏区和根据地内，开创了新社会。何为新社会？归根到底是对人的重塑和发觉了人的主体意识，从这个角度看，轰轰烈烈的妇女运动和婚姻解放运动就是在当时的历史条件下促进"人的现代化"。物质和金钱因素在婚姻选择中占比的逐步缩小表明了人从物的束缚中解放出来的趋向。中国共产党领导下的婚姻解放最终是人的解放，是促进妇女的全面发展和人的现代化，是马克思主义人的全面发展思想的具体实践。一定意义上来讲，人的现代化是人的现代性发展对传统性的扬弃，人的全面发展是对人的片面发展的超越。人的现代化与人的全面发展有着内在的联系，两者都是人的发展的理想状态，都是对人的生存状态、存在意义的积极肯定，都是对人主体性的宣扬，具有进步方向和价值取向的一致性，两者存在的动因都是源于社会发展和现实的人自身发展的需要，即人和社会不仅需要生存、延续，还需要更好更全面的发展，人的发展不仅在于为社会发展提供条件和手段，还在于人自身的进步、发展和完善，而这才是人的发展的目的和归宿。在实现基础上两者都是通过人与社会的互动逐步提高的过程，其发展的水平和状态都与一定的社会政治经济制度相联系。[2] 我们的传统婚姻文化存在着一种明显地对人的主体性及个性独立意识的压制，这种状况对中国的文化结构发生着深刻的影响，中国几千年封建社会造就了中国人的依附性和保守性人格，中国共产党打破封建婚姻制度、解放人的个性是追求人的现代化的尝试。在整个党领导下的革命史中，人民群众这种传统人格向现代的转换一直都在进行。

中国共产党在领导妇女婚姻革命和治理的历史进程中较好地处理了几种关

---

① ［美］丛小平.自主：中国革命中的婚姻、法律与女性身份（1940—1960）［M］.北京：社会科学文献出版社，2022：29.

② 郑永廷.人的现代化理论与实践［M］.北京：人民出版社，2006：235.

系，如婚姻自主与家族本位之间的关系，推动新婚姻观念必然要与家族习惯力量进行博弈，在实践中往往要摒弃传统思想中不利于婚姻民主和自由的部分。还需要在普及和宣传新式婚俗时，对封建婚姻陋俗和资产阶级式的"金钱婚姻"加以批判和破除，这样才能取得良好的效果。推动婚姻事业进步同时也是促进妇女解放与社会进步的过程。婚姻解放是妇女解放的重要内容，纵观我国妇女婚姻解放和党领导婚姻治理的历程，没有阶级解放就没有妇女解放，但实现了阶级解放并不意味着妇女解放的完全实现。妇女婚姻解放的实现至少需要具备以下条件：经济的高度发达，家务劳动的社会化程度达到较高水平，男女平等文化观念的普遍树立，女性充分就业权、受教育权、财产权、人身权等得到法律的良好保障，社会上尊重女性、男女平等的价值观和话语权确立，妇女自身素养的普遍提高。

第三节　现代社会我国婚姻问题的表现

我国当代婚姻受到了来自多方面的冲击，加之目前正处于"百年未有之大变局"之际，我国男女相恋难，结婚难，厮守终身更难。婚姻的推迟，离婚、再婚现象的增多，其背后有经济社会发展、人口受教育水平提高、婚姻家庭观念转变、人口流动等多重因素的影响，反映了我国婚姻的不稳定性有所提高。①目前我国的婚姻模式处于一个由传统向现代过渡的时期，在这样的时期，主流的婚恋观需要正确思想的指引，因此，我们将目光投向马克思主义，我们希望从马克思和恩格斯两位人类思想泰斗处汲取婚姻思想，助力我国摆脱婚恋困境和生育泥沼，尽早迈向共产主义式的真正专偶制的婚姻。在现代社会发展的背景下，女性更加追求自身的独立与性别平等。因为在当今社会还存在着各种性别歧视的现象，如就业市场大部分工作对女性设限，一些所谓"女德班"受到追捧，女性受到性侵时被指责穿衣暴露等社会乱象。在婚姻方面，也依旧有不少陋俗延续，如早婚、婚姻论财、婚礼奢侈、低俗闹洞房等。这些也间接导致现下社会女性婚育意愿的降低，有些年轻女性更希望保持单身。女性婚育率降低的问题需要引起国家一定程度的重视。

在中国特色社会主义新时代，马克思主义妇女观依旧为革除社会中所存在

---

① 翟振武，刘雯莉. 中国人真的都不结婚了吗：从队列的视角看中国人的结婚和不婚 [J].
探索与争鸣，2020（2）：122-130，160.

的婚姻陋俗问题提供方法论的指导，马克思主义以辩证唯物主义和历史唯物主义的基本方法，透过资本主义社会的矛盾找出妇女被压迫的社会根源，并指出妇女解放的途径和道路，将妇女解放运动纳入伟大的无产阶级解放事业之中。正如江泽民在三八国际妇女节80周年纪念大会上的讲话中所强调的那样，新时代下中国的妇女运动要以马克思主义理论为指导，"中国共产党用以指导妇女运动的理论，是马克思主义的基本原理及其妇女观……中国共产党在将马克思主义的普遍原理与中国革命的具体实践相结合的过程中，始终注意运用马克思主义的基本原理及其妇女观，分析、研究、解决妇女问题。在我国革命和建设的每一个发展时期，我们党对妇女运动都作出了明确的指示和决策，保证了妇女运动沿着正确的方向不断向前"①。中国共产党是在坚持马克思主义妇女观的基础上进行的革命实践活动，并在实践的过程中促进了马克思主义妇女观的本土化、中国化。而现今党中央也十分注重妇女工作的开展，自党的十八大以来，党中央将妇女和妇女工作放在工作的突出位置。在组织机制层面，不断完善妇女组织的工作机制；在法律层面，颁布了多部保障妇女权益的法律法规，如《中华人民共和国妇女权益保障法》《关于做好婚姻家庭纠纷预防化解工作的意见》等；在参政层面，妇女的政治地位得到显著提升，妇女在中国共产党、人大、政协、政府和基层组织中的人数逐年增多。此外，习近平总书记也在不同会议中多次强调妇女工作的重要性，如在联合国大会纪念北京世界妇女大会25周年高级别会议上发表讲话："妇女是人类文明的开创者、社会进步的推动者，在各行各业书写着不平凡的成就。我们正在抗击新冠疫情，广大女性医务人员、疾控人员、科技人员、社区工作者、志愿者等不畏艰险、日夜奋战，坚守在疫情防控第一线，用勤劳和智慧书写着保护生命、拯救生命的壮丽诗篇。我们要为她们点赞。在中国抗击新冠疫情最紧要的时刻，来自中国全国各地驰援湖北的4万多名医护人员中，三分之二是女性……正是成千上万这样的中国女性，白衣执甲，逆行而上，以勇气和辛劳诠释了医者仁心，用担当和奉献换来了山河无恙。"② 现下社会中党关于婚姻陋俗的革除工作可以从新民主主义时期的相关措施中汲取经验，如运用多种形式的宣传方式，特别是运用好网络媒体等新兴事物，坚持实事求是的原则，针对相关政策实施效果的反馈不断调整，以真正实现广大女性的权益。

---

① 江泽民. 江泽民文选：第1卷［M］. 北京：人民出版社，2006：107.
② 习近平. 在联合国大会纪念北京世界妇女大会25周年高级别会议上的讲话［N］. 人民日报，2020-10-02（01）.

一、结婚愈难和离婚愈易

民政部的数据统计公报显示：2020 年，全国共有婚姻登记机构和场所共计 4791 个，其中婚姻登记机构 1085 个，全年依法办理结婚登记 814.3 万对，比上年下降 12.2%，其中涉外及华侨、港澳台居民登记结婚 1.7 万对，结婚率为 5.8‰，比上年下降 0.8 个千分点。依法办理离婚手续 433.9 万对，比上年下降 7.7%，其中民政部门登记离婚 373.6 万对，法院判决、调解离婚 60.3 万对。离婚率为 3.1‰，比上年下降 0.3 个千分点。[①] 除 2019 年到 2020 年外，从 2005 年开始，中国的离婚率逐年攀升。只有 2019 年到 2020 年降了 0.3 个千分点。尽管民政部每年公布的结婚率与离婚率是粗结婚率和粗离婚率，即当年结（离）婚对数/当年平均总人口数×1000‰，这两个指标数据易得且计算简便，但也能够在一定程度上反映出一定时期内人口结婚和离婚事件的发生频率。而从全球来看，我国近年的离婚率持续上升，已然超过同年（2019 年）韩国和新加坡的 2.1% 和 1.3%，成为离婚率较高的国家之一。[②]

我国于 2021 年 1 月 1 日开始实施的"离婚冷静期"的规定以及 2021 年 7 月 21 日公布的《中共中央 国务院关于优化生育政策促进人口长期均衡发展的决定》关于婚姻问题治理的建议，反映出政府层面的担忧，或许可以在一定程度上减少冲动离婚的行为。离婚率攀升的背后，透视出我国经济社会的迅速发展，以及社会文化风气的包容开放。新中国成立以来，中国彻底废除了封建的婚姻制度，并随着改革开放以来经济的持续稳定增长，工业化、城市化和现代化的快速推进，社会发生了翻天覆地的变化，居民生活水平显著提高。与此同时，对外开放也将西方个人主义的价值观念传入我国，潜移默化地融入国民日常生活中，这在一定程度上动摇了传统的集体主义世界观、人生观和价值观。一方面个人主体意识不断增强，越发追求个人幸福，摒弃了"父母之命，媒妁之言"之后，婚恋的独立性和自主性都大大提升，结婚或者离婚都成了个人的选择和自由。另一方面，从 2016 年开始，中国的结婚率呈现出逐年下降的态势。2020 年，全国结婚率为 5.8‰，比上年降低 0.8 个千分点。初婚年龄是婚姻形成的一个重要测量指标。有研究表明，20 世纪 90 年代以来，我国女性的初婚和初育年

---

① 中华人民共和国民政部.2020 年民政事业发展统计公报［EB/OL］.中华人民共和国民政部官网，2021-09-10.

② 杨菊华，孙超.我国离婚率变动趋势及离婚态人群特征分析［J］.北京行政学院学报，2021（2）：63-72.

龄不断推迟，婚育模式表现为晚婚和晚育。1990 年中国女性人口的平均初婚和初育年龄分别为 21.6 岁和 23.8 岁，2018 年则上升至 26.3 岁和 27.5 岁，分别延迟 4.7 岁和 3.7 岁。① 21 世纪以来，中国高等教育快速发展，2020 年高等教育毛入学率达到 54.4%，比 2010 年提高 27.9 个百分点。高等教育在校生中女研究生人数为 159.9 万人，占全部研究生人数的比重达到 50.9%，比 2010 年提高3.1 个百分点；普通本专科、成人本专科在校生中女生分别为 1674.2 万人和450.6 万人，占比分别为 51.0% 和 58.0%，分别比 2010 年提高 0.1 个和 4.9 个百分点。② 这就意味着越来越多的女性因为教育而推迟结婚，甚至晚婚。"女性初婚初育年龄推迟现象，表明现代女性不必再像传统女性一样绝对依附于婚姻和男性，而选择通过延迟婚育来增加发展机会和上升通道，以满足自身的发展需求，在某种意义上反映了婚姻对女性发展的顺次序位降低。"③

但是，未婚人口的两性差距则较为显著。以 30~40 岁年龄组人口为例，2015 年每 100 名男性人口中就有 14 人仍然未婚，而女性则仅有 7 人；45 岁以后女性未婚比例已降至 0.5% 以下，但男性未婚比例仍接近 3%。④ 这就形成了男性婚姻挤压现象。由于人口性别失衡，适婚年龄阶段的男性数量高于女性人口数量，我国积累了大量的男性单身人口，人口学称之为"婚姻挤压"。在一夫一妻婚姻匹配的模式下，适婚男性相对过剩人口是客观存在的，是无论如何难以消除的单身人口现象。⑤ 而婚恋的市场化、物质化和婚恋对象的商品化也加剧了婚恋难题。为结婚备置房、车，准备彩礼已然成为当代青年婚恋的压力之一。尽管当代青年的婚恋观具有现代性倾向，但也同时具有传统性，仍然看重物质条件，讲究"门当户对"。

二、持续低生育率

2021 年 5 月 11 日国家统计局发布了第七次人口普查的主要数据结果，表明中国的生育率进一步下降，总和生育率跌至 1.3 的历史最低水平，也跌入国际

---

① 穆光宗，林进龙，江砥. 当代中国人口婚姻嬗变及风险治理 [J]. 杭州师范大学学报（社会科学版），2021，43（5）：89-97.

② 国家统计局. 中国妇女发展纲要（2011—2020 年）终期统计监测报告 [EB/OL]. 中华人民共和国中央人民政府官网，2021-12-21.

③ 穆光宗，林进龙，江砥. 当代中国人口婚姻嬗变及风险治理 [J]. 杭州师范大学学报（社会科学版），2021，43（5）：89-97.

④ 穆光宗，林进龙，江砥. 当代中国人口婚姻嬗变及风险治理 [J]. 杭州师范大学学报（社会科学版），2021，43（5）：89-97.

⑤ 穆光宗. 当代中国青年婚恋状况分析 [J]. 人民论坛，2021（10）：26-29.

学术界所划分的极低生育率水平。① 国家统计局于 2022 年 1 月 17 日发布的数据也显示，2021 年我国全年出生人口 1062 万人，出生率为 7.52‰，② 跌至 1949 年以来出生率的最低值。2022 年我国人口第一次出现负增长，全年减少人口约 85 万。

　　自新中国成立以来，我国的生育率跌宕起伏，但自 20 世纪 70 年代以来总体呈现出不断下降的趋势。陈卫将中国的生育率的转变过程划分为三次，并认为：21 世纪 20 年代是第三次转变，由低生育率转变为极低生育率，如果没有实行两孩政策，第三次转变会更早到来。③ 而从人口学角度看，出生率的降低、出生人口的减少一方面与育龄妇女人数的减少有关，另一方面与已婚人口的生育意愿改变、弱化有关。④ 其一，20 世纪 70 年代，为了缓解人口快速增长的压力，国家开始实行"晚、稀、少"的人口政策，即"计划生育"。这一人口政策取得了非常显著的成效，群众的"非意愿生育"大幅减少，人口规模在短时间内陡降，并影响至今。"数据显示，早在 20 世纪 90 年代初，中国就已经快速转型为'低出生、低生育'社会，其时我国的总和生育率（TFR）已经在 1.65 以下，略高于政策生育率（大约 1.47）。2000 年第五次全国人口普查之时，低生育现象更为稳定，TFR 降至 1.22；到 2010 年，进一步下降到 1.18。2015 年全国 1% 人口抽样调查结果显示，中国育龄妇女的总和生育率仅为 1.047，其中'一孩'生育率仅为 0.556，低得出乎意料。多项数据显示，中国早已掉入低生育陷阱。"⑤ 因此，育龄妇女数量也持续走低。其二，已有研究显示，对比其他低生育率国家，中国已经出现了总和生育率和生育意愿的"双低"现象。⑥ 现阶段国人愈来愈趋向"被动性晚婚晚育"和"选择性独生优生"，2013 年的"单独二孩"政策以及 2016 年的"全面二孩"政策也就难免遭遇"冷场"。可见，半个世纪的计划生育历程，已经在整个社会形成了少生优生的氛围。此外，按照"低生育率陷阱"理论，低生育的自我强化机制也导致了独生子女愈加低迷的生育意愿，进而加剧了中国低生育形势的严峻性。

①　陈卫. 中国的低生育率与三孩政策：基于第七次全国人口普查数据的分析 [J]. 人口与经济，2021（5）：25-35.

②　国家统计局. 2021 年国民经济持续恢复发展预期目标较好完成 [EB/OL]. 国家统计局官网，2022-01-17.

③　陈卫. 中国的低生育率与三孩政策：基于第七次全国人口普查数据的分析 [J]. 人口与经济，2021（5）：25-35.

④　穆光宗. 当代青年的"恐育"心理与生育观 [J]. 人民论坛，2020（22）：120-122.

⑤　穆光宗. 当代青年的"恐育"心理与生育观 [J]. 人民论坛，2020（22）：120-122.

⑥　王军，李向梅. 中国三孩政策下的低生育形势、人口政策困境与出路 [J]. 青年探索，2021（4）：50-61.

究其根本，这些现状都离不开上述经济社会发展所带来的结婚率的走低和初婚年龄的推迟。目前，三孩政策下讨论的焦点就在于"不想生""不敢生""不能生"等问题，教育、住房、工作挤压了家庭教育的空间和时间，而这些要素都不是一朝一夕就能够改变的。事实上，生育率下降是世界发展的一个必然趋势。长期低生育率的西欧国家在鼓励生育方面做了很多努力，但效果甚微。同在东亚的日本早已进入了"低欲望社会"，低生育社会就是低欲望社会的一种表现形式。也有学者认为，东亚地区的低生育现状与家庭和社会的制度安排有关。"以日本、韩国为例，这两个国家早已迈入经济发达国家行列，但女性的家庭地位没有得到同步提高，在'男主外、女主内'的家庭分工模式下，女性承担了绝大多数的育儿工作，即便对于职业女性也基本如此。即使受过高等教育的职业女性，结婚之后的唯一选择可能就是回归家庭，'相夫教子'。这就导致了职业女性对于结婚和生育的'恐惧'，许多女性为了继续工作往往选择'晚结婚'或'不结婚'。此外，与欧美国家不同，东亚社会对'非婚生子'普遍不宽容，法律层面也没有保护'私生子'合法权益包括继承权的措施，因此在东亚社会结婚（法定结婚）是生育的前置条件，这也导致了东亚社会的低生育现象要比欧美更加严重，民众的生育意愿自然也要更低一些。"[1] 下文将会对社会性别分工和男女地位问题展开进一步的分析和说明。另外，还有研究表明，疫情危机与我国近年来出生率下降趋势叠加，加速了我国出生人口数量和生育率的下行。疫情对我国婚育的抑制性影响既全面又广泛，导致 2020 年一季度婚姻登记对数下降45%、四季度出生人口数量锐减，尤其是 30 岁以下人群的生育数量以及一孩的出生数量下降更为迅猛，压低了我国的出生人口规模。[2] 总之，按照"第二次人口转变理论"，正是由于经济、社会和文化观念的共同作用，才形成了全球范围内的低生育现象，中国的低生育现实也清晰验证了这一观点。[3]

三、男女不平等及分工差异

中国自古以来是以父权为基础的男强女弱以及"男主外、女主内"的基本格局，这种性别关系在中国延续了数千年。直至 1949 年，新中国的成立彻底废除了

---

① 王军，李向梅. 中国三孩政策下的低生育形势、人口政策困境与出路 [J]. 青年探索，2021（4）：50-61.

② 张翠玲，李月，杨文庄，张许颖. 新冠肺炎疫情对中国出生人口变动的影响 [J]. 人口研究，2021，45（3）：88-96.

③ 王军，李向梅. 中国三孩政策下的低生育形势、人口政策困境与出路 [J]. 青年探索，2021（4）：50-61.

过去的封建婚姻制度。但是，这种男尊女卑、重男轻女的封建文化仍然根深蒂固地存在于人们的日常生活中。而"日常生活的两性互动中包含着和体现着中国社会性别关系的不平等结构，同时这种不平等结构又通过两性互动得以延续，成为日常生活中一个循环往复的过程"①。

在公共领域，随着经济社会的发展和女性职业地位的凸显，妇女开始参与到社会生产劳动中来，这在一定意义上，改变了妇女在家庭中的地位。但是，不少妇女在劳动市场中仍处于弱势地位，同工不同酬、行业性别歧视现象依然存在。在私人领域中，尽管妇女与丈夫一样参与了社会劳动，但是并没有明显地改变家庭内的性别分工和家庭地位。在家庭中，仍然是男性更多地参加公共领域的有酬劳动，女性更多地负责照料家庭和承担家务劳动。上野千鹤子在《父权制与资本主义》中就强调了女性所受到的剥削是两方面的，一方面是父权制的剥削，一方面是资本主义的剥削。资本主义的剥削是在市场经济内部依据马克思主义剩余价值理论的剥削；而父权制的剥削则是存在于私人家庭内部的剥削，是以弗洛伊德的俄狄浦斯情结为基础的心理统治和压迫，即男性主导家庭下女性无偿承担的家务劳动和生育照顾幼儿的再生产劳动。她支持父权制与资本主义的二元论，即对女性存在物质的剥削又存在性的剥削，且双方相互影响、相互渗透。此外，女性除了家务劳动，存在的第二种剥削就是女性作为再生产者，却被男性占有了劳动成果——孩子。女权主义创新性地提出了父权制下再生产与生产的分离，能够更清楚地看到女性被剥削的现象。女性在怀孕、生育以及教育孩子中花费了大量的劳动，但是孩子不属于她，这就是父权制剥削。职业女性（Career women）被要求既在职场上承担和男性同等的任务并展开竞争，回归家庭之后又要扮演妻子、母亲的角色。这种生活的确实现了女性的价值，满足自我和社会的需要，但同时又不可避免地构成了工作角色身份和家庭角色身份的矛盾和冲突，限制了女性的生活。

除了日常的操劳导致的工作—家庭冲突外，女性作为能生育的性别还面临着怀孕、生产等导致的冲突。② 女性的黄金生育期正好也是女性工作的黄金年龄，这使得女性难以做到二者兼顾，生育就意味着在一段较长的时间里离开工作岗位，这对其自身的职场发展和工作单位而言都是一件大事。这也就导致很多用人单位在招聘时会优先考虑男性求职者，以此避免和减少企业的损失。上野千鹤子也认

---

① 佟新. 不平等性别关系的生产与再生产：对中国家庭暴力的分析 [J]. 社会学研究，2000（1）：102-111.

② 王诗语. 当代中国中产阶层职业女性工作：家庭冲突困境分析 [J]. 西部学刊，2021（16）：32-35.

为："第一，女性以再生产劳动的形式支付实物费用（劳力和时间），而并非支付货币费用及金钱，并且，如果将这种实物费用换算成货币费用的话，实际上将超过了丈夫所能负担的金额。第二，女性为了负担上述实物费用，离开了职场，牺牲了应有的货币收入（误工费），即便之后再就业，那段离职时期将会成为不利条件，使其终身背负无法挽回的差距。"① 可以说，在双职工家庭占大多数的中国社会，几乎每个人都要面对工作和家庭冲突问题。② 但是，有研究讨论了配偶间工作—家庭冲突交叉效应的性别差异，结果表明：虽然中国社会经历着工业化，且存在比多数西方国家更高比例的双职工家庭结构，但社会和家庭中的性别角色并未根本改变，女性承担了较之前更多的工作，但并未相应减少对家庭事务的付出。③ 因此，配偶间工作—家庭冲突交叉效应存在着性别差异，并且这种差异是非对称的，基本表现为女性所受到的负面影响更大。

第四节　马克思主义婚姻思想指导下推动婚姻家庭建设

马克思、恩格斯关于家庭问题的认识和看法，虽然只是散见于其著作、书信等之中，虽然没有形成或者上升为一种理论体系，但马克思主义家庭论对现代中国社会家庭建设具有价值导向作用。④ 中国共产党立足中国的国情，在中国革命、建设和改革的实践中继承了马克思、恩格斯的思想，结合中华优秀传统文化使其时代化、本土化，对我国婚姻家庭问题做出了创造性的回答。新的历史条件下要以马克思主义婚姻思想和习近平总书记有关重要论述为指导，推动美好婚姻家庭建设，营造良好和谐的社会氛围。

一、改善社会风气 树立正确婚恋观

婚恋观是人们对待恋爱、婚姻和家庭的根本看法和态度，是人生观与价值观的重要组成部分。从恋爱到缔结婚姻和建立家庭，是人生需要经历的阶段，树立

---

① ［日］上野千鹤子. 父权制与资本主义［M］. 邹韵，薛梅，译. 杭州：浙江大学出版社，2020：89.

② 李海，姚蕾，张勉，朱金强. 工作—家庭冲突交叉效应的性别差异［J］. 南开管理评论，2017，20（4）：153-164.

③ 李海，姚蕾，张勉，朱金强. 工作—家庭冲突交叉效应的性别差异［J］. 南开管理评论，2017，20（4）：153-164.

④ 陈旸. 马克思主义家庭观及其当代价值［J］. 理论月刊，2013（8）：24-28.

正确的恋爱婚姻观，有利于当代青年的健康成长和顺利成才。① 复旦大学教授梁永安认为，当代人，特别是青年人，最主要的核心价值就是自由，而恋爱、结婚是当代人享有的最大自由。

要树立正确婚恋观才能构建文明的婚姻家庭关系。其一，批判权衡利弊的婚姻。市场经济所固有的逐利性与道德性的内在矛盾，导致了当代青年择偶标准日趋功利化与世俗化，这些都在一定程度上体现了资本主义工业文明"金钱至上""拜金主义"思潮对我国当代青年的影响。马克思主义认为，人类的生存首先要解决衣食住行的问题，强调物质资料的前提和基础性地位。在古代乃至近代的资本主义社会，婚姻的目的和家庭的功能侧重于满足维持经济生活的需要和人类自身的再生产，即生儿育女。但是，两性关系作为社会关系的一种，兼具有自然属性和社会属性。在物质财富积累到一定程度，能够满足人的基本生存需要时，婚姻本质的实现就有了可能。对爱情和幸福的追求应当成为婚姻的主要目的，物质财富、经济因素成为缔结婚姻的参考指标，应更加注重对爱情的追求，以满足双方生理、心理等多方面的需求，强调情感依赖和寄托关系，实现婚姻、爱情、性的和谐统一。其二，革除传统婚姻陋俗。传统"从一而终"的婚姻关系及"三纲五常"家庭道德观念，向恋爱自由、婚姻自主、两性平等地追求多元化的个人幸福转变。②"环境的改变和人的活动或自我改变的一致，只能被看作并合理地理解为革命的实践。"③ 这种转变是对传统婚姻家庭观念的"扬弃"，是辩证否定式的兼容并蓄，表现为婚姻家庭与社会进步的一致性，这是婚姻家庭发展的新事物，它代表着婚姻家庭发展的方向，是应当提倡和坚持的。同样地，像重婚、纳妾、买卖婚姻等陋习，这种愚昧落后、消极颓废的腐朽婚姻家庭价值观，虽然在一段时期、一定社会群体中存在，但这种婚姻家庭的腐朽元素，与传统、新生婚姻家庭观格格不入，是应该剔除的。④

总之，婚恋价值观是具体的历史的统一，其形成与发展既有历史的继承性，也具有不同时代、不同地域的时代性和民族性。如何引导当代青年树立正确的婚恋观，已经成为当前亟待解决的重大时代课题。马克思、恩格斯的婚姻思想是对

---

① 刘镇江，刘红利. 马克思恩格斯婚姻家庭伦理思想及其时代价值 [J]. 湘潭大学学报（哲学社会科学版），2009，33（1）：156-157.

② 王福山. 马克思主义视阈下的当代婚姻家庭"危"与"机" [J]. 理论观察，2014（3）：10-11.

③ 中共中央马克思恩格斯列宁斯大林著作编译局. 马克思恩格斯文集：第 1 卷 [M]. 北京：人民出版社，2009：500.

④ 王福山. 马克思主义视阈下的当代婚姻家庭"危"与"机" [J]. 理论观察，2014（3）：10-11.

当代青年在婚恋观方面尊重恋爱自由、尊重人格平等、自觉承担责任、彼此忠诚、行为端正文明、不片面或功利化地对待婚恋等品格的培养，在使他们理解婚姻恋爱的社会责任和社会规范，树立正确的婚恋观、道德观，引导他们加强内在的自我道德修养，从而从他律走向自律，自觉地控制不正确的婚恋行为等方面将起到重要的作用。① 以马克思主义为指导的社会主义核心价值观立足于我国社会主义建设和改革的实际，充分反映了社会意识的价值取向，代表了整个社会的前进方向。作为当代中国青年，必须接受社会主义婚恋观教育，正确处理社会主流婚恋观与多元文化的关系，使多元化的婚恋观与主流婚恋观相适应。②

二、爱情为基础和责任为保障的婚姻

马克思、恩格斯婚姻思想的关键点是婚姻关系的经济基础与以性爱为中心的婚姻取向。当代中国是社会主义社会制度全面巩固的国家，这为建立以性爱为基础的婚姻的实现创造了条件。性爱与婚姻在社会范围内日益统一起来。但是，由于我国还处于社会主义初级阶段，生产力发展水平还不高，生产力的发展呈现多层次性，发展不平衡不充分的矛盾短期内还会继续存在，在所有制形式上是社会主义公有制为主体，多种所有制经济共同发展，社会主义市场经济发展中多层次的发展水平和经济体制结构必然带来不同的经济状况。这决定了我国目前的婚姻基础呈现出多元化。在现阶段，婚姻的基础存在三种发展程度不同的形式，第一是日益增多的占主导地位的以志同道合和情投意合的爱情为基础的婚姻，这是我们社会主义社会婚姻基础的发展趋势和方向。第二是以既考虑相互间感情又参考经济状况为基础的婚姻关系，而在情感和经济因素中又以爱情为先导，这具有过渡性质。第三是日益减少的以金钱门第、经济条件为基础的婚姻关系，还会存在少量买卖婚姻、包办婚姻、门当户对的旧的残存婚姻，以经济条件为基础的婚姻关系的表现，尚处于生活和经济困难中的试图以婚姻改变这种状况的婚姻关系也属于这一层次。这三种基础上的婚姻关系的存在是社会主义初级阶段的必然现象，是由我国目前的经济和生产力状况决定的，这与恩格斯对婚姻关系的基础与性爱发展趋势的理论不矛盾。马克思和恩格斯认为婚姻关系应建立在爱情的基础上，是男女两性基于相互爱慕和自由选择做出的慎重决定，因此，婚姻是以爱情为基

---

① 刘镇江，刘红利. 马克思恩格斯婚姻家庭伦理思想及其时代价值［J］. 湘潭大学学报（哲学社会科学版），2009，33（1）：156-157.

② 张雪梅. 用社会主义核心价值观引领当代大学生婚恋观教育［J］. 社会视点，2015（27）：266.

础，以责任为保障的。

　　爱情应该是相互之爱、专一之爱、恒久之爱。爱情只有建立在互爱的基础上才合乎道德。同时，爱情从根本上说具有排他性。它要求感情专一、矢志不渝。恋爱的方式还要求健康纯洁。而且爱情还要经受长期的考验。① 其一，相互之爱。马克思说，"合乎人的本性"的爱情关系"就只能是用爱来交换爱，只能用信任来交换信任等等"②。恩格斯也说，爱情是以所爱者的互爱为前提的。钱锺书认为，中国古代没有爱情，只有恩情，恩情都是婚后培育起来的，然后是家族的血缘情感。梁永安教授也认为我们的爱情文化发育时间太短，并且现在的爱情像做买卖，特别讲究"对价"，我给你做了顿饭，你要感谢我，你要马上对我怎么样……很多人面对感情的时候有一种功利的想法。这种心态跟当下资本主义文化的渗透是有关系的。尽管当代青年的婚姻模式正在向现代性转型，但仍具有传统性，是现代性和传统性的矛盾体。因此，婚恋课程应当成为每一个大学生的人生必修课。学校一是要开设相关课程，开展各类集体活动，帮助青年拓宽交际圈，增强社会交往，尤其是异性交往的能力；二是设立心理服务站，进行爱情心理及心理健康疏导，增强青年抵抗情感挫折的能力。其二，专一之爱。恩格斯明确指出，"性爱按其本性来说就是排他的"③。爱情是容不下第三者存在的，而那种在多个异性之间犹疑不定的感情不算真正的爱情。马克思说："吃、喝、性行为等等，固然是真正人的机能。但是，如果使这些机能脱离了人的其他活动，并使它们成为最后的和唯一的终极目的，那么，在这种抽象中，它们就是动物的机能。"④ 其实，爱情和婚姻根本不矛盾，只是有了"婚外恋"才显得极不和谐。⑤ 有关部门调查发现，离婚很多是由婚外恋引起的。马克思、恩格斯也对婚外恋进行了批判。这些深刻而辛辣的批判在今天仍具有现实意义。这些离婚者往往打着追求爱情的幌子，把婚姻自由仅仅理解为单方面追求性爱的自由，只讲爱情而不讲责任。其实爱情是

---

①　余良才. 论马克思恩格斯的爱情伦理观［J］. 南昌高专学报，2009，24（2）：82-84.

②　中共中央马克思恩格斯列宁斯大林著作编译局. 马克思恩格斯全集：第42卷［M］. 北京：人民出版社，1979：155.

③　中共中央马克思恩格斯列宁斯大林著作编译局. 马克思恩格斯文集：第4卷［M］. 北京：人民出版社，2009：95.

④　中共中央马克思恩格斯列宁斯大林著作编译局. 马克思恩格斯全集：第42卷［M］. 北京：人民出版社，1979：94.

⑤　张敏，熊循庆. 当代"婚外恋"现象伦理透视［J］. 中华女子学院学报，2005（2）：47-50.

和责任紧密结合在一起的，只有建立在爱情与责任相统一基础上的婚姻才是道德的。① 为此，应当加强社会道德建设，坚决抵制色情产业，还要强调婚姻的神圣性，维护一夫一妻婚姻制度。其三，恒久之爱。恩格斯曾说"如果说只有以爱情为基础的婚姻才是合乎道德的，那么也只有继续保持爱情的婚姻才合乎道德"②。爱情不是游戏，人自身的真实性是获得和实现它的前提；婚姻也不是坟墓，它只是让爱情回到生活，回到真实中去。③ 风花雪月从来不能永恒，"真爱情的道路决不是平坦的"④。马克思和燕妮的爱情就是这样，在订婚的七年时间里，要顶住来自两个家庭的压力，婚后，马克思为了无产阶级的解放事业，常年穷困潦倒、饥寒交迫，但是，在岁月的磨砺中，他们的爱情依然忠贞不渝。我国资深婚姻家庭咨询师赵永久曾提出爱的五种能力，即"情绪管理、述情、共情、允许、影响"，并认为这五种能力是一个完整的系统，相辅相成，缺一不可。在爱情和婚姻里，要经受住长期的考验，并在其中由幼稚走向成熟。而只有成为一个成熟理性的人，才能对婚姻家庭的构建有理性科学的思考和行动。⑤

总之，马克思和恩格斯对共产主义社会的婚姻模式的构想是一种理想模式，所描绘的理想社会的婚姻象征着人们对于物质财富的极大满足和精神境界的极大提升的渴望，对当下中国社会婚姻关系具有一定的指导意义。马克思和恩格斯主张婚姻建立在爱情的基础之上，双方平等、互相尊重、对婚姻忠诚、共同维持婚姻等，这些观点有助于当代中国青年理解婚姻的意义、家庭的责任，引导他们不断加强自我的道德修养，并将马克思和恩格斯的婚姻观内化于心、外化于行，从他律走向自律，明确应该坚持和提倡什么、反对和抵制什么，筑牢思想防线，自觉抵制西方不良婚姻文化的侵蚀，成为一名合格的社会主义建设者和接班人。

三、促进妇女解放　完善妇女保障

恩格斯指出，"Familia 这个词，起初并不是表示现代庸人的那种脉脉温情同家庭龃龉相结合的理想；在罗马人那里，它起初甚至不是指夫妻及其子女，而只

---

① 余良才. 马克思恩格斯婚姻观的当代价值［J］. 东南大学学报（哲学社会科学版），2006（S1）：15-16.

② 中共中央马克思恩格斯列宁斯大林著作编译局. 马克思恩格斯文集：第4卷［M］. 北京：人民出版社，2009：96.

③ 张敏，熊循庆. 当代"婚外恋"现象伦理透视［J］. 中华女子学院学报，2005（2）：47-50.

④ 中共中央马克思恩格斯列宁斯大林著作编译局. 马克思恩格斯全集：第23卷［M］. 北京：人民出版社，1979：126.

⑤ 余良才. 论马克思恩格斯的爱情伦理观［J］. 南昌高专学报，2009，24（2）：82-84.

是指奴隶"①，"她对于男子说来仍不过是他的婚生的嗣子的母亲、他的主要的管家婆和女奴隶的总管而已"②。马克思和恩格斯在考察了妇女历史地位的变迁之后，指明了妇女解放的道路，分析了妇女解放的标志和目标，揭示了人类文明的进步与妇女解放的一致性，把妇女的解放看作衡量人类文明发展的尺度。③ 其一，坚持社会改革。"妇女的问题从来就是全社会的问题，因此，妇女运动的缺陷，同时也是社会革命的缺陷……中国女性主义问题的解决依赖于中国社会改革在一个更高的历史层面上发展。这是中国妇女解放运动对中国社会变革的期待。"④ 对比恩格斯对资本主义社会虚伪的妇女保障立法的描述："诚然，我们的法学家认为，立法的进步使妇女愈来愈失去申诉不平的任何根据"，《中国妇女发展纲要》实施以来，我国不断强化男女平等的法治保障，目前已形成以宪法为基础，以妇女权益保障法为主体，以国家各种单行法律法规、地方性法规和政府规章为补充的保障妇女权益和促进性别平等的完整法律体系。⑤ 其二，参加社会劳动。恩格斯在《家庭、私有制和国家的起源》中谈道，"现代的个体家庭建立在公开的或隐蔽的妇女的家庭奴隶制之上"⑥，"妇女解放的第一个先决条件就是一切女性重新回到公共的劳动中去"⑦。1885 年 7 月 5 日，恩格斯在致盖·吉·沙克的信中进一步谈道："我深信，只有废除了资本对男女双方的剥削并把私人的家务劳动变成一种公共的行业以后，男女的真正平等才能实现。"⑧ 伍尔夫也认为，"一个女人如果要写小说的话，她就必须有钱和自己的一间房间"。换言之，经济独立的女性才能真正做到婚姻自主自由。参加社会劳动，寻求更多就业机会，不仅是妇女解放和生存的需要，而且已日益成为妇女融入社会、发展自我的希望。由于走出烦琐的家

① 中共中央马克思恩格斯列宁斯大林著作编译局. 马克思恩格斯文集：第 4 卷 [M]. 北京：人民出版社，2009：69.
② 中共中央马克思恩格斯列宁斯大林著作编译局. 马克思恩格斯文集：第 4 卷 [M]. 北京：人民出版社，2009：75.
③ 何萍. 中国女性主义问题与中国社会的变革：为纪念恩格斯逝世 110 周年而作 [J]. 武汉大学学报（人文科学版），2005（6）：701-707.
④ 何萍. 中国女性主义问题与中国社会的变革：为纪念恩格斯逝世 110 周年而作 [J]. 武汉大学学报（人文科学版），2005（6）：701-707.
⑤ 国家统计局. 中国妇女发展纲要（2011—2020 年）终期统计监测报告 [EB/OL]. 国家统计局官网，2021-12-21.
⑥ 中共中央马克思恩格斯列宁斯大林著作编译局. 马克思恩格斯文集：第 4 卷 [M]. 北京：人民出版社，2009：87.
⑦ 中共中央马克思恩格斯列宁斯大林著作编译局. 马克思恩格斯文集：第 4 卷 [M]. 北京：人民出版社，2009：88.
⑧ 中共中央马克思恩格斯列宁斯大林著作编译局. 马克思恩格斯文集：第 10 卷 [M]. 北京：人民出版社，2009：536.

务劳动和狭窄的家庭圈子，妇女能够在更为广阔的天地里进行社会实践，尝试开辟不同于以往的新生活，为社会创造更多的物质财富和精神财富。在社会劳动的实践过程中，妇女不断地展示着自己作为一个自主、独立主体的聪明才智；不断地遇到问题又解决问题，积累丰富的经验；不断感受劳动之美和人生之美，从劳动创造中看到并实现自己的价值；不断实现与他人交往，拓展自我的社会关系，在交流互补中弥补缺陷、增长见识，从而逐步树立起独立自主、积极自信的人格。其三，改善社会性别观念。恩格斯也指出："在历史上出现的最初的阶级对立，是同个体婚制下的夫妻间的对抗的发展同时发生的，而最初的阶级压迫是同男性对女性的奴役同时发生的。个体婚制是一个伟大的历史的进步，但同时它同奴隶制和私有财富一起，却开辟了一个一直继续到今天的时代，在这个时代中，任何进步同时也是相对的退步，因为在这种进步中，一些人的幸福和发展是通过另一些人的痛苦和受压抑而实现的。"① 但在马克思和恩格斯看来，改善妇女处境并非完全消灭性别差异，而是要在承认性别差异的前提下，建立更加合理的性别角色规范，男女平等不是抽象的绝对的平等，承认性别差异才是历史唯物主义者应有的科学态度。②

马克思、恩格斯从家庭和人自身的生产方式的变化考察了人类历史发展，把女性主义问题作为历史唯物主义的重大课题，揭示了私有制是妇女受剥削的根源，而要解决妇女问题，根本方式在于消灭资本主义的私有制，让妇女回归到社会劳动之中。从辩证法的立场来看，没有女性的世界是不完整的世界，没有女性的文化是残缺的文化。正是两性的差别造成了男女两性存在的意义。既要承认两性的生理差异，又要承认两性文化的存在。建立单一的男性文化或女性文化都是对两性存在意义的否定。③ 中国妇女问题研究的实践意义和理论意义证明，当前中国妇女解放仍是一个值得全社会共同重视的问题，正如毛泽东所说，妇女要顶半边天，实现妇女解放是实现全人类解放和人类自由而全面发展的必由之路。

中国特色社会主义进入了新时代，以习近平同志为核心的党中央高度重视保障妇女婚姻权益。习近平强调：要抓好妇女发展纲要实施，改善发展环境，解决发展中的突出问题，依法维护妇女权益，严厉打击侵害妇女权益的违法犯罪行为。我们强调促进男女平等、发挥妇女在各个方面的积极作用，都是对的，要坚定不

---

① 中共中央马克思恩格斯列宁斯大林著作编译局. 马克思恩格斯文集：第 4 卷［M］. 北京：人民出版社，2009：78.

② 赵小华. 女性主体性：对马克思主义妇女观的一种新解读［J］. 妇女研究论丛，2004（4）：10-15，60.

③ 杨凤. 社会性别的马克思主义诠释［J］. 妇女研究论丛，2005（5）：5-11.

移。同时，我们也要注重发挥妇女在社会生活和家庭生活中的独特作用，发挥妇女在弘扬中华民族家庭美德、树立良好家风方面的独特作用。① 2015 年 9 月在全球妇女峰会上的讲话中，习近平强调：在中国人民追求美好生活的过程中，每一位妇女都有人生出彩和梦想成真的机会。中国将更加积极贯彻男女平等基本国策，发挥妇女"半边天"作用，支持妇女建功立业、实现人生理想和梦想。中国妇女也将通过自身发展不断促进世界妇女运动发展，为全球男女平等事业做出更大贡献。我们要把保障妇女权益系统纳入法律法规，上升为国家意志，内化为社会行为规范。要增强妇女参与政治经济活动能力，提高妇女参与决策管理水平，使妇女成为政界、商界、学界的领军人物。我们要保障妇女基本医疗卫生服务，特别是要关注农村妇女、残疾妇女、流动妇女、中老年妇女、少数族裔妇女的健康需求。我们要采取措施确保所有女童上得起学和安全上学，发展面向妇女的职业教育和终身教育，帮助她们适应社会和就业市场变化。他指出，男女共有一个世界，消除对妇女的歧视和偏见，将使社会更加包容和更有活力。我们要努力消除一切形式针对妇女的暴力，包括家庭暴力。我们要以男女平等为核心，打破有碍妇女发展的落后观念和陈规旧俗。② 2018 年 11 月 2 日，习近平在同全国妇联新一届领导班子成员集体谈话时的讲话中强调：做好党的妇女工作关系团结凝聚占我国人口半数的妇女，关系为党和人民事业发展提供强大力量。要加强党对妇女工作的领导，坚持中国特色社会主义妇女发展道路，把握实现中华民族伟大复兴的中国梦这一当代中国妇女运动的时代主题，促进男女平等，发挥妇女在各个方面的积极作用，组织动员妇女走在时代前列，在改革发展稳定第一线建功立业。要坚持党的领导，是做好党的妇女工作的根本保证。要牢固树立"四个意识"、坚定"四个自信"，自觉维护党中央权威和集中统一领导，始终在思想上政治上行动上同党中央保持高度一致。③ 2020 年 10 月 1 日，习近平在联合国大会纪念北京世界妇女大会 25 周年高级别会议上的讲话中指出：要以疫后恢复为契机，为妇女参政提供新机遇，提高妇女参与国家和经济文化社会事务管理水平。我们要消除针对妇女的偏见、歧视、暴力，让性别平等真正成为全社会共同遵循的行为规范和价值标

① 习近平在同全国妇联新一届领导班子成员集体谈话时强调坚持中国特色社会主义妇女发展道路组织动员妇女走在时代前列建功立业［EB/OL］. 中华人民共和国中央人民政府官网，2018–11–02.

② 促进妇女全面发展 共建共享美好世界：在全球妇女峰会上的讲话［EB/OL］. 新华网，2015–09–28.

③ 习近平在同全国妇联新一届领导班子成员集体谈话时强调 坚持中国特色社会主义妇女发展道路 组织动员妇女走在时代前列建功立业［N］. 人民日报，2018–11–03（2）.

准。最后，高度重视发挥妇女"半边天"作用。他还讲了一个温暖的故事：在中国抗击新冠疫情最紧要的时刻，来自中国全国各地驰援湖北的 4 万多名医护人员中，三分之二是女性，正是成千上万这样的中国女性，白衣执甲，逆行而上，以勇气和辛劳诠释了医者仁心，用担当和奉献换来了山河无恙。我国妇女事业在党的领导下走上了一条快速发展的路子，妇女婚姻权益在新时代得到了较好的保障。① 2021 年 3 月 6 日，习近平在看望参加全国政协十三届四次会议的医药卫生界教育界委员时的讲话中指出：各级党委和政府要充分认识发展妇女事业、做好妇女工作的重大意义，加大重视、关心、支持力度，严厉打击侵害妇女权益的违法犯罪行为，依法维护妇女权益。其次，要把保障妇女权益上升为国家意志，内化为社会行为规范。②

四、建设和谐家庭与和谐社会

婚姻是家庭的基础，马克思和恩格斯在《德意志意识形态》中就初步提出了两种生产理论，认为家庭是人类自身生产的社会组织形式，人"为了生活，首先就需要衣、食、住以及其他东西。因此第一个历史活动就是生产满足这些需要的资料，即生产物质生活本身"③，同时，"每天都在重新生产自己生活的人们开始生产另外一些人，即繁殖。这就是夫妻之间的关系，父母和子女的关系，也就是家庭"④。家庭和谐是社会主义和谐社会构建的基础工程，在正确认识和领会马克思主义婚姻思想的前提下，结合中国的具体实际，不断形成并逐步完善对婚姻及其相关问题的认识，有利于和谐社会大背景下和谐家庭的建设。

我们可以从以下几个方面入手，构建和谐美满的婚姻家庭。其一，贯彻"离婚冷静期"。马克思和恩格斯认为，家庭中的婚姻关系本质上是一种社会关系，而家庭建设的重点是协调好家庭成员之间的关系，用良好的家庭关系凸显人的本质属性。尽管马克思和恩格斯都主张离婚自由，但是反对草率的"闪离"。婚姻和谐是社会主义社会众多问题中非常重要的一个，在正确认识和领会马克思婚姻观思

---

① 习近平在联合国大会纪念北京世界妇女大会 25 周年高级别会议上发表重要讲话 [EB/OL]. 中国共产党新闻网，2020-10-01.

② 习近平在看望参加政协会议的医药卫生界教育界委员时强调 把保障人民健康放在优先发展的战略位置 着力构建优质均衡的基本公共教育服务体系 [N]. 人民日报，2021-03-07（1）.

③ 中共中央马克思恩格斯列宁斯大林著作编译局. 马克思恩格斯全集：第 3 卷 [M]. 北京：人民出版社，1979：31.

④ 中共中央马克思恩格斯列宁斯大林著作编译局. 马克思恩格斯全集：第 3 卷 [M]. 北京：人民出版社，1979：32.

想的前提下，逐步完善对婚姻观及其相关问题的正确认识，以利于和谐社会背景下创建和谐婚姻家庭，① 尤其是在马克思的《论离婚法草案》中对法律中离婚问题观点的阐述，这对我国当代婚姻法制度具有极大的启示意义。例如，有离婚冷静期的相关研究就认为，离婚冷静期通过法院和社会力量的介入来帮助离婚夫妇化解矛盾，通过挽救危机婚姻来挽救一个个家庭，降低中国高离婚率现状，保护婚姻中弱势群体特别是未成年人的利益，最终达到整个社会的稳定和谐，② 是司法机关审判离婚案件兼顾情理法的有益探索。其二，促进三孩政策落地。恩格斯在《家庭、私有制和国家的起源》第一版序言中直指：“根据唯物主义观点，历史中的决定性因素，归根结底是直接生活的生产和再生产。但是，生产本身又有两种。一方面是生活资料即食物、衣服、住房以及为此必需的工具的生产；另一方面是人自身的生产，即种的繁衍。”③ 21 世纪以来，我国低生育的人口态势一直延续，“单独二孩”和“全面两孩”的政策调整也未能根本扭转我国生育率走低的颓势。相关研究认为，为了应对极低生育率和即将到来的人口老龄化，不仅要坚持三孩政策，更应该借鉴北欧国家采取鼓励生育的人口生育政策，以“家庭和福利政策”来承担鼓励生育的职能，除了努力营造“儿童友好”的环境和加大育儿扶助力度之外，还致力于协调女性“母职”与职业之间存在的矛盾和冲突。④ 其三，坚持家风建设。我国自古以来就有家国同构的观念，主张“修身、齐家、治国、平天下”，强调家风建设与弘扬中华优秀传统文化是一致的。家风是家庭文化的核心，良好家风对于一个家庭是至关重要的，家风正，家庭乃至整个家族才会兴旺发达，不仅如此，它和党风、政风、社会风气相互促进、相互影响，有着不可分割的密切联系。⑤ 党的十八大以来，习近平总书记也一再强调要“注重家庭，注重家教，注重家风”，“家庭的前途命运同国家和民族的前途命运紧密相连”。使千千万万个家庭成为国家发展、民族进步、社会和谐的重要基点，把实现个人梦、家庭梦融入国家梦、民族梦之中，汇聚起全面建设社会主义现代化国家、实现中华民族伟

①　何娜娜. 马克思婚姻观的时代价值——从马克思的《论离婚法草案》谈起［J］. 新西部（理论版），2014（9）：2，9.

②　郭剑平. 我国离婚冷静期制度构建的法理学思考［J］. 社会科学家，2018（7）：26-34.

③　中共中央马克思恩格斯列宁斯大林著作编译局. 马克思恩格斯文集：第 4 卷［M］. 北京：人民出版社，2009：15-16.

④　DEMENY P. Population Policy and the Demographic Transition：Performance，Prospects，and Options［J］. Population and Development Review，2011（37）：249-274.

⑤　朱丽霞，张洋. 马克思主义家庭观视野下的领导干部家风培育［J］. 理论月刊，2014（4）：26-28.

大复兴中国梦的磅礴力量。① 因此，培育好家风，是弘扬社会主义核心价值观、弘扬中华优良传统的需要，是立德树人、培育"四有"青年、实现中国梦的需要。

综上所述，正如马克思在《关于费尔巴哈的提纲》中所说，过去的"哲学家们只是用不同的方式解释世界，问题在于改变世界"②。马克思主义不仅关注如何认识世界，更力图改造世界。马克思、恩格斯的阐述对于把握我国经济社会发展不同时期爱情婚姻家庭道德的演变、树立正确的爱情婚姻家庭道德观、促进两性关系和谐、婚姻关系和家庭关系的建立等方面有着十分重要的理论和实践价值。改革开放后，市场经济的开放和西方思潮的涌入对中国的传统婚姻观念造成冲击，进入 21 世纪后，信息技术的飞跃发展和大众传媒的发达更是推动了中国人的婚姻观和个体婚姻状况不断发生改变，学者们开始对当代中国婚姻现状、问题和对策进行研究探索。如今，中国特色社会主义建设进入了新时代，家风建设、"离婚冷静期"和三孩政策正在进行，因此，在马克思、恩格斯的经典论述中研究马克思、恩格斯的婚姻观，解决现实婚姻中的实际问题才是我们的旨归。

---

① 《习近平关于注重家庭家教家风建设论述摘编》出版发行［EB/OL］. 求是网，2021-03-29.

② 中共中央马克思恩格斯列宁斯大林著作编译局. 马克思恩格斯全集：第 3 卷［M］. 北京：人民出版社，1979：6.

余　论

察势者智，驭势者赢。回顾中国共产党领导人民进行婚姻革命和治理，革除婚姻陋俗、促进妇女解放的历史过程，可以得出很多规律性认识，也给当代社会治理带来诸多启示。用历史的视野考察中国共产党领导妇女解放事业的进程可以看出，推动妇女解放、革除婚姻陋俗始终贯穿其中。中国共产党是代表人民根本利益的政治组织，能够深刻理解现实国情且具有强大治理能力，这是百余年来社会风尚进步和妇女解放的根本原因。从国家百年历史的宏观发展上把握微观婚俗治理可以看出，中国共产党对封建婚姻陋俗、资产阶级自由主义婚姻风气的改造是革命的重要内容，党从革命党到执政党逐步扭转了民国时期中央权威式微、社会失范危机、国家对社会影响变弱的状况，对影响人民利益和生活质量的婚俗陋习进行了改造。党注重用新民主主义和社会主义先进文化革除陋俗文化，推动社会文明进程，从理论上把握"人"的近代化与婚姻革命和治理间的互动关系，体现了用先进思想引领社会发展的文化逻辑。把实行婚姻自主和摒弃家族本位、引导新式婚俗和革除封建陋俗有机统一起来，在社会进步中推动妇女解放。在各个历史时期对婚姻陋俗的治理实践中，党注重从妇女群体的利益出发制定政策，注重区域差异下根据实际调整治理政策，体现了实事求是和为民造福的实践品格和治理逻辑。中国共产党对婚姻的革命性改造和治理废除了压迫在妇女身上的封建婚姻制度，打破了传统婚姻中妇女"不出家门，相夫教子"的旧束缚，摆脱了宗族社会对婚姻秩序的控制，构建起政党治理婚姻的新模式，把包括妇女在内的人民群众纳入实现独立和解放、为国效力的轨道上，促进了人的自由平等发展。

中国共产党深刻把握了婚姻革命和婚姻陋俗演变规律，把婚姻治理和革除陋俗放在社会和文化建设的全局中推动。需要指出的是，婚姻陋俗文化是特定历史时期内体现于风俗惯制上的文化糟粕，具有独立性、历史性、转化与轮回的特征。中国人民精神进化的程度往往是通过陋俗文化变革的程度来作为标尺的，要通过加强和巩固新的人文精神来改造陋俗文化。① 近代以来，传统文化观念发生了动摇，对传统婚姻观的批判和否定由觉悟了的仁人志士渐次到广大民众，以中国共产党为代表的文化领袖起了表率作用，推动了陋俗文化的真正变革。党领导的妇女解放和社会革命开启了中国传统婚姻俗制变革的新时代。党在革命过程中深刻认识到婚姻陋俗对妇女群体的危害，通过制定政策和引领带动来推动民众婚姻生活的好转。陋俗文化的变革是一个长期的动态过程，其变革受制于政治、经济、文化等多项社会历史条件的影响，它要依靠政治、经济、文化等的变化而变化，一般不会超越政治、经济、文化等的现存条件而发生超前的变化。② 因此，改造婚姻陋俗是一种长期的社会和文化建设过程，要依靠政治、经济、文化等社会条件的变化而逐步达到改造的目的。陋俗文化渗透于民众的日常生活及思想意识中，是极为繁杂的超稳定的社会心理表现，要从各个角度、各种渠道，以各种方式想方设法地开展工作。中国共产党正是通过多方面的有效方式来展开革除陋俗的工作的，包括组织团体、集会演说、创办报纸、发行书刊、散发书画、开设学校、创立报馆、开展教育、编演新戏、宣传民众等。新时代条件下，党和政府要注重革除陋俗和改造婚姻并行。凡是与封建迷信挂钩的、压迫妇女的、不依照《婚姻法》办事的婚姻陋俗都应予以取缔和打击，如冥婚、买卖婚等。有的婚俗可以纳入社会主义精神文明建设轨道加以改造和引导，例如，传统婚礼中"打煞""驱邪"的古老信仰，可演化为用五谷杂粮抛撒新婚夫妇的婚俗仪式，既保留喜庆气氛又不铺张浪费，符合社会主义精神文明建设要求。注重通过各种途径宣传文明风气、倡导新型婚俗、摒弃婚姻陋俗，让广大的人民群众分清良莠，共建社会主义的精神文明家园。

　　革命中的话语是一种意识符号，可以起到调动、约束、激励、塑造人的行为之作用。新民主主义革命和社会主义革命时期中国共产党在领导婚姻革命和治理的历程中也形成了一套妇女婚姻解放的话语体系，比如，"推翻阶级压迫""打倒封建礼教""妇女解放""妇女能顶半边天""婚姻自由""走出家门""当家作主人""彻底解放""时代不同了，男女都一样"，等等。这些话语符号动员了广大妇女参与到婚姻革命和治理的过程中，形成了强大的合力，推动了党领导的革命事业。中国共产党的广播或报纸等媒介的宣传中经常使用这些话语，在基层社会形成了很大的传播效能，形成了一套促进妇女婚姻解放的话语

---

① 梁景和.近代中国陋俗文化变革的局限及其规律［J］.辽宁师范大学学报（社会科学版），1998（2）：36.

② 梁景和.论中国传统婚姻陋俗的特征［J］.辽宁师范大学学报（社会科学版），1994（5）：83.

体系。这些历史过程对当下的婚姻和社会治理都有重要的意义。

中国共产党通过党的路线、方针、政策实现对妇女婚姻解放运动的领导和影响，在局部执政条件下，政府对婚姻进行行政规范，党通过意识形态构建来把握婚姻解放运动的政治方向。新民主主义革命时期和社会主义革命时期作为革命党和执政党的中国共产党对婚姻革命和治理的方式方法也有不同。历史和人民选择了中国共产党，在革命时期党通过婚姻解放赢得了人民群众尤其是妇女对革命事业的支持，在全国执政以后继续通过有效的婚姻治理手段扩大执政基础，巩固合法性执政资源，妥善处理政党和社会、国家和社会的关系，把握婚姻解放的政治方向，通过构建社会主义的先进婚姻伦理和文化实现政治社会化，满足人民物质和精神需求，整合社会各阶层利益，践行群众路线，凝聚全国人民的力量进行社会主义建设。另外，各根据地或解放区制定的婚姻法、条例，确立了婚姻自由、一夫一妻制的原则，对人民群众的婚姻生活起了除旧布新的巨大作用，解放了妇女，促进了生产，支持了革命和抗战大业。在革命时期的不同阶段，婚姻自由和自主也有其地域性和阶段性的特点，但贯穿其中不变的是促进妇女解放、支援革命和抗战，党在局部执政条件下平衡执政意志和基层现实、革命大局和个人利益、婚姻法律和民间婚俗之间的关系，根据具体的情况适度调适，体现了实事求是的作风。由于历史现实条件，婚姻自由和自主的实现需要长期的历史过程，党在领导人民进行婚姻革命和治理中通过制定新法律，围绕革命、抗战、建设大业，围绕解决主要矛盾不断调整各方关系，稳定社会秩序，团结广大群众，化解衍生的问题，基本实现了理想与现实、大局与私利、国家权力与风俗习惯、法律法规与传统惯性的有机统一。

在新的历史条件下，我们已实现第一个百年奋斗目标，正在向第二个百年奋斗目标奋勇前进，党的二十大描绘了中国特色社会主义现代化的宏伟蓝图。不断完善妇女和婚姻工作，不仅是满足女性追求平等的需求，而且也是为实现民族复兴的伟大梦想凝聚力量。路漫漫其修远兮，对于开展工作中所遇到的问题与挑战，党和政府应耐心应对，从新民主主义革命和社会主义革命时期中国共产党领导婚姻革命和革除婚姻陋俗的措施中总结经验和不足，针对具体的婚姻陋俗和治理问题，制定具体的改革措施。要坚持群众路线，从群众中来到群众中去，婚俗文化来源于群众，婚姻问题涉及千家万户，革除婚姻陋俗和推进婚姻文明的工作也不应脱离群众，站在广大群众的立场和观点思考问题，利用互联网宣传等多种手段，渐进式革除陋俗、推进治理。如果强制性开展相关工作，只会适得其反，甚至会影响社会秩序，产生一些新的社会问题，这是我们总结历史经验得出的基本结论。

2021 年元旦，《中华人民共和国民法典》正式实施，原有《婚姻法》废止，这之前，婚姻立法经历了从革命年代党领导制定婚姻条例到新中国成立后制定《婚姻法》及进行多次修订。《婚姻法》产生在中国革命、建设的特定历史阶段，是针对特定历史环境和条件所形成的重要法律文献，通过婚姻立法推动了社会建设和改革发展，在司法中保障了人民的婚姻权益，进而推动了社会革命和改革目标的实现，严格来讲，《婚姻法》不只是法律文件，也是政治文件，因为它也以法律形式规范和推动了革命、建设所要达到和实现的目标、任务。新时代条件下，把婚姻问题纳入《中华人民共和国民法典》可以看作《婚姻法》所承担的历史和政治任务①已经完成。人民群众是历史的创造者，广大女性要联合起来，为追求女性的自由而不断努力。道路是曲折的，前途是光明的，尽管女性追求自由的过程注定不会是一帆风顺的，但每为这份理想事业贡献出一份力，便离这个理想目标更近一点。个人虽不能创造历史，但能创造自己的历史。女性也能拥有自己的理想和事业，并不是只能留在家庭之中，自己的人生只能掌握在自己手中，每一位女性都要能够勇敢地向任何对女性的偏见说"不"，维护应享有的人格尊严和权利。有中国共产党作为主心骨，中国特色社会主义制度作为根本保障，我国的妇女事业和婚姻家庭建设一定会随着综合国力的提升而更加完善。

---

① 革命时期和社会主义时期的《婚姻法》的主要任务之一就是帮助妇女从家长制的传统家庭中走向社会，从专制、无情的婚姻中解放出来，让家庭关系更适应社会主义建设和现代化事业的发展。

跋

  书稿初定，感慨万千。本书研究的对象是一个边缘性的交叉学科课题，三年前因为个人研究的转向才有所关注。那时一边思考如何从中国近现代史研究领域逐步涉足中共党史党建学领域，一边读书、查阅资料并关注学界动态，在这过程中开始对这个论题产生兴趣，决定一探究竟。但写作和论证过程中遇到了诸多难题，如怎样处理学科范式的运用问题，是侧重历史书写还是党史意味；怎样把宏大的问题具体化，是选取宏观史料论述还是个别地区佐证；如何把口述史料融入。在两年多的书稿打磨中我尽力做到论从史出，史论结合。总之，把婚姻革命及治理放到宏大的革命和建设事业中进行学术思考与创新面临很大挑战，这是一个新的尝试。

  本书研究历史和书写历史，秉持严谨原则，杜绝用不同社会历史条件下的历史细节相互否定，格外注重前后历史的连续性和发展性，力争做到书写表达的科学性和内在学理逻辑的自洽性。本研究具有一定的创新之处。第一，多学科方法运用。综合运用历史学、中共党史学、民俗学、女性学、马克思主义理论、社会学等学科的理论和方法。第二，研究视角新。一是从婚姻解放和革除婚姻陋俗的研究视角审视中国共产党领导人民进行婚姻革命，实现婚姻解放，探讨中国共产党成立后在社会领域改善人民婚姻生活取得的成就，探究经济、政治、文化发展与民俗演变的规律性认识，总结党在移风易俗方面的经验和不足。二是引入治理视角来窥探党为了实现妇女婚姻解放和生活幸福采取的多管齐下的手段，如建立政权与发布法令、土地改革与经济建设、新型婚姻文化与革除婚姻陋俗等社会治理措施，最终目的是实现人民解放与自由。三是把婚姻解放从妇女运动中剥离出来作为研究对象，做全新的尝试，从社会文化史的发展角度对近现代史上中国共产党进行的社会和文化治理进行总结，把民俗学研究方式引入婚姻革命及治理研究。以建党以来到社会主义革命时期的长时段历史视角来总结党领导人民进行婚姻解放的具体历程和经验，为解决新时代社会治理中的婚姻问题提供参照。本研究也具有一定的难点。例如，如何处理好婚姻解放与妇女运动的关系，如何把握党在婚姻领域治理中各历史阶段的特征和它们之间的关系，如何科学运用好多学科研究的同时把握主要的研究脉络。

在本书的写作过程中得到了很多领导、同事及学生的关心和帮助。特别感谢四川师范大学马克思主义学院各位领导的大力支持，特别是何理副院长的悉心指导，感谢四川省档案馆、成都市档案馆给予史料查阅的方便，感谢李美婷、欧阳嘉欣、罗盈盈等同学的辛苦付出，感谢四川党史党建研究中心和中国近现代西南政治与社会研究中心的资助。特别感恩妻子、女儿、父母、弟弟对我的无私奉献和大力支持，没有他们的鼎力相助，本书无法面世。

由于本人学术功底尚浅，史料功夫稚嫩，理论思维不高，因此在承担本研究过程中难免力不从心、有所错漏，请学界前辈、同人多多批评指教。

以此书出版，献给我的父母、妻女。

蔚建鹏
2023 年 5 月于成都

附　录

一、民国时期婚姻（婚俗）报道及研究实录

1.

题名	婚姻改革的我见
作者	赵蕊仙
文献来源	《婺星》
出版时间	1923 年

内容：我对于婚姻的主张，要取绝对的自由，决不容许有第三者参与其间，但是有些人每以"若婚姻绝对自由，要发生不道德的行为"等无稽之言相难。何不思之甚呢！为今所谓婚姻自由者，难道是卑鄙龌龊不堪的自由吗，难道是钻穴窥墙不知检点的自由吗？在现在社会里，虽然免不掉如上所说的自由，请问，在婚姻不自由的时代里，也能免掉这些浪漫的自由吗？我想那些丑事也，惊世人也总见得多，听得多，我也不必多费光阴去写证据了。又有些人说："婚姻自由，容易使恋爱乱用。"但是恋爱乱用，那是人格上的关系；但凡是没有人格的人，则虽有严苛的法律，繁重的家法，也能禁止他，阻止他吗？就是不让自由婚姻，就能除掉这些弊病吗？我却相信：乱用恋爱，不是除了"自由婚姻"，所能禁止的。否则为什么在未曾盛行婚姻自由的时代里，常有许多不规则恋爱呢？我想，堕落在不规则恋爱里，宁可随着真正的恋爱去乱用。虽然，真正的恋爱，若加上"乱用"二字，也就变成不正了；但是二者相比较起来，还是真正的恋爱去乱用好得多呢。

2.

题名	妇女性爱问题
文献来源	《新申报》
出版时间	1948 年 6 月 21 日

部分内容：所以那本被称为"妇女参政运动的圣经"的妇女服从论的著者密雨氏，曾经大胆的喊出："婚姻乃是现今唯一法认的奴隶制度。"这句话惊起了许多在奴隶式的婚姻关系下隐忍屈从的女性。她们说："妇女既然和男子同样是人，为什么在婚姻中要处于卑下的地位？"……

3.

作者	潘光旦
文献来源	《优生概论》
出版时间	1946 年

内容：子，与常人无异。他如送子观音、联姻月老一类半滑稽的信仰则又不无良善之影响。如以儒家之教为宗教的，而颇有中央集权之势，则亦无妨；盖大体上孔孟之教与种族之治安不冲突，上文已略及之矣。

次略作社会组织之分析，可分作四部分：婚姻、生产、国家选才及农本生活。

首言婚姻，可就年龄、目的、成就及解散四端分论之。古者女子十五而笄，二十而嫁，男子二十而冠，三十而娶；此是理论，实行上大率女子二十必嫁，而男子二十五必娶，多提早而少展缓。内地有极端的早婚陋俗，但居少数。就全般而论，则自来结婚年龄与最近之生理卫生知识并不冲突。婚姻年龄与优生问题最有关系之点在生产之次数，迟婚者百年可三世，而早婚者可四世也。有谓早年婚姻所生儿女之体质亦较强健，但尚未完全证实。

结婚之目的三：宗祀之传聘，家长之侍奉，个人之幸福是也。宗祀之要求最重要，自不待言；无后为三不孝之尤，而孝固"为人之本"也。家长之侍奉次之。个人之幸福居末，有时或竟不成为目的之一。此固常识，无须多赘，然国人一脉相绳之观念之深，与其所以为种族得力处。

4.

题名	中国妇女在法律上的地位
作者	赵风喈
文献来源	中华教育文化基金董事会社会调查部（上海）
出版时间	1928 年

部分内容：惟中国民间，迄现时尚有弟收嫂，及兄收弟妇之习俗，此或为元代蒙古人之遗风；虽经明清律之严禁，而亦未能尽革也。

（g）非外姻之尊卑辈分不同者。外姻之辈分不同者，无论有服无服，均不得为婚。考之《杜佑通典（卷六十）》，大唐永徽元年，始有此议也。唐律户婚门同姓为婚条规定：若外姻有服属，而尊卑共为婚姻，及娶同母异父姊妹，若妻前夫之女者，亦各以奸论；疏议曰：外姻有服属者，谓外祖父母舅姨，妻之父母。

5.

题名	黔罗甸县政府改革婚姻陋习
文献来源	《内政消息》
出版时间	1934 年

内容：黔罗甸县政府改革婚姻陋习（贵州）

罗甸僻居黔南，环绕山谷，全县居民，多属苗夷。曩因风候特殊及天然环境之限制，以故民俗强悍，獉獉狉狉，关于婚姻仪节，习惯既久，尚保存中古野蛮之遗迹，牢不可破。鼎革以还，地方政府未尝不思有以改革而倡导之，然以积重难返，荏苒至于今日。自客年刘幼任县长后，颇注意于该县风俗之改良，其中如婚姻制度之鄙陋，则为尤甚。刘县长为改革此种陋习计，乃招集各县绅者，暨各学校各区长，开会讨论，决议，组织风俗改良委员会，从事改良，委员长由县长自兼，并推定黄仁昭、宋定魁、王大器、朱定华、罗佩云五人为常务委员，业经正式成立，开始办公。闻其所定改良步骤，先由该常委等督饬各区智识阶级，设法倡导，渐次及于民众方面，随时并由会中委员，轮流前往各区宣传，就便调查，作成记录，报告委员会，该会据情后，即根据表报情形，分别赏罚，不稍宽假，自经此会产生以来，以前野蛮制度，已渐打消云。

6.

题名	婚姻制度之进化
文献来源	《申报》
出版时间	1925 年 12 月 6 日

内容：婚姻制度之进化

婚姻者，组成社会之始点。而于秩序风俗。大有影响者也。故社会程度之进化与否。当视婚姻制度之进化与否以为断。婚姻制度。约有五种。

一、掠夺婚。专恃暴力，却夺他人之妻女，据为己有。近时野蛮闭塞之地。尚有此种陋习。

二、买卖婚。以金钱财帛，送给女之父母，为交换之品。常因此而起双方之争执。

三、聘娶婚。易金钱买卖，为礼物聘娶之制。虽较前项为进步。然婚姻大事。尚由父母主持。

四、允诺婚。此制不问礼物之繁简，须先得男女两性之同意，及父母双方之允洽也。

五、自由婚。因两方情况之称合，而发生恋爱。故凡关于婚姻，专由当事人自由契制而定。

以吾国今日社会婚姻之状态论之。掠夺买卖决无存在之理由。而自由一层。因社会习性之关系，行之尚多空碍。折中至常之办法。其惟聘娶允诺之制乎。俟将来社会程度增高。再进而论及自由，庶无空碍难行之虑乎。

7.

文献来源	《民报》
出版时间	1933 年

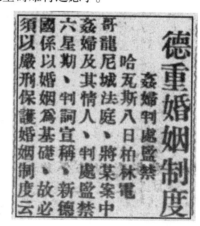

内容：德重婚姻制度、奸妇判处监禁、哈瓦斯八日柏林电

哥龙尼城法庭，将某案中奸妇及其情人，判处监禁六星期。

判词宣称：新德国系以婚姻为基础，

故必须以严刑保护婚姻制度云。

8.

文献来源	《山东省政府公报》
出版时间	1936 年

内容：本省法规

一、本县人民于男女婚姻恒有下列陋俗

1. 男子成婚过早；

2. 妇人年龄长于其夫过多；

3. 女家索彩礼过重，近于买卖婚姻，均依本办法取缔之。

二、本县人民应按照民法九七三条规定男未满十七岁女未满十五岁者不得订立婚约。

三、本县人民应按照民法九八零条规定男未满十八岁女未满十六岁者不得结婚。

四、本县人民结婚应按照内政部通饬改良婚姻制度令女家收受男家聘礼不得超过一百五十元，违者按照行政执行法从重处罚其法定代理人（家长或其他主婚人）及介绍人。

五、本办法自呈奉省政府核准之日施行修正时亦同。

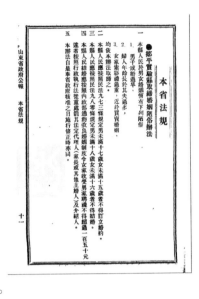

9.

作者	徐朝阳
文献来源	《中国亲属法溯源》
出版时间	1933 年

内容：论者谓我国古代婚姻，实购买之形式，根据曲礼"买妾不知其姓则卜之"为理由。愚以为此说所持理由已属错误；盖妾为非正式之婚姻，经典既有买妾之明文，妾可以购买而得，固毫无可疑，究不能即以比拟正式婚姻之妻也。后者又谓婚姻必待父母之命，是父母把女作物件同观；

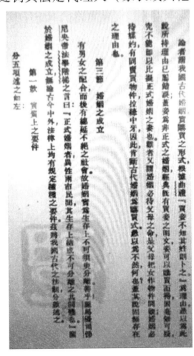

婚姻必待媒妁，有同买卖物件，拉牵中牙，因此，肯断古代婚姻为购买式。愚以为不然，何也？盖其说固无存在之理由也。

第三节　婚姻之成立

有男女之配合，而后有绵延不绝之社会。故婚姻实为生存上不可须臾分离。善乎！罗马优司悌尼央帝法学阶梯之言曰："正式婚姻者，异性两市民间，其生存上结成不可分离之共同体也。"关于婚姻之成立，无论古今中外，法律上均有规定种种之要件。兹将我国古代之法则，分类述之。

10.

题名	婚姻制度浅说：法律常识
出版时间	1934 年 10 月

内容：结婚只要取得父母的同意，离婚是父母不能干涉的。他要说他这婚姻不是自主的，法律上就允许他不结这门婚；要不是他自主离婚的，法律上也就不能认可别人替他主张离婚的意思了。

话说到这里，我就要答复你的事情了。你的大小姐的事，应该分做两层来说。离婚是一件事，你的小姐受苦的情形，又另是一件事。如果真是她的婆婆虐待得她很厉害，倒是可以做离婚的理由。但是你说她们小两口儿怪对劲，她自己又不愿意离婚，那便正是我所说要的。

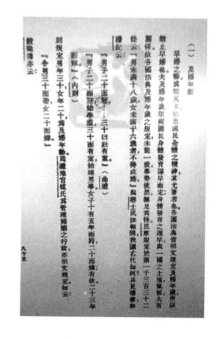

11.

题名	中国亲属法溯源
作者	徐朝阳
出版时间	1933 年

内容：及婚年龄

早婚之弊，为类甚多，贻患国民全体

之精神，其尤著者也。各国法典皆明文规定及婚年岁，所以禁止早婚也。夫及婚年岁须视国民身体发育迟早而定；身体发育之迟早，与一国之土地、气候大有关系。故各国法典及婚年岁之规定，未能一致，事势使然，无足为怪。民草规定于第一千三百三十二条云："男未满十八岁，女未满十六岁者，不得成婚。"与瑞士民法相同，我国古代如何？具见礼书。如《礼记》云："男子二十而冠⋯⋯三十曰壮有室。"（曲礼）"男子二十而冠，始学礼，三十而有室，始理男事。女子十有五年而笄，二十而嫁；有故。二十三年而嫁。"（内则）则规定男年三十，女年二十，为及婚年龄。周礼地官媒氏为管理婚姻之行政，亦明文规定，如云："令男三十而娶，女二十而嫁。"

12.

题名	湘省陋习的片段——婚姻
作者	左全湘
文献来源	《蕙兰》
出版时间	1932 年

部分内容：湘省陋习的片段——婚姻

我在故乡——湖南衡阳——仅仅住了三年。彼处风俗奇异的很多，我现在只将那引人捧腹结婚闹房的情形，详述如下：

敝乡男女婚姻的结合，当然是逃不出父母之命，媒妁之言的旧例。那买卖式的婚姻，繁文陋节，固不待言。结婚的仪式，没有抑扬的音乐队伴送，更没有花簇的汽车迎娶，所有的不过是那借来借去坐过很多人的花轿。花轿的旁边贴满了封条⋯⋯

13.

作者	Russell 著，野庐译
文献来源	《婚姻革命》
出版时间	1930 年

内容：婚姻革命

最高尚的性道德也是不同的。就是一种食料中的性道德和另一种食料中的性道德也是不同的。

性道德的影响不一——个人的，关于

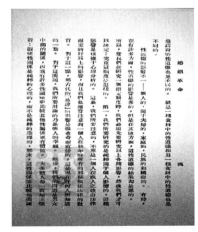

夫妇的，家庭的，民族的和国际的。有时，在有许多方面，性道德的影响是善的，但是在其他方面，这性道德的结果却是恶的。所以，当我们在研究一个指定制度时，我们必须先要研究以上各种影响，然后我们才可以决定：究竟这制度是怎样的。第一，我们所要研究的是纯粹关于个人影响的，这种影响是根据于心理分析的。这里，我们所要注意的，不单是一个人在成人之后由法律而定的行为上的影响，而且我们也应当注意到一个人在壮年时所有的那种服从法律的教育。对于这一点，那古代的"忌讳"的影响是很稀奇而直接的，这是现在任何人所知道的一点。对于这问题，我们所要讨论的乃是个人的幸福。然后，我们的问题是男女中间的关系，因为有许多性关系要比较其他性关系更有价值。大多数人都一致地主张着：假使性关系是纯粹的心理的，而不是纯粹的生理的，那么，这性关系要比较地美满。

14.

作者	陶希圣
文献来源	《婚姻与家族》
出版时间	1931 年

内容：婚姻与家族

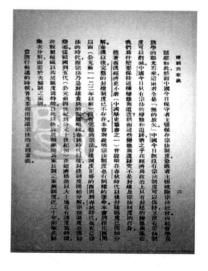

话虽如此，然而中国今日保守者主张保存宗法制度，急进者主张破除宗法社会。由社会学民族学的眼光看来，这两者全是"无的放矢。"中国今日既没有宗法制度可以保持，又没有宗法制度可以削减。中国今日只有宗法的变态和遗迹，犹之乎在经济与政治上只有封建的变态与遗迹。我们为什么要保持这种变态与遗迹？然而这些变态与遗迹究不是封建及宗法制度的自身。

拙著《西汉经济史小册》（中国历史丛书之一）曾说明在春秋时代以后封建制度已开始分解。秦汉以后，完整的封建制度已不存在。本书将说明宗法制度也有同样的运命。本书将指出西周以前（公元前 1122 年以前）没有完整的宗法。封建制度正盛的西周到春秋时代，也正是宗法的时代，而宗法乃是封建贵族的亲属组织。春秋时代以后，封建制度开始分解，宗法制度也开始变迁。从战国到五代（公元前 4 世纪到公元 10 世纪初）在经济构造以大土地私有制度为特征，在亲属组织以族居制度为特征。自此以后，族居制渐变为家长制之家族制度。近三十年，则家族制渐次分解，而进于夫妇制之家制。

当进行叙述的时候，首先要指出所谓宗法的正确意义。

15.

文献来源	《婚姻制宝浅说法律常识》
出版时间	1934 年

内容：婚姻是人伦的一件大事，国家是定了有一定的制度的。咱们国的婚姻制度，是定的一夫一妻制，就是一个男人家，只能娶一个老婆；一个女子，也只能嫁一个丈夫的。世界各国，也差不多都是这样。

男女两个人结婚，也有一定的仪式，必须有两个以上的证人到场证明，在公共场所或是家里举行，才算是正式结婚。假若没办过喜事，没举行过结婚仪式，那么，就是有这么男女两个人，同居过多少年，生养有三男四女，也不能算是结了婚的，终究只是一对姘头，法律上不能承认他们是正式夫妻的。俗话说，男大该婚，女大宜嫁，这个"大"字，便是说到了岁数的意思。现在的法律，对于结婚的年龄上，也有一定的规定，是男的未满十八岁，女的未满十六岁，是不许结婚的。但订婚的年龄，男的十七岁，女的十五岁时，就可以了。到了结婚的岁数，当然需要结婚，原先有个规矩，是同姓不婚，现在可不一样了，只要除去自己的长辈和同胞的叔伯的兄弟姐妹以外，虽然同姓，但也可以结婚。

16.

作者	张虚白
文献来源	《司法院解释婚姻问题汇编》
出版时间	1932 年

内容：司法院解释婚姻问题汇编卷一

最初之言词辩论日期到时。应另定日期传唤之。如屡展期不到。系属法院。得据控告人所提出之证据并以职权调查明确为通常判决、不得推定为被控告人之自认，即予缺席判决最高法院佳印。附原电南京最高法院徐院长，勋盐据敝院第一分院院长陈祖信抄电称，窃查婚姻案件控告人迭经合法传唤。迄未到案是否准用民事诉讼律第七百八十八条之规定。视与撤回控告同。而为缺席判决。

又被控告人不于辩论日期到场可否援照最高法院广东分院十六年理字第三十一号解释办理案关法律问题。理合电呈察核。转请解释等情到院。相应粘抄最高法院广东分院十六年理字第一十三号解释请为解释见覆。俾便饬遵。代理广西高等法院院长朱朝森叩马。

17.

作者	艾森
文献来源	《婚姻问题》
出版时间	1931 年

内容：都是要以一脉相传而解决"血统"的问题，婚姻而不能达到"有后"的目的者，则七出之条现犯，夫妇之道舛矣。

婚姻在宗族观念上，现在占有莫大的势力，其于两个团体间的关系，自然会因姻缘的原故，加多亲近的机会。历史上所告诉我们的，各朝的外交政策，凡是武力所不能解决的，都是以"和亲"的办法解决。在春秋列国的时代，这种例子，更是普通，如申之以盟誓，重之以婚姻。由此可以看出婚姻的第三种关系。

二、旧制婚姻的背景

我国的社会的组织，是以家庭为单位，而家庭又是夫妇……

18.

作者	张绅
文献来源	《中国婚姻法综论》
出版时间	1936 年

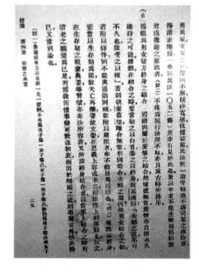

内容：男人当家，是对家好。顽固不解，精神宽大。伉万民法于一造受他遗不堪同居之启待者。得请求离婚就有见于此也。至以年老不能生殖，妇女没有了姻缘，是效或撤销之原因者。不仅是现在行法不取，也是以往排斥的。两者有继持的可能。不然，在结合的时候要当期之以白首委之以终身故汤搏曰：夫妇之道不可不久也。故受之以恒。否则朝秦暮离合无常就会像苟合夫妇所说的为什么男女结合之初，若附以条件固不能与婚姻同舰即附以期限，

不能以结婚为目的婚，（践三）只有既云终身，要以生存期为期限。所以夫亡再醮妻故立娶在恩义上容或未忍，而在法律是没有什么的。反之，在生存期之租妻典妻等习惯亦非法所容许又所谓终身结合者。以富事人钻合之时有偕老之愿望为已足。若媚后因情事变更致初衷。而在婚姻关系时出轨，则事属外。情升得已，又当别论也。

19.

作者	吕诚之
文献来源	《中国婚姻制度小史》
出版时间	1929 年

内容：中国婚姻制度小史

《易》曰："有天地，然后有万物。有万物，然后有男女。有男女，然后有夫妇。有夫妇，然后有父子。有父子，然后有君臣。"若是乎，人类社会之形形色色，千变万化，无一不自男女之媾合来也。故言社会组织者，必始男女。

男女之关系为夫妇，其谁不知之？虽然，非其朔也。《白虎通》曰："古之时，未有三纲六纪。人民但知其母，不知其父。"夫但知其母，不知其父，即莫知谁妻、莫知谁夫之谓也。后人推测社会之始，多谓由于一夫一妇之牌合，如创世记亚当、夏娃之说是也。其实人类之初，究系何种情形实为无从想像。所能勉强想像……

20.

题名	川东婚姻仪式习俗
作者	何培
文献来源	《新运月刊》
出版时间	1936 年

部分内容：订婚经过

男女订婚，名曰"打亲家"，男子的父兄或本人，事先看中了谁家女娃侦悉了她的品行性情学问能力家规各种，男的家长都认为合格了，或是可称门当户对时，然后再央求女子家族亲邻的中年或老年人，正式向女家说媒。名曰"媒人"（即介绍人），女家得着媒人央求后，就要各方侦查男家的一切，还要遍访男子的族亲邻友的年长者，她们所侦查的事情，不外是男子田地财产有若干；父母贤慈？无哥嫂弟妹有若干，家庭和睦不？他的品行性学问能力嗜好各种，经过多数族系的赞成后，女家才默然允许……

川东婚礼和风俗川东四县的老风筝到江坝立即去请算命师"先计算女性生活是否破裂，降到20多个县，被称为父川东地方"县婚舞刘福桃花袋胎流（即女人的生活进入，虽然有偷窃的习俗，普通的婚姻可能和俄罗斯一样，）"算命师干净完整，另外八个字关闭，下"（例如，男性生活中有两个词生活有中午两个词"可以提前参与后中午词合成词"）即使男人和女人订婚"称为姻亲"，男人的父亲和兄弟或自己"提前关闭八个单词，结婚，关闭的六个字的女孩学会了她的行为气质学习家庭规则的能力，是中间的婚姻"会议四个字，然后我结婚了，普通父母必须满足男人是合格的"或匹配，然后添加六个字有一个廉价的安吉的婚姻。

21.

题名	云南旧式婚礼琐谈
作者	莲花
文献来源	《妇女共鸣》第二期
出版时间	1937 年

部分内容概述：男女双方遵循父母之命，媒妁之言，男女双方一般定下日子，男方"相姑娘"，女方"相姑爷"，假如男女两方都同意了，便可预备行聘、纳帖。

22.

题名	笺言：婚姻制度
作者	许宗基
文献来源	《通问报：耶稣教家庭新闻》
出版时间	1936 年

内容概述：婚姻制度

父母主断去取，媒妁笼罩黑幕的婚姻

制度，在中国历史上已有五千年的势力。他会给中国社会，演出许多悲剧，因此新世纪的人们都渴望像西方人那样的自由恋爱。但我们要知道，欧美人的历史要比我们晚很多，而欧美人在那时的教育也是我们望尘莫及的，因此，中国的婚姻制度改革是必须的，必须与时俱进。

23.

题名	昆明婚俗
作者	虎儿
文献来源	《前锋报》
出版时间	1947. 01. 29

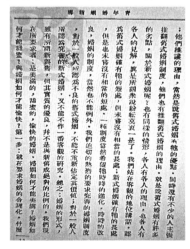

内容：昆明还是一个古旧的城市，一切都是不新不旧的，这里介绍的，昆明特有的结婚风俗。

当地的人士举行的婚礼都是半老半新的。当天，新郎要问媒人，女孩子是否是"青头姑娘"（处女之意），如果媒人不敢答应，那婚礼也得临时取消，新娘临时上轿时，娶的母亲要在她的新鞋底上垫上一方新白布，待到洞房闹时，新郎新娘准备就寝的当儿，送亲的伴娘就暗中把那块白布取出给了新娘，叫她如此这般，她的贞洁与否，就全部寄托在这块白布上了，当晚，他的父母是整夜担心，女儿是否"青头"，做父母的也担保不了许多，如果当晚上女儿能红旗得胜，那男家必定用红封套把红旗套了，赶到女家来飞报，这叫做"捶门笺"，父母只要一听到门上捶门声大作，便知道女儿已经保……

24.

题名	青年婚姻指导
作者	潘文安、陆伯羽
出版时间	1932 年

内容：他们维护的理由，当然是说旧式婚姻有它的优点。同时还有不少的人主张推翻旧式婚姻制度，他们也有推翻旧式婚姻的理由。就是说旧式婚姻有许多的劣点，关于新式婚姻呢？也有同样的情形，各人有各人的理由，也各人有各人的见解，真是所谓众说纷纭莫衷一是了。我们站在客观的地位讲话，认为旧式婚姻确有它的短处，

但未尝没有相当的长处；新式婚姻确有它的长处，但是也未尝没有相当的短处。一种制度当然希望它时时的进化，时时的改良，婚姻的制度，当然也不能例外。我们迫切的热烈的要求完善的婚姻制度，对于一般人所认为不良的旧式婚姻，不能不重新估定其价值；对于一般人所认为完善的新式婚姻，又不能不作一番客观的研究。总之：婚姻的形式，虽有所谓新与旧，但其实质的优良，并不是与新旧成绝对的比例的。我们现在所要求者：是美满的，甜蜜的，愉快的婚姻。婚姻如何才能美满？婚姻如何才能甜蜜？与婚姻如何才能愉快？第一步：就在要求婚姻的合理化。

25.

题名	昆明旧式婚礼琐谈的补遗
作者	褚德康
文献来源	《妇女杂志（上海）》
出版时间	1928 年

部分内容：昆明旧式婚礼琐谈，很引起我的注意。读完之后，因为我是昆明人，觉得聂君有些地方太略疏了，有的又不很确实，受了朋友的怂恿，我便写了这篇补遗；希望各地的朋友，更明了地了解昆明的旧式婚礼。

你就说来婚假的风俗和其他地方不同的是，有许多事情是非常有趣的，现在粗略的记下来。女子当出嫁的一天，轿子抬出门时，家里必须立刻把大门关起来，以大乘中重击门，当轿子进男方家时，男家看客中命运不良的以及怀孕的妇人都应该远远的回避，否则日后新娘如有不吉利的事情发生，就要归罪于他们。

26.

题名	婚姻制度之演化
作者	冯承钧
文献来源	《大公报（天津）》
出版时间	1930 年 10 月 13 日

内容：特波米雷此书所论及之，取材亦博，非抄袭他人成果或报告者可比。

其中颇多著者自身在各民族开嗣查见所得，甚有精彩也。首章论人婚姻过去之历史，取用神话宗教习俗之材料，其夫婚之永久结合，稍加修正，数章论现在即将来之婚姻演变，其论生育致用历史的眼光，采用一夫一妻之起源论生育子女之关系。其论结婚问题甚尤其，唯作者依改革家之主张，时有矛盾之点，例如，彼时英国现定法律，深表不满，论结婚绝对自由，无论何方须尊重他方之意见，而法庭判断却可以，说来甚痛快，而其下又欲规定法律可以离婚三次者，如再欲结婚，必须以禁之霏，何以离婚必限以三次，此意不通之论也。

二、中国共产党与婚姻变革报道及研究实录

1.

题名	解放区的婚姻制度
作者	怀玉
文献来源	《大公报（香港）》
出版时间	1949 年 6 月 9 日

内容：国民党统治区非常普遍的婚姻制度和娶妾似的风气，在解放区，由于经济制度的转变，这种婚姻制度和风气，正迅速地被扫除。在新解放的地区，女人的买卖已为法令所不容，但封建社会传下来的不自由婚姻制度仍会在一个时期内残存着。

在老解放区，随处都见到男男女女，特别是女子，不管老人家怎样固执、陈腐，他们极力争取婚姻自由的权利，自由选择对象的思想正迅速地普及到每个村落。

2.

题名	重大热烈讨论：婚姻关系
文献来源	《大公报（重庆）》
出版时间	1949 年 12 月 29 日

内容：【本报消息】重大消息：重大协助解放工作团根据大公报二日刊载的《解放区的婚姻关系》……对于解放区的婚姻关系讨论的纲要分①国民党反动派污蔑解放区"拆散家庭""骗婚"的谣言，我们看见解放区的婚姻问题的处理，作何感想？②在国民党反动派统治下，中国妇女的地位。③提高中国妇女在政

治上经济上的地位，应采何种措施？④人民政府对婚姻问题处理怎样？⑤解放区调解民事纠纷的三大原则：一、双方自愿；二、不违反地方风俗和政府法令；三、只要一方不同意，即诉诸法院，是否尽善尽美？

3.

题名	新社会中的新家庭 解放区的婚姻伦理关系
作者	小云
文献来源	《大公报（香港）》
出版时间	1949 年 5 月 23 日

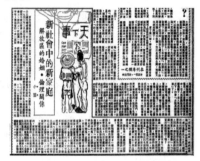

内容：在新社会结合的夫妇，如某一方面感情不和，或妻子不堪丈夫虐待，提出合理的离婚理由，民主政府是可以批准的，以过去事件为例，民主政府早在一九四二年二月就公布了"婚姻条例"。

4.

题名	社会主义社会中的 恋爱、婚姻与家庭（续）
作者	V. N. 柯尔班诺夫斯基
文献来源	《新闻类编》
出版时间	1949 年

部分内容：只有实现政治上、经济上和法律上的男女平等才是基本的条件，借着这一条件妇女方能成为独立自主，方能把男女关系从物质的顾虑中解脱出来。

"妇女解放的第一前提是全体女性返回社会劳动……"（马恩全集第十六卷第五十六页）只有在这一条件下妇女才能占有与男子平等的地位。这样才会把被压制被侮辱了的爱情导致全部解放。

5.

题名	人民法院怎样处理婚姻纠纷
作者	萤火
文献来源	《家》
出版时间	1949 年

部分内容：上海市民渴望已久的人民法院已于八月十一日正式成立了。

今天的人民法院跟国民党反动派政权下的伪法院是迥然不同了。过去的法院是保护少数统治阶级——地主、资产阶级的利益，他们是压迫剥削人民的工具……人民法院对于婚姻的纠纷……因为家庭间的冲突，是各阶级人民内部的矛盾，要根据不同的情形来。法院尊重婚姻自由，但不认同无原则的婚姻自由。

6.

题名	社会主义社会中的恋爱、婚姻与家庭
作者	V. N. 柯尔班诺夫斯基
文献来源	《中苏文化杂志》
出版时间	1949 年

部分内容概述：在社会关系里，男女两性间的相互关系是特别的。人的生活是受制于生物规律的。这些规律规定人生要有规则，一切要按照营养、呼吸、血液循环。但在婚姻问题关系上，我们应该尊重婚姻自由和两性关系的自然本性，它们在任何程度都是受保护的。

7.

题名	如何解决不合理的婚姻问题
作者	旅大妇联总会
文献来源	《新社会的新婚姻》
出版时间	1949 年 6 月

内容：目前，在我们妇女中不合理的婚姻现象依然存在，有的父母把将满十岁的女儿，卖给生活富裕的家庭当童养媳；有的把女儿出卖做妾；有的父母一手包办了女儿的终身大事，此外，早婚现象也很普遍，以至造成妇女终生的痛苦。

任何不合理的旧制度，在今天人民做主人翁的新社会里，都得废除，不允许它存在，而不合理的婚姻，当然也得废除不允许它存在了。为什么还有不合理的婚姻依然存在呢？这没有什么奇怪，不合理旧制度被废除不等于每一个人的封建落后思想被肃清，恶劣的统治阶级思想残余在人们脑中依然作祟，便因而就会时常发生不合理的婚姻问题。

新社会对待婚姻问题的处理采取什么态度呢？首先在订婚、结婚、解除婚约、离婚等问题上，是以男女平等、婚姻自由为原则，任何人不得干涉；其次必须严格实行一夫一妻制与法定的年龄订婚结婚制，反对包办强迫及买卖婚姻；如有不合理的婚姻若一方……

8.

题名	关于婚姻政策的检查与意见
作者	北岳妇联会发出
文献来源	《人民日报》
出版时间	1949 年 1 月 11 日

内容：北岳区妇联会最近发出"关于目前婚姻政策的检查与今后意见"的指示。指出：目前贯彻婚姻政策中存在着严重的缺点：如有些老区半老区中，早婚现象相当普遍，行唐四区五个村，近数月来即有

六十四个早婚的。买卖婚姻也有增加。完县三区常北庄今年五个结婚的，都是男方花费粮食、布匹等代价的变相买卖婚姻。妇女受虐待的也不少。有些区干部认为政策变了，不敢管。有的夫妇关系已恶化到不能同居的程度，但仍不给以合理解决；甚至有的地方对提出离婚的女方，反而加以扣押。因为这些问题未能恰当处理，故一、三、四、五个分区数月来，妇女发生自杀的案件达五十起之多，其中对婚姻不满，不堪家庭虐待等自杀的即达四十件。该指示于检讨形成这种情形的原因时指出：（一）是婚姻政策上的右倾思想与尾巴主义作怪。各级领导对贯彻婚姻政策，长期陷于自流状态；对干部、群众没有深入进行婚姻政策的教育。本来有些夫妇关系极端恶化，势难继续同居。但某些领导机关迁就封建思想，认为批准离婚群众会不同情。甚至阻止妇女离婚，以致招致恶果。（二）不少干部存在着严重的重男轻女的封建落后思想，抵抗婚姻政策的执行，甚至不看具体条件，把妇女请求离婚，认为是要不得的。所以发生干部包办、干涉结婚、离婚自由的现象。灵寿二区封家湾李金花（买卖婚姻结合的），整天挨打受气，到区请求离婚，不但不解决，反把女方押起来。其他地方类似问题也很多。只怕男贫苦农民没了老婆，不准离婚，而忽视了贫苦妇女的痛苦。此外，对新干部灌输婚姻政策也很不够。（三）领导上官僚主义，致使各地妇女自杀案件竟发展到五十件之多。涞源县是怕解决开了，掌握不住，因而不敢大胆解决。关于今后怎样正确贯彻婚姻政策，指示中提出下列数点：（一）首先应搞通干部思想，使干部认识贯彻婚姻政策，不单纯是妇女问题，而且是一个复杂的社会改造问题。全体男女干部均必须重视。土地改革中农民获得土地后，婚姻的自主自由，已成为青年男女迫切的要求。因之，正确执行婚姻政策，对促进群众家庭民主和睦与生产发家上，作用甚为重大。领导上应该放手大胆的解决问题，但同时要以慎重和对群众负责的态度处理，防止轻率、随便和脱离群众；可是，另一方面，也应克服尾巴主义的偏向。（二）向群众进行深入的婚姻政策的宣传教育。逐渐让群众自觉的掌握政策。涞源县委在八百个人的训练班中，传达了婚姻政策的精神后，很多村干部回村开了家庭会议，解决了家庭的不和。西关支部书记过去常打老婆，受训回去向老婆赔了不是，商量怎样过光景。南关有四个妇女找妇联会要求入党，她们说："村干部回来给我们开了家庭会议后，家里不虐待我们了，我们愿意入党，常开会，更能听到上级的政策"。（三）克服官僚主义，关心广大妇女切身痛苦。对目前发生的自杀案件，要协同司法科，先找影响大的案件解决，以此教育干部与农民今后更应深入群众，主动发现问题，及时加以解决。

9.

题名	中共的婚姻
作者	顾鸣岳
文献来源	《飞报》
出版时间	1949 年 6 月 19 日

内容：最近有许多人很担心中共人员的婚姻问题，他们所产生的疑问是：共产党是主张一夫一妻制？或一夫多妻制？或"共妻"制……

共产党对于婚姻的革命，首先要从妇女在革命中获取平等地位做起。共产党是主张一夫一妻制的，不是一夫多妻，也不是一妻多夫制；至于讲到"共妻"之说，简直荒谬绝伦。只有封建制度下的顽固腐败分子，他们自己讨几个小老婆还要在外面狂嫖，却要他的妻子为他守"贞操"：我主张的婚姻革命，是要妇女和男子完全站在平等的地位。我们必须一致反对那些腐败分子，把妻子当作"财产"，认为是可以"共"的……我主张除了建立新的道德外，对于旧道德的保持，也有其必要。

列宁在革命时期，早就提出反对所谓"一杯水主义"，马克思和列宁，虽然都没有说明共产主义时代的婚姻是如何一种形式，但是马克思和燕妮结婚，列宁和克鲁普斯结婚，这二对夫妻，都是一起白首偕老的。

10.

题名	中共的婚姻制度
作者	子贤
文献来源	《上海通信》
出版时间	1949 年 12 月 14 日

内容：关于中共的婚姻制度，过去传说甚多，一说殊为随便，一说系采取配给制，后一说更常可见诸报端。

此次记者随南京人民代表团飞平，虽然被阻于机场未能入城观光，但在机场与招待人员中共干部谈及此事时，彼等均力辟其妄，据他说："中共的婚姻制度，不论是结婚离婚，都是建筑在平等的基础上，而且绝对主张一夫一妻制。关于此事，吴玉章曾撰文有所论述，他说他本人在年轻时，即凭媒妁之言，娶了老婆，她没有受过教育，而且又是小脚，若干年来，替我生了四个孩子。我革命了二十年，到现在仍是这个老婆，并没有另谋发展；不但如此，我还准备与她白头偕老哩！这不过是一个例子，说明这件事的不可靠，别的东西可以配给，老婆怎么能配给呢？这简直不近人情！"

他说话时的语气很严肃，但有一点在共区是流行的，那就是夫妻之间均互称"同志"。

11.

题名	从上海婚姻纠纷中看家庭妇女的解放
作者	不详
文献来源	《铁报》
出版时间	1949 年 2 月 17 日

部分内容：旧社会压迫下的妇女都站立起来争取平等，争取自由；凿穿旧社会的道德观念，摆脱种种不合理的婚姻关系。

12.

题名	婚姻大事自己做主
作者	不详
文献来源	《进步日报》
出版时间	1949 年 4 月 6 日

内容：编者先生：

于民国三十二年九月，经王学溪，梅幼苗二位先生介绍与王学英女士订婚（王学英系王学章之妹，王学溪之堂妹，王学溪系梅幼苗之姊丈，而梅幼苗系本人之姊丈。）因经济关系至今尚未迎娶，近闻于去年十月间经介绍人王学溪从中以强制形势手段，擅自主持，并未通知男方及征得当事人之同意，借保存为名，将婚书诓去，私自与梅幼苗将该婚书撕毁。并闻该时女当事人王学英已另与他人结合，此情殊与法理人情欠合，兹根据以上之事实，依新法理之规定询问如下：①介绍人从中未征得男方当事人之同意，以强制手段诓去婚书，私毁他人婚约，并未宣布，是否犯法，触犯何罪条？②女当事人在此情形下，另与他人结合是否合理？应受法律之制裁否？③处此环境下，本人（旧婚姻之男方）之资格不明，此与名誉有关，能否问女当事人要求"自愿退婚书"并共同登报证明，是否合理，法理有无保障？④倘介绍人及女方家长仍以强暴态度，不令女当事人办理未了之手续，是否合理？

本人应如何处理此事方为正当？与何有关部门联络进行为妥？

13.

题名	新中国社会的婚姻 以平等自愿为原则
作者	不详
文献来源	《大公报（香港）》
出版时间	1949 年 10 月 14 日

内容：何文明先生：

（一）在新社会里的婚姻是以一夫一妻制，地位平等和自愿为原则。既成事实的离婚，如有一方不满，可向人民法院请求调解审判，法院当经 过调解说服，依具体情况，以为同居或离婚之开解判决。（二）男方坚决离婚而女方不愿意离婚，亦可同样请求法院调解审判。离婚后赡养费应否付给及由谁给付，并其数额多少 ，亦应依据情况来决定。（三）离婚后男女双方子女之抚养教育，法院须从实际情况，就最有利于子女之方法由双方协议决定，如协议不成再根据此项原则由法院判决。若以子女年纪太小，判女方抚养时，则男方对女方生活上给予以适当的辅助和照顾。

14.

题名	婚姻修理
作者	不详
文献来源	《真报》
出版时间	1949 年 3 月 1 日

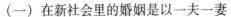

内容：【本报上海廿日来电】天津讯：

天津市调解仲裁委员会十六日成立，该会是由市政府、民政局、外事处、工商局、人民法院和华北总工会天津办事处联合组成的，负责调解全市市民中有关劳务、房租、借贷、婚姻等问题的纠纷。

15.

题名	已成年男女 婚姻可自由
作者	不详
文献来源	《大公报（重庆）》
出版时间	1949 年 3 月 21 日

内容：答袁明先生：

在目前的环境下，你们应该立刻把有了孩子的事情诚悉坦白地告诉她的家长，她的家长为了她的终身幸福计，当会重新考虑他的措施的，世上没有不爱儿女的父母，过去你们的秘密往来弄出了大毛病了，成年男女谁都有求偶的需要来往，本是光明正大的事情，家长的重财轻人，过分干预成年子女的自由，虽然不对，但他们的动机大概还是为了爱护女儿，你们在有了孩子之初，便该找个机会说个明白，现在为了因循，便把一个无辜的第三者拖入漩涡去和她订婚，白惹出许多麻烦，赶快去把事情弄明白，爱护女儿的父母和那个第三者自然会承认既成事实而成全你们一段好姻缘的照常理说，你们的事情将不至于惹到法律上，成年男女也都应有婚姻自主的权利，只要你们有自主生活的力量，不需靠人赡养，你可依法定手续正式成婚了，祝你们幸福！

16.

题名	婚姻修理
作者	不详
文献来源	《诚报》
出版时间	1949 年 2 月 17 日

内容：每一个人，都懂得衣裳破了就要补，房屋旧了要修理，为什么不懂得结婚后的生活过得长久了以后也需要经常的调整呢？我提出过一句警句，那就是："永远勿让你想起你们已经结婚得太久了"。

结婚也像一所房屋，越长久越感到陈旧。因之，你就需要常常加以粉饰，使他永远有一些"焕然如新"的感觉。否则，当结婚使你感觉到这不过是一个过去的名义时，你们的结婚生活就将没有幸福可言。

外国人在结婚后有纪念结婚隆重的仪式（年岁越长越可贵），这就是一种的重要工作。中国人常以为"老夫老妻，样样可以随便"，于是夫妻间的感情越加淡薄了。如果同房花烛夜永远在你们眼前，你们的爱情就永远不会衰老了。

17.

题名	关于婚姻问题的解答
作者	不详
文献来源	《人民日报》
出版时间	1949 年 4 月 13 日

内容：关于婚姻问题，收到读者不少来信，现特请华北人民政府司法部综合答复如下：

一、人民政府的婚姻政策是怎样的？

人民政府实行平等自由自主的一夫一妻制的婚姻政策：订婚结婚均须男女双方自愿，任何人不能强迫；夫妻感情根本不和，任何一方，均得请求离婚。禁止一切封建的不合理的买卖婚姻、包办婚姻及早婚、重婚、纳妾、蓄婢、童养媳等制度。

二、订婚结婚都有什么条件和手续？

先谈条件：依前晋冀鲁豫边区婚姻条例第四条："男不满十七岁，女不满十五岁者，不得订婚。"第十一条："男不满十八岁，女不满十六岁者，不得结婚。"又前晋察冀边区婚姻条例第四条："男不及二十岁，女不及十八岁，不得结婚。"这就是订婚结婚的条件。结婚年龄，两边区规定不一致，在统一的婚姻条例未颁布前，各区可暂分别执行。

其次手续：依前晋冀鲁豫边区婚姻条例第六条："订婚时，男女双方须在区以上政府登记，即为有效。"第十二条："结婚须向区以上政府登记，并领取结婚证书。"这就是订婚结婚的手续。

三、解除婚约和离婚都有什么手续？

前晋冀鲁豫边区婚姻条例第七条："订婚后，男女双方有一方不愿继续婚约或结婚者，均得请求解除婚约。"解除婚约时，只要是向原订婚机关和介绍人声明，并通知对方，即为有效，不受任何限制。

离婚：依前婚姻条例第十六条："夫妻感情恶劣至不能同居者，任何一方，均得请求离婚。"如系双方自愿，到区以上政府声明备案，并领取离婚证书。如系一方要求离婚，一方不同意，可向司法机关起诉，由司法机关审理判决之。

四、解除婚约是否退还彩礼？

依前晋冀鲁豫边区婚姻条例第九条："……解除婚约后，曾收受对方之金钱财物者，应如数退还。如一次不能退还时，得订定契约分期偿还。倘确实无力偿还，而对方亦非贫穷者，不在此限。"

五、一方提出非离婚不可，一方坚决不离，怎么办？

夫妻感情不和，一方提出了离婚，一方不同意，司法机关须依据双方争执的所在，加以分析研究，适当地进行调解，在调解中，对于任何一方不正确的思想行为，给以适当的教育与批评，或订定改正错误的限期，在双方自愿之下，能够不离婚的，就不应该判决离婚。如事实上已构成无法同居的条件，即使一方不同意，仍应判决离婚。

六、城市离婚财产和赡养费问题怎么办？

（一）男女结婚前各有的财产（包括互相赠予部分）在离婚时，仍归各人私有，结婚后共同积蓄的财产，一般应各分一半；但亦可依所出劳动力多少，多分或少分一点。

（二）结婚后，共同欠的债务，离婚时，一般应由男方负责偿还，但亦得依双方经济情况及生产能力分别负责偿还。

（三）男方提出离婚，经判准离婚后，女方无私人财产或分得共有财产不能维持生活时，男方应依家庭经济情况，酌给一部分赡养费。

七、离婚后的小孩应归谁抚养？

查晋冀鲁豫边区婚姻条例第二十一条："男女离婚前所生之子女，离婚后未满四周岁者，由女方抚养；已满四周岁者，应由男方抚养，其另有约定者，应从其约定。但如女方未再婚时，无力维持生活者，男方须给女方抚养子女之生活费，至再婚时止。"第二十二条："女方再婚后所带之子女，由女方及新夫共同负责抚养。"又前婚姻条例施行细则第十四条第一款："四周岁之子女，如男方不适合教养者，仍归女方教养；四周岁以下之子女，如女方不适合教养者，得归男方。"第二款："双方拒绝或争索教养子女者，判归有适合教养条件之一方。"在统一的华北婚姻条例未颁布前，上述规定，均可参照执行。总之以教养小孩成人为原则。

八、和没有离婚的男女搞恋爱是否允许？如任何一方离了婚，是否允许同其恋爱的情人结婚？

和没有离婚的男女搞恋爱，是不道德的、妨害他人家庭的行为。依前晋冀鲁豫边区妨害婚姻治罪暂行条例第三条："挑拨他人夫妇不和，而鼓动离婚者，"

第五款："与有配偶之人通奸者，"如一方告发，证据确实，"得处一年以下徒刑，并酌科罚金。"如果已经与原夫或原妻离了婚，根据婚姻自由原则，和任何人订婚与结婚，不能加以限制。

九、一夫多妻是否犯重婚罪？

人民政府法令对落后的一夫多妻制，是严厉禁止的。但对旧社会遗留下来的"既成事实"，为了照顾女方的当前生活，一般是不迫令他们离婚，如果任何女方自愿提出离婚，男方不得加以干涉，政府应即批准。人民政府成立后，再发生一夫多妻的罪行，应受法律处分。

十、政府是否允许有童养媳？

童养媳制是封建陋习，违背婚姻自由原则，前晋冀鲁豫边区政府及晋察冀边区政府，早有明令禁止。但在灾荒年中，或女方家庭实在不能生活，不得已而给人童养者，政府不予追究。如女方长大，自愿脱离童养关系者，男家不得干涉，政府应予批准，由于女方在男家曾经参加劳动，脱离童养关系时，男家也不得追索抚养费。

18.

题名	解放区的婚姻制度： 思想不同可以离
作者	不详
文献来源	《大公报（香港）》
出版时间	1949 年 2 月 19 日

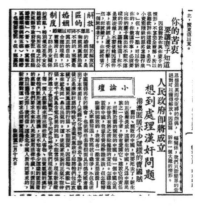

内容：关于解放区的婚姻制度是和国民党统治区不同的，那里是真正的自由，不合理的现象，已被肃清；但，为了防止男女关系的混乱，特别规定在男女结婚前，"向所在地之村公所或县市政府登记，领取结婚证书"（晋、察、冀解放区婚姻条例第五条），离婚，也需要登记。但，那里因思想差异而受束缚发怨偶，绝对可以获得解放。因为篇幅关系，我们只能简单地告诉你一个大概的情形。

19.

题名	河北故城县公安局干部陈锦宝等不应干涉婚姻自由侵犯人权
作者	不详
文献来源	《人民日报》
出版时间	1952 年 7 月 9 日

内容：七月一日，读者苏金平（女）访问本报读者来信组，控诉河北省故城县公安局干部陈锦宝等干涉她的婚姻自由和侵犯她的人权的非法行为。现将苏金平的谈话摘要发表如下：

我叫苏金平，今年十八岁，家住河北省故城县三区董学村。我的爱人苏佩元，现在北京中城区人民法院工作。我俩从小就认识，双方感情很好，愿成为夫妻。今年六月间，他请假回家，解决婚姻问题。我父亲苏佩信、我哥哥苏金栋思想封建，不许我婚姻自主。我便去找村干部苏玉超、苏树枝、苏长相等，要求他们把我的户口迁移到北京，以便解决我的婚姻问题。村干部当时并没有表示什么意见，就去和县公安局干部陈锦宝商量。不料陈锦宝竟公开干涉我的婚姻自由，说我们"同姓不能结婚""没有机关介绍信不能结婚"，并非法扣留我的户口迁移证。在这种情况下，我爱人就回北京了。我怕我父亲和我哥哥进一步限制我，就在六月下旬，来北京找我爱人。村干部苏玉超等发觉我到了北京，竟在陈锦宝的纵容下，向我母亲要人，还把我爱人的哥哥苏佩生扣了一夜，并强逼我爱人的姐姐苏佩英在十天以内把我从北京带回。现在苏佩英已经被迫来到北京，并且不敢回家了。

我向人民日报负责声明：我和我爱人虽然是同村同姓，但与婚姻法规定禁止结婚的条款，丝毫没有抵触。因此，我父亲、我哥哥和我村村干部说我们这种自主自愿的结合"败坏了祖风祖德"，是毫无道理的。县公安局干部陈锦宝干涉我的婚姻自由，限制我的迁徙自由，纵容和支持村干部扣押我爱人的哥哥，强逼我爱人的姐姐到北京来找我，是严重的违法失职的行为。我要求人民日报帮助我解决这个问题，我要求有关机关给违法失职、侵犯人权的陈锦宝等以必要的处分，并要求赔偿苏佩英被逼来北京找我时的路费损失。

编者按：苏金平来本报所谈的情况，应该引起故城县党政领导机关的重视。

苏金平为了争取自己的婚姻自由，对家庭中的封建思想进行了斗争，这种行动应当受到人民政府的鼓励和支持。故城县公安局干部陈锦宝违犯婚姻法，阻挠苏金平争取婚姻自由的行动，应该受到适当处分。故城县董学村干涉苏金平婚姻问题的村干部，应该受到批评。故城县党政领导机关应该对干部和群众加强婚姻法的宣传教育，克服封建残余思想，使每个干部都成为执行婚姻法的骨干，使每个群众都了解并执行婚姻法。

20.

题名	山西省武乡县在婚姻关系上的新气象
作者	不详
文献来源	《人民日报》
出版时间	1952 年 3 月 6 日

武乡县是山西老区一个工作较好的县份，在抗日战争时期，封建的婚姻制度就已基本摧毁，近年来又推行了婚姻法，新的婚姻制度在该县已基本上建立起来，到处是团结生产喜气洋洋的新气象。全县自前年五月到去年十一月结婚的一千六百九十五对夫妇中，真正自主自愿的就占百分之八十二。青年男女自由结婚后，建立了幸福美满的家庭。白和村的李天荣和李凤兰结婚后感情很好，两人都积极劳动，三年时间就修了三间房。同村的革命残废军人王智庭和李先桃结婚后，在李先桃的帮助下，学会了各种农业生产技术；王智庭也帮助李先桃认识了七百多字。下白漳村的李克书和暴仙则在自由结婚后被全村称为"模范夫妇"，两人一同下地，一同上民校。寨坪村人人称颂的一对好劳动张志荣和任桂花，自由结婚后，积极劳动生产，置办了不少家具，还买下了一头牛。白家庄村长李长银和郝改英结婚三年，连当了三年模范干部。郝改英除担当全家生产任务外，还经常帮助村长把通知和报告等送到各自然村去。群众称郝改英为"村长的好助手"。

自由结婚在武乡县农村中已形成社会风气。父母对儿女婚事普遍听其自主自愿。五六十岁的老年人自由结婚的也很多。白家庄一村即有十对老人自由结婚，老夫妇们互相帮助着度过他们的晚年。

青年男女正确的恋爱观正在逐渐成长。他们的爱情常常是在民校、互助组以及各种工作中建立起来的。白家庄村正在恋爱中的李月仙和李来旺，从小在一起玩耍，长大了又一同上民校学习，互相督促帮助。许多人爱慕地说："这一对子结了婚，没问题，又是一对好夫妻。"洪水村也有一对正在恋爱着的青年，他们因经常一起开会见面，互相有了感情，恋爱已有两年之久。村里的人都说："他俩结了婚保险过好日子。"社会舆论对这些正确的自由恋爱是赞扬的，过去未婚男女不能见面的封建旧习已经扫除干净了。

随着婚姻制度的改革，婆媳关系也有着显著的变化，婆婆打骂媳妇的现象已不复存在，她们都将媳妇看成自己的闺女一样。寨坪村六十岁的革命军人家属孙闺女常说："媳妇和闺女一样，只是少生她一下，我爱她，她也敬我。"不少媳妇出去开会或上民校，婆婆就在家做好了饭，等媳妇回来吃。洪水村刘思明的母亲，将媳妇送到高级小学去学习，她说："趁我这二年能动弹，让他们年轻人去学习学习，赚下文化没坏处。儿子、闺女、媳妇不都一样亲。"窑上沟村革命军人家属模范徐腊梅上地回来，婆婆就给她送汤送水，徐腊梅到县里开会，公婆就给打点盘川。白和村石存焕常教婆婆乔焕莲认字、学文化。

武乡县新婚姻制度的树立是经过长期的斗争才得来的。过去，封建买卖婚姻制度严重地统治着当地的农村，穷人做十多年长工积下的钱有时还结不了婚；童养媳制度很普遍；妇女因婚姻不自由而自杀、被杀的很多。北坡头村赵成管花了三百块大洋买下个妻子，婚后感情不好，又不敢提出离婚，后来女的跳井自杀了。抗日战争时期晋冀鲁豫边区人民政府颁布了婚姻暂行条例，青年男女才逐渐争得婚姻自由。中华人民共和国婚姻法颁布后，广大群众的婚姻自由更得到了有力的法律保障，新的婚姻制度已进一步地巩固起来。

21.

题名	处理婚姻纠纷案件人民法院阐明原则
作者	不详
文献来源	《大公报（香港）》
出版时间	1949 年 9 月 23 日

内容：总则：1. 男女绝对平等，婚姻自主自由。2. 遵守一夫一妻制。3. 禁止纳妾、蓄婢及童养媳和各种封建不合理的买卖婚姻。4. 结婚离婚须由当事人自己做主，任何人不能强迫。

结婚：1. 不准早婚，男女结婚须到成熟年龄。2. 结婚须到人民政府登记，或到人民法院公证。3. 废除聘礼、妆奁等买卖婚姻的

陋习。4. 五代以内的血统亲戚禁止结婚。5. 患花柳病、麻风、严重精神病或经医整治无效的疾病患者，禁止结婚。6. 寡妇有绝对再嫁自由，任何人不得干涉阻止。

离婚：1. 夫妻双方同意离婚，准予离异。2. 夫妻一方要求离异，经调解劝告无效，送审判决后得离异。3. 夫妻一方要求离异，经人民法院调解协议成立后得离异。4. 男女一方有通奸行为者，他方可要求离异。5. 男女一方外出已三到五年，音讯断绝有确实证明者，他方可请求离异。……

子女问题：1. 子女分得的土地，归子女所有。2. 男女离婚时子女不足六岁时，由女方抚养；子女满六岁后，由男方抚养；特殊情况依双方自愿处理之。3. 前条内负抚养责任一方，如确实无力抚养时，他方有责共同抚养。4. 女子再嫁时，如有再嫁前子女，应由再嫁对方男子负责抚养。5. 禁止溺婴堕胎。凡杀害婴儿，以杀人罪论。堕胎亦视情节轻重处罚。6. 未婚子（私生子）经男方确认或经女方指明者，男方有抚养之责。私婚子与婚子同等地位。

22.

题名	处理婚姻纠纷案件人民法院阐明原则
作者	不详
文献来源	《大公报（香港）》
出版时间	1949 年 12 月 14 日

内容：九月廿三日上海市人民法院正式宣布调处婚姻纠纷五条原则：1. 男女绝对平等，婚姻自主、自由。2. 严格规定一夫一妻制。3. 严禁纳妾、蓄婢、童养媳及各种封建不合理的买卖婚姻。4. 结婚、离婚须由当事人自己决定，任何人不得包办或干涉（禁止早婚，离婚在原则上须得夫妇双方的同意）。5. 保障革命军人婚姻。

23.

《冀鲁豫行政公署指示信——关于婚姻问题的指示》

介绍：为了反对旧的、不合理的婚姻制度，培植新的、进步的婚姻制度，1949 年 4 月 5 日，冀鲁豫行署下发了《关于婚姻问题的指示》，申明新的婚姻

制度的原则是"男女平等，婚姻自由，一夫一妻制"。指示罗列了在旧的封建婚

姻制度下，妇女所受的各种压迫、虐待，指出我们某些干部因为政策观念模糊、是非界线不明而出现的一些政策执行上的偏差，最后提出了解决问题、建立新的婚姻制度的措施。其中包括离婚时财产的处理、孩子的抚养问题等，并提出了建立新的婚姻制度的根本是要解放妇女、提高妇女的经济地位和政治地位。指示的附件为订婚、结婚、离婚证明书式样，显示出当时的婚姻制度中，订婚也需要县（区）民政部门予以登记，即男女双方的关系得到了官方的认可。

24.

题名	与人同居又要再娶，婚礼未成送往法院
作者	不详
文献来源	《大公报》
出版时间	1949 年 8 月 15 日

内容：婚姻纠纷：与人同居又要再娶，婚礼未成送往法院。

【本报讯】福州路会宾楼菜馆，昨天下午三时许有胡姓办喜事。婚礼进行中，突然有些人闯进去大闹礼堂，结果打得落花流水，连新娘的礼服也被扯破，终于闹到该管老开分局去。

新郎名胡志云，今年廿六岁。在大西路一二二一号黎明火柴厂当工程师。四年前，他与俞丽芳结合，已生有两个女孩，最近又和厂里女同事陈秀月相爱，择定昨午在会宾楼结婚。事情不密，被俞丽芳知道，纠结了很多亲戚，来到礼堂，她扭住陈秀月不放，将新娘礼服、纱网一齐扯破，以致婚礼不能继续。当由陈秀月的父亲报告老开分局，将胡志云、俞丽芳两人同双方家长及介绍人一并带入进局。胡志云在司法询问时，不承认与俞丽芳结过婚，只认是同居关系。他并说："这次结婚，事前得她同意，有笔据可证，今天她突然变卦，定是有人教唆。"俞丽芳承认去闹礼堂，她说："丈夫另与他人结婚，我实在忍不住，所以约了亲戚前去。"公安局已将此案移人民法院处理。

25.

题名	华北各地贯彻执行婚姻法 旧式婚姻制度逐渐消减
作者	不详
文献来源	《人民日报》
出版时间	1951 年 3 月 9 日

内容：华北各地各级人民政府贯彻执行婚姻法已获得成绩。无数新型的幸

福家庭已经形成和正在建立中。据察哈尔省怀来县一百七十八个村的统计，自婚姻法公布后，四百对结婚的男女中，双方自主自愿并经过父母同意的有三百多对。山西省左权、和顺两县在去年下半年中，有四百三十对青年男女自主结婚。河北省饶阳县在婚姻法公布后一个多月，就有一百二十对青年男女自主结婚。有些一向在封建舆论压抑下的寡妇，也选择了对象自主结婚。

各地事实证明，婚姻法的实施是推动生产和使家庭和睦的重要因素。山西省崞县大莫村王妙珍与米增寿自主结婚后，男的跑外做买卖，女的下地劳动，群众都称赞说："自主结婚真好，男女都称心如意。"平原省淇县庙口村李二凤自由结婚后没几天，就组织全家下地锄麦，在生产空隙还加紧学习。全家和睦搞生产，充满幸福愉快的空气。事实教育群众，使他们逐渐认识到婚姻法的好处。有些老年人思想也转变了，说"这办法就是好，孩子们一辈子的事，应该让他们自己办。"

婚姻法的实行，使旧的婚姻制度逐渐消灭，青年男女间旧的婚姻观点和选择对象的条件也有所改变。妇女中逐渐克服了"嫁汉为了穿衣吃饭"的依赖思想，而以劳动好、肯进步为寻找对象的条件。平原省林县有些妇女在结婚时，要求对方答应三个条件：一是同意参加冬学、民校，二是同意参加会议，三是同意参加互助组。山西省榆次县七区一个妇女与一贫农结婚，个别落后群众讥笑她嫁了个穷汉。她说："新社会里只要肯劳动，就有办法。"太原市卷烟工厂女工二闺女的母亲说："让俺女儿也找个进步的对象吧，工人阶级多光荣！"

婚姻法实施中的另一收获是解放了不少为封建婚姻制度所束缚的男女；由于婚姻不自由而产生的男女混乱现象与自杀悲剧也逐渐减少。察哈尔省自婚姻法公布后五个月内，经法院判决的离婚案件达四千六百件，其中百分之八十以上是妇女不堪忍受不合理婚姻所造成的痛苦而提出的。在婚姻法宣传比较深入的地方，区、村干部大都能掌握婚姻法的精神，合理解决婚姻纠纷。如河北省平谷、昌平两县，仅去年九月份经区、村解决的婚姻案件即达一百二十七起。

婚姻制度的改革必须经过耐心的和长期的反封建思想斗争才能得到完满的成绩。婚姻法颁布后，部分地区由于干部对婚姻法认识不足，没有把婚姻法的精神深入地向群众进行宣传教育，所以限制婚姻自由或轻率离婚现象仍在部分地区存在。这些地区人民政府与民主妇女联合会已注意研究了这些问题与偏差，并总结一年来执行婚姻法的经验，以教育干部与群众，使婚姻法得到进一步的贯彻。

26.

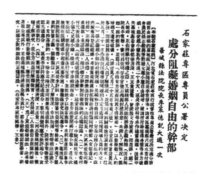

题名	石家庄专区专员公署决定：处分阻碍婚姻自由的干部藁城县法院院长李策德记大过一次
作者	程国权、王鲁
文献来源	《人民日报》
出版时间	1956 年 6 月 13 日

内容：【本报石家庄讯】河北省石家庄专区行政督察专员公署最近决定处分妨碍自由婚姻的藁城县人民法院院长李策德等。该专区藁城县六区水香村翻身农民孙志锁与劳动妇女赵小烟自由结婚，被该村村干部孙洛杰等多方破坏，迫使赵小烟在外流浪二十多天，区长李计科等未作适当处理。后被中共藁城县委会干部张清深、王玉贵发觉，曾说服女方家长，同意孙、赵二人结婚。正在将举行婚礼之际，又被该县人民法院将孙志锁拘捕（因该院院长李策德、审判员张明存有官僚主义与封建思想，未深入了解情况，偏听一面的控诉。并认为"不得女方家长同意不得结婚"），以致孙赵二人的婚姻又遭受破坏。（详情见五月二十五日本报三版）。石家庄专署发觉此事后，即派员找各有关人员了解情况，并协同专区妇联进行调查研究，已于五月二十一日作出对孙赵婚姻问题的决定及处理阻挠破坏人员的决定：（一）孙志锁赵小烟的婚姻问题，是纯粹自由自愿，完全合理合法的，政府应准其登记结婚。专署责成县区干部亲赴该村协同村干部（支部书记、村长）主持孙赵二人婚礼，向群众进行教育。法院院长、六区区长应向群众道歉，承认错误，借以树立群众对新婚姻法的正确认识。（二）水香村村代表孙洛杰（前次报载为孙洛解），治安员孙正中，中队长孙秋有，赵小烟之兄赵小转，破坏、干涉婚姻自由，并非法禁闭绑打赵小烟，违反政策法纪，应拘留到县进行反省，并依法予以适当处理。水利推进社干事李根保在阻拦破坏中起着主要作用，应撤职送交法院处分。（三）藁城县人民法院院长李策德，六区区长李计科，法院审判员张明等干部，表现了严重的官僚主义，偏听偏信，不深入了解情况，非法拘捕，对婚姻法认识不足，支持落后的一方。除令其检讨并向群众悔过道歉外，院长李策德应受记大过处分，区长李计科应受记过处分，审判员张明应受批评处分，责成县府执行。（四）藁城县委机关张清深、王玉贵二同志发现问题后，积极了解研究，从各方面进行解释教育，支

持孙赵二人自由自主自愿的婚姻，能彻底执行新婚姻法，应受到表扬。（五）为了贯彻新婚姻法，除专署通报全专区外，并由藁城县府通报全县各区村，要各级干部认真学习、研究，以确立对婚姻法的正确认识。

参考文献

一、经典著作及史料汇编

［1］中共中央马克思恩格斯列宁斯大林著作编译局. 马克思恩格斯全集［M］. 北京：人民出版社，1995.

［2］中共中央马克思恩格斯列宁斯大林著作编译局. 马克思恩格斯选集［M］. 北京：人民出版社，2012.

［3］中共中央马克思恩格斯列宁斯大林著作编译局. 马克思恩格斯文集［M］. 北京：人民出版社，2009.

［4］中共中央马克思恩格斯列宁斯大林著作编译局. 列宁全集［M］. 北京：人民出版社，1986.

［5］中共中央马克思恩格斯列宁斯大林著作编译局. 列宁选集［M］. 北京：人民出版社，2012.

［6］中共中央马克思恩格斯列宁斯大林著作编译局. 斯大林全集：第13卷［M］. 北京：人民出版社，1953.

［7］毛泽东. 毛泽东选集［M］. 北京：人民出版社，1991.

［8］中共中央文献研究室. 毛泽东文集［M］. 北京：人民出版社，1993.

［9］江泽民. 江泽民文选：第1卷［M］. 北京：人民出版社，2006.

［10］中共中央文献研究室. 建党以来重要文献选编（1921—1949）［M］. 北京：中央文献出版社，2011.

［11］李大钊. 李大钊选集［M］. 北京：人民出版社，1959.

［12］中央档案馆. 中共中央文件选集［M］. 北京：中共中央党校出版社，1989.

［13］中共中央文献研究室. 毛泽东早期文稿［M］. 长沙：湖南出版社，1995.

［14］江西省文化厅革命史料征集办公室. 中央苏区革命文化史料汇编［M］. 南昌：江西人民出版社，1994.

[15] 中华全国妇女联合会 . 毛泽东周恩来刘少奇朱德论妇女解放 [M].北京：人民出版社，1988.

[16] 韩延龙，常兆儒 . 中国新民主主义革命时期根据地法制文献选编[M]. 北京：中国社会科学出版社，1984.

[17] 韩延龙，常兆儒 . 革命根据地法制文献选编 [M]. 北京：中国社会科学出版社，2020.

[18] 中华全国妇女联合会妇女运动历史研究室 . 五四时期妇女问题文选[M]. 北京：生活·读书·新知三联书店，1981.

[19] 中华全国妇女联合会妇女运动历史研究室 . 中国妇女运动历史资料：1927—1937 [M]. 北京：中国妇女出版社，1991.

[20] 夏之明，邹征华 . 红色印迹：赣南苏区标语漫画选 [M]. 北京：文物出版社，2006.

[21] 江西省档案馆，中共江西省委党校党史教研室 . 中央革命根据地史料选编 [M]. 南昌：江西人民出版社，1982.

[22] 四川大学 . 川陕革命根据地历史文献选编：上册 [M]. 成都：四川人民出版社，1979.

[23] 张培田 . 西南档案：婚姻改革资料 [M]. 香港：国际文化出版社，2009.

[24] 张培田 . 新中国婚姻改革和司法改革史料：西南地区档案选编 [M].北京：北京大学出版社，2012.

[25] 江西省妇女联合会，江西省档案馆 . 江西苏区妇女运动史料选编[M]. 南昌：江西人民出版社，1982.

[26] 中华全国妇女联合会妇女运动历史研究室 . 中国妇女运动历史资料：1921—1927 [M]. 北京：人民出版社，1986.

[27] 向警予 . 向警予文集 [M]. 北京：人民出版社，2011.

[28] 西华师范大学历史文化学院 . 川陕革命根据地历史文献资料集成：上册 [M]. 成都：四川大学出版社，2012.

[29] 陕西省妇女联合会 . 陕甘宁边区妇女运动文献资料选编：1937—1945[M]. 内部资料，1982.

[30] 蔡尚思，方行 . 谭嗣同全集 [M]. 北京：中华书局，1981.

二、中文专著

[1] 中共中央文献研究室 . 毛泽东年谱：1893—1949 [M]. 北京：人民出

版社，1993.

［2］童恩正．文化人类学［M］．上海：上海人民出版社，1999.

［3］梁景和．近代中国陋俗文化嬗变研究［M］．北京：首都师范大学出版社，2009.

［4］王歌雅，贺轶文．婚姻家庭法论［M］．哈尔滨：黑龙江人民出版社，2004.

［5］陶毅，明欣．中国婚姻家庭制度史［M］．北京：东方出版社，1994.

［6］费孝通．生育制度［M］．北京：北京大学出版社，1998.

［7］陶希圣．中国社会之史的分析［M］．长沙：岳麓书社，2010.

［8］费孝通．乡土中国［M］．北京：人民出版社，2008.

［9］李胜渝．建国初期西南地区婚姻家庭制度变革研究［M］．北京：中国政法大学出版社，2011.

［10］傅崇矩．成都通览［M］．成都：成都时代出版社，2006.

［11］康有为．大同书［M］．北京：古籍出版社，1956.

［12］康有为．实理公法全书［M］//中国文化研究集刊：第1辑．上海：复旦大学出版社，1984.

［13］何承朴．成都夜话［M］．成都：四川人民出版社，1987.

［14］韩延龙．中华人民共和国法制通史［M］．北京：中共中央党校出版社，1999.

［15］梁启超．饮冰室合集：第1册［M］．上海：中华书局，1936.

［16］闫玉．当代中国婚姻伦理的演变与合理导向研究［M］．长春：吉林文史出版社，2009.

［17］呤唎．太平天国亲历记［M］．北京：中华书局，1961.

［18］张枬，王忍之．辛亥革命前十年间时论选集：第2卷［M］．上海：三联书店，1963.

［19］王新宇．民国时期婚姻法近代化研究［M］．北京：中国法制出版社，2006.

［20］［东汉］班昭．女诫［M］．北京：中央民族大学出版社，1996.

［21］中华人民共和国全国妇女联合会．马克思、恩格斯、列宁、斯大林论妇女［M］．北京：中国妇女出版社，1990.

［22］仝华，康沛竹．马克思主义妇女理论发展史［M］．北京：北京大学出版社，2004.

［23］秦美珠．女性主义的马克思主义［M］．重庆：重庆出版社，2008.

［24］中华全国妇女联合会．中国妇女运动史［M］．北京：春秋出版社，

1989.

[25] 山西省妇女联合会. 晋绥妇女战斗历程 [M]. 北京：中共党史出版社，1992.

[26] 鲍宗豪. 婚俗文化：中国婚俗的轨迹 [M]. 上海：上海人民出版社，1990.

[27] 沈奕斐. 被建构的女性：当代社会性别理论 [M]. 上海：上海人民出版社，2005.

[28] 王政，陈雁. 百年中国女权思潮研究 [M]. 上海：复旦大学出版社，2005.

[29] 郑永廷. 人的现代化理论与实践 [M]. 北京：人民出版社，2006.

[30] 肖莉丹. 组织动员、精英动员与中国女权运动的演进逻辑研究 [M]. 广州：暨南大学出版社，2016.

三、中文期刊

[1] 杨菊华，孙超. 我国离婚率变动趋势及离婚态人群特征分析 [J]. 北京行政学院学报，2021（2）.

[2] 马克敏. 新中国成立初川北地区贯彻《婚姻法》运动考察 [J]. 党史文苑，2014（2）.

[3] 侯志菲. 论马克思主义对黑格尔婚姻观的超越 [J]. 华北水利水电学院学报（社会科学版），2010，26（1）.

[4] 许蓉生. 建国初期成都市稳定社会的历史经验 [J]. 巴蜀史志，2006（4）.

[5] 潘家德. 试论辛亥革命时期中国社会民俗的嬗变 [J]. 西华师范大学学报（哲学社会科学版），2011（4）.

[6] 毛文君，赵可. 近代四川婚姻礼俗变动趋势及特征述略 [J]. 成都大学学报（社会科学版），2003（1）.

[7] 刘昭霞，杨竺. 民俗档案：巴蜀文化的历史见证 [J]. 四川档案，2018（4）.

[8] 梁景和. 近代中国陋俗文化嬗变论纲 [J]. 首都师范大学学报（社会科学版），2000（6）.

[9] 黄道炫. 倾听静默的声音 [J]. 中共党史研究，2021（5）.

[10] 潘萍. 唯物史观视域下的女性历史主体性 [J]. 浙江学刊，2009（3）.

[11] 王福山. 马克思主义视阈下的当代婚姻家庭"危"与"机" [J]. 理论观察，2014（3）.

［12］王露璐．马克思主义经典作家的爱情婚姻家庭道德观［J］．江苏大学学报（社会科学版），2007（6）．

［13］陈曦．"女权焦虑"与话语建构：建党初期妇女工作者对马克思主义妇女理论中国化的建构［J］．中国延安干部学院学报，2018，11（6）．

［14］马慧芳．建国初期党推动农村妇女婚姻家庭解放的成功经验［J］．贵州社会科学，2009（3）．

［15］雷承锋．晋西北抗日根据地女性婚姻陋习变革初探［J］．中北大学学报（社会科学版），2020，36（6）．

［16］梁景和．近代中国陋俗文化变革的局限及其规律［J］．辽宁师范大学学报，1998（2）．

［17］赖万林．川陕革命根据地的情歌［J］．文史杂志，2000（3）．

［18］文茂琼．川陕革命根据地社会建设研究［J］．党史文苑，2010（24）．

［19］李守良．理想与现实：新民主主义革命时期根据地的婚姻自由立法［J］．贵州社会科学，2022（11）．

［20］梁景和．论中国传统婚姻陋俗的特征［J］．辽宁师范大学学报，1994（5）．

［21］李萍，李增添．中国共产党文化治理方略的历史探索［J］．广东社会科学，2020（5）．

［22］周海涛．中国共产党文化理论的三重逻辑［J］．学习论坛，2021（5）．

［23］薛宁兰．新中国婚姻立法的男女平等价值观衡量［J］．山东女子学院学报，2018（1）．

［24］翟振武，刘雯莉．中国人真的都不结婚了吗：从队列的视角看中国人的结婚和不婚［J］．探索与争鸣，2020（2）．

［25］穆光宗，林进龙，江砥．当代中国人口婚姻嬗变及风险治理［J］．杭州师范大学学报（社会科学版），2021，43（5）．

［26］穆光宗．当代中国青年婚恋状况分析［J］．人民论坛，2021（10）．

［27］穆光宗．当代青年的"恐育"心理和生育观［J］．人民论坛，2020（22）．

［28］陈卫．中国的低生育率与三孩政策：基于等七次全国人口普查数据的分析［J］．人口与经济，2021（5）．

［29］王军，李向梅．中国三孩政策下的低生育形势、人口政策困境与出路［J］．青年探索，2021（4）．

［30］郭剑平．我国离婚冷静期制度构建的法理学思考［J］．社会科学家，2018（7）．

[31] 朱丽霞，张洋．马克思主义家庭观视野下的领导干部家风培育 [J]．理论月刊，2014（4）．

[32] 陈旸．马克思主义家庭观及其当代价值 [J]．理论月刊，2013（8）．

[33] 杨菊华．中国真的已陷入生育危机了吗？[J]．人口研究，2015，39（6）．

[34] 左际平．从多元视角分析中国城市的夫妻不平等 [J]．妇女研究论丛，2002（1）．

[35] 张冲，李想．女性初婚年龄与离婚风险 [J]．西北人口，2020，41（1）．

[36] 刘爱玉，佟新．性别观念现状及其影响因素：基于第三期全国妇女地位调查 [J]．中国社会科学，2014（2）．

[37] 第三期中国妇女社会地位调查课题组．第三期中国妇女社会地位调查主要数据报告 [J]．妇女研究论丛，2011（6）．

[38] 刘启明．中国妇女家庭地位研究的理论框架及指标建构 [J]．中国人口科学，1994（6）．

[39] 胡静．收入、相对地位与女性的生育意愿 [J]．南方人口，2010，25（4）．

[40] 刘正妙，黄卓然．中国共产党延安时期社会治理研究述评 [J]．西南民族大学学报（人文社会科学版），2021，42（10）．

[41] 伊卫风．通过法律对女性的社会动员：中国共产党与1949年之前婚姻家庭法律在农村的实践 [J]．法学家，2021（5）．

[42] 王克霞．中共革命话语体系中"妇女"概念的历史流变 [J]．中国石油大学学报（社会科学版），2021，37（1）．

[43] 黄茂．中央苏区妇女运动研究的学术史回顾 [J]．党史研究与教学，2020（6）．

[44] 王士花．新世纪以来中共抗战史研究综述 [J]．中共党史研究，2020（4）．

[45] 程文侠．劳工化与生产动员：新民主主义革命中的妇女运动 [J]．江苏社会科学，2020（3）．

[46] 冯兵，刘光辉．新中国成立初期中国共产党城市妇女动员理论、策略与实效 [J]．南都学坛，2019，39（5）．

[47] 冯兵，刘光辉．新中国成立70年来中共妇女动员研究的回顾与展望 [J]．兰州学刊，2019（8）．

[48] 程文侠，李慧．革命目标的裂变与群众路线的转向：1940年代中共妇女政策的温和化 [J]．社会，2019，39（3）．

[49] 宋学勤，李晋珩．当代中国社会史研究的议题与边界 [J]．当代中国史研究，2019，26（2）．

[50] 刘维芳. 二十世纪九十年代以来当代中国妇女史研究述评 [J]. 中共党史研究, 2018（8）.

[51] 钟日兴. "政权主导"模式下的中央苏区妇女解放运动考察 [J]. 党史研究与教学, 2016（5）.

[52] 张婧. 革命根据地女性家庭财产权理念构建的基础 [J]. 经济问题, 2015（7）.

[53] 闫玉, 周晓影. 中国传统婚姻伦理的现代演变 [J]. 长春师范学院学报（人文社会科学版）, 2009, 28（7）.

[54] 薛宁兰. 新中国婚姻立法的男女平等价值观衡量 [J]. 山东女子学院学报, 2018（1）.

[55] 黄文治. "娜拉走后怎样": 妇女解放、婚姻自由及阶级革命: 以鄂豫皖苏区为中心的历史考察: 1922—1932 [J]. 开放时代, 2013（4）.

[56] 胡军华. 异军与正道: 对中央苏区妇女解放运动的历史考察 [J]. 苏区研究, 2017（4）.

[57] 路子靖. 苏区妇女婚姻权利的政治力学: 政府、男性与女性的角色解析 [J]. 苏区研究, 2018（5）.

[58] 王军, 李向梅. 中国三孩政策下的低生育形势、人口政策困境与出路 [J]. 青年探索, 2021（4）.

[59] 佟新. 不平等性别关系的生产与再生产: 对中国家庭暴力的分析 [J]. 社会学研究, 2000（1）.

[60] 王诗语. 当代中国中产阶层职业女性工作: 家庭冲突困境分析 [J]. 西部学刊, 2021（16）.

[61] 李海, 姚蕾, 张勉, 等. 工作—家庭冲突交叉效应的性别差异 [J]. 南开管理评论, 2017, 20（4）.

[62] 王丽萍. 同性婚姻: 否定、接受还是对话? ——法律、道德与伦理文化的审视 [J]. 文史哲, 2004（4）.

[63] 王微. 传统、革命与性别: 20世纪40代华北乡村女性婚姻探析 [J]. 山西师大学报（社会科学版）, 2018, 45（3）.

[64] 宋庆伟. 革命、传统与婚姻: 论土地革命战争时期根据地的"婚姻自由"现象 [J]. 上海党史与党建, 2018（3）.

[65] 刘镇江, 刘红利. 马克思恩格斯婚姻家庭伦理思想及其时代价值 [J]. 湘潭大学学报（哲学社会科学版）, 2009, 33（1）.

[66] 张雪梅. 用社会主义核心价值观引领当代大学生婚恋观教育 [J]. 中

外企业家，2015（27）.

[67] 张敏，熊循庆. 当代"婚外恋"现象伦理透视 [J]. 中华女子学院学报，2005（2）.

[68] 余良才. 马克思恩格斯婚姻观的当代价值 [J]. 东南大学学报（哲学社会科学版），2006（S1）.

[69] 何萍. 中国女性主义问题与中国社会的变革：为纪念恩格斯逝世110周年而作 [J]. 武汉大学学报（人文科学版），2005（6）.

[70] 赵小华. 女性主体性：对马克思主义妇女观的一种新解读 [J]. 妇女研究论丛，2004（4）.

[71] 杨凤. 社会性别的马克思主义诠释 [J]. 妇女研究论丛，2005（5）.

[72] 何娜娜. 马克思婚姻观的时代价值：从马克思的《论离婚法案》谈起 [J]. 新西部（理论版），2014（9）.

[73] 姚涵，孙仪萍. 新中国成立初期妇女精神层面的历史性转变：基于《人民日报》（1949—1952）的考察 [J]. 毛泽东邓小平理论研究，2022（11）.

四、档案文献

[1] 成都市档案馆藏. 成都市民主妇联协助政府宣传贯彻执行婚姻法的总结报告 [A]. 档案号 80-1-47-15，1951.

[2] 成都市档案馆藏. 两年多来宣传与贯彻执行婚姻法的情况 [A]. 档案号 54-1-107，1952.

[3] 四川省档案馆藏. 四川地区宣传与贯彻执行婚姻法的情况 [A]. 档案号 29-1-217，1952.

[4] 四川省档案馆藏. 四川地区贯彻婚姻法运动总结 [A]. 档案号 29-1-222，1952.

[5] 成都市档案馆藏. 成都市人民法院一九五一年一至六月份婚姻案件总结 [A]. 档案号 80-2-4-5，1951.

[6] 成都市档案馆藏. 为转发关于婚前检查的补充通知 [A]. 档案号 80-1-55-8，1951.

[7] 成都市档案馆藏. 成都市一九五三年上半年度婚姻登记工作简报 [A]. 档案号 80-1-55-6，1953.

[8] 成都市档案馆藏. 川西区检查婚姻法执行情况总结报告：草稿 [A]. 档案号 81-1-16-6，1951.

[9] 成都市档案馆藏. 成都市贯彻婚姻法委员会报告 [A]. 档案号 80-1-

54-5，1953．

[10] 成都市档案馆藏．成都市民主妇联贯彻婚姻法的报告化［A］．档案号 80-1-16-10，1951．

[11] 成都市档案馆藏．成都市人民法院一九五一年一至六月份婚姻案件总结［A］．档案号 80-2-4-5，1951．

[12] 四川省南充市档案馆藏．南部档案［A］．档案号 22-725-B8907，宣统三年八月廿日．

[13] 四川省档案馆藏．巴县议事会放足议决案［A］．巴县档案，宣统二年十月。

[14] 成都市档案馆藏．成都市民主妇联协助政府宣传贯彻执行婚姻法的总结报告［A］．档案号 80-1-47-15，1951．

[15] 北京市档案馆藏．有关"妨害婚姻自由"的资料［A］．档案号 14-2-79，1953．

[16] 四川省档案馆藏．婚姻法贯彻执行情况报告［A］．档案号 044-1-1649，1952．

[17] 四川省档案馆藏．四川地区宣传与贯彻执行婚姻法的情况［A］．档案号 29-1-217，1952．

[18] 四川省档案馆藏．四川地区宣传与贯彻执行婚姻法的情况［A］．档案号 29-1-222，1952．

[19] 成都市档案馆藏．成都市一九五三年上半年度婚姻登记工作简报［A］．档案号 80-1-55-6，1953．

[20] 成都市档案馆藏．川西区检查婚姻法执行情况总结报告：草稿［A］．档案号 81-1-16-6，1951．

[21] 成都市档案馆藏．两年多来宣传与贯彻执行婚姻法的情况［A］．档案号 54-1-107，1952．

[22] 成都市档案馆藏．成都市人民法院一九五一年一至六月份婚姻案件总结［A］．档案号 80-2-4-5，1951．

[23] 成都市档案馆藏．为转发关于婚前检查的补充通知［A］．档案号 80-1-55-8，1951．

[24] 山西省档案馆藏．婚姻问题宣传教育材料：1949［A］．档案号 A37-5-1-8，1949．

[25] 山西省档案馆藏．北岳三地委关于婚姻政策执行的检查：1943 年［A］．档案号：A44-7-2-1，1943．

五、外国专著

[1] [美] 摩尔根. 古代社会 [M]. 杨东莼，马雍，马巨，译. 北京：中央编译出版社，2007.

[2] [芬兰] E. A. 韦斯特马克. 人类婚姻史：第 1 卷 [M]. 李彬，李毅夫，欧阳觉亚，等译. 北京：商务印书馆，2015.

[3] [日] 上野千鹤子. 父权制与资本主义 [M]. 邹韵，薛梅，译. 杭州：浙江大学出版社，2020.

[4] [德] 奥古斯特·倍倍尔. 妇女与社会主义 [M]. 葛斯，朱霞，译. 北京：中央编译出版社，1995.

[5] [英] 柏特兰·罗素. 社会改造原理 [M]. 张师竹，译. 上海：上海人民出版社，1987.

[6] [德] 蔡特金. 列宁印象记 [M]. 马清槐，译. 北京：生活·读书·新知三联书店，1979.

[7] [德] 马克思，恩格斯. 共产党宣言 [M]. 北京：人民出版社，2014.

[8] [美] 丛小平. 自主：中国革命中的婚姻、法律与女性身份（1940—1960）[M]. 北京：社会科学文献出版社，2022.

[9] [日] 滋贺秀三. 中国家族法原理 [M]. 张建国，李力，译. 北京：商务印书馆，2013.

[10] [美] 汤尼·白露. 中国女性主义思想史中的妇女问题 [M]. 沈齐齐，译. 上海：上海人民出版社，2011.

六、外文著作与期刊

[1] VOGEL L. Marxism and the Oppression of Women Toward a Unitary Theory [M]. New jersey：Rutgers University Press，1983.

[2] BARRETT M. Women's Oppression Today – Problems in Marxist Feminist Analysis [M]. London：Verso，2006.

[3] JAGGER A M. Feminist Politics and Human Nature [M]. New Jersey：The Harvester Press，1983.

[4] P. DEMENY. Population Policy and the Demographic Transition：Performance，Prospects，and Options [J]. Population and Development Review，2011（37）.

[5] GLOSSER S. Chinese Visions of Family and State，1915 – 1953 [M]. Berkeley：University of California Press，2003.